POLYTECHNIC
SCHOOL OF LANGUAGES
FACULTY OF
LIPMAN BUILDING
SANDYFORD ROAD
NEWCASTLE UPON TYNE
NE1 8ST

CHIRAC

ou
les passions du pouvoir

DU MÊME AUTEUR

Les Familles du président,
avec Sammy Ketz, Grasset, 1982.

MAURICE SZAFRAN

CHIRAC

ou
les passions du pouvoir

BERNARD GRASSET
PARIS

Tous droits de traduction, de reproduction et d'adaptation
réservés pour tous pays.
© 1986, Éditions Grasset & Fasquelle.

*A mes parents,
arrivés en France en 1947.*

A ma sœur.

RENCONTRE

Qui est Jacques Chirac ? Est-il un républicain authentique, de ces hommes qui, quelles que soient les circonstances, ne transigent jamais avec les règles intangibles de la démocratie ? Comment Jacques Chirac réagit-il en face du racisme ? Est-il rigoureusement insensible à ce sentiment de moins en moins diffus dans la France des beaufs ? Se laisse-t-il bercer — électoralisme oblige — par le chant des sirènes de l'extrême droite ou, au contraire, a-t-il là aussi quelques principes sur lesquels il ne cède pas ? Jacques Chirac est-il ou non indifférent à l'argent, aux égards, à ce style de vie somptueux qui a tant nui à un précédent président de la République ? Est-il un homme de rigueur ou une girouette qui tourne au gré des vents de l'opportunisme ?

Quelques questions parmi d'autres, nombreuses. Quelques questions précises qui reviendront inlassablement lorsque je révélerai, en 1983, mon intention d'écrire une biographie de Chirac. Quelques questions qui traduisent une certitude : Jacques Chirac inquiète une partie de l'opinion publique. Il l'intrigue et il lui fait peur. Fondée ou non, cette peur, j'ai voulu la comprendre et la disséquer. Ce fut mon objectif initial et j'en avertis Jacques Chirac dès notre première rencontre.

Il n'y avait rien là pour le surprendre mais rien non plus pour lui plaire. Et pourtant, Jacques Chirac n'a pas fui.

D'abord, il fallut lire. Beaucoup. Livres et articles,

analyses et interprétations, jusqu'à l'indigestion. La matière est abondante, souvent définitive et (presque) toujours caricaturale. Le polémiste d'extrême droite Gilbert Conte, ancien chroniqueur au journal *le Monde* et aujourd'hui membre de la Haute Autorité de l'audiovisuel, ouvre le feu. Avec verve et cruauté. « Notre personnage, lui, ne songe qu'à s'approprier le gouvernement, quelles qu'en soient la substance, l'odeur. Il eût été radical sous la IIIe République, tsariste sous le tsar, légitimiste avec les Bourbons, césarien sous Napoléon. Incapable de croire à autre chose qu'en lui-même, il digère d'autant mieux tous les systèmes qu'il ne participe d'aucun. Par là, il n'est rien. Mais il veut devenir président de la République. » Pierre Juillet qui, jusqu'en 1979, fut le conseiller politique hyper-influent du maire de Paris, n'est guère plus aimable, une fois leur rupture consommée : « Sous Giscard, Chirac se dissout comme un sucre dans l'eau. » Avec le temps et la réflexion, le diagnostic sera démenti ; le mot, lui, restera. Impitoyable. Un dernier exemple, lumineux celui-là — parce qu'il expose encore plus crûment la perception du « cas Chirac » par une large fraction de la classe politique — : pour quelle raison, au lendemain de son élection à la présidence, Valéry Giscard d'Estaing a-t-il installé Jacques Chirac à l'hôtel Matignon ? La réponse, partielle mais passionnante, c'est Jean Bothorel, analyste parmi les plus fins du giscardisme, qui l'avance : « Il y a un autre élément à prendre en compte et il est déterminant : le mépris qu'éprouve Giscard pour Chirac. Un mépris habillé de la condescendance du précepteur pour son élève. Il tient Jacques Chirac pour un agité, un esprit très léger. Il le sait arriviste [...] et croit que cet arrivisme sera un gage de fidélité. » La stratégie, à terme, se révélera infondée.

Jacques Chirac opportuniste, malléable, inconsistant, insignifiant, arriviste, agité, superficiel, et j'en passe. Quel tableau ! Plus étonnant, cette image d'un Chirac « carnivore » a quitté le cercle politique pour « passer » dans une partie du public. Pis, de l'électorat potentiel de Jacques Chirac.

Et pourtant cet homme a mené — et réussi — une carrière qui l'amène à prétendre aux plus hautes fonctions de l'Etat. Alors, par quel mystère ? Cynisme de ses pairs, ceux-là mêmes qui le descendent aujourd'hui ? Aveuglement de ses électeurs ? Il n'y a pas de miracle. Si Jacques Chirac est là, c'est qu'il n'est pas, ne peut pas être ce fantoche complaisamment décrit par ses détracteurs. Comme il n'est pas, ne peut pas être ce *wonder boy* adulé par ses inconditionnels.

Dresser la biographie d'un homme politique en activité est déjà difficile en soi. Mais dès qu'il s'agit de Jacques Chirac, les uns et les autres passent, sans nuance, de l'hagiographie — genre insupportable s'il en est — à la caricature la plus malveillante.

Exemple : un académicien, gaulliste pur sang, essaie, rien de moins, de décrire un Chirac simplet. « Il est admirablement doué pour répercuter les idées des autres. Mais lui, il n'a pas le temps d'en avoir. Chirac ne lit jamais. Il fait lire par les autres. » Mon interlocuteur s'est légèrement enfoncé dans son fauteuil directorial pour édicter la sentence. Il sourit, satisfait du bon mot : « Vous ne me citez pas, c'est entre nous. Chirac mène une vie tellement tendue. La spécialisation des fonctions existe en politique. Il y a ceux qui pensent. Et ceux capables de retenir ce qui correspond le plus à leur entreprise. » A la tribune de l'Assemblée nationale, ou ailleurs, le même académicien ne manque jamais une occasion de jurer fidélité au président du RPR.

Jacques Chirac n'est pas dupe. Tout cela, il le sait. Consciemment ou non, il s'est construit un personnage à contre-courant des stéréotypes parisiens. Le regrette-t-il ? Il est bien vu, par exemple, de s'afficher lettré. Valéry Giscard d'Estaing, dans un accès de sincérité savamment calculé, n'avait-il pas confié à Bernard Pivot que, s'il avait pu être Maupassant, il aurait été comblé ? Chirac s'est enfermé dans la légende inverse, proclamant qu'il ne feuilletait que « des livres policiers ». Il ment, et Françoise Giroud, adversaire déterminée s'il en est, le confirme : « De nombreux politiciens camouflent *Playboy* dans un livre savant ; Chirac, lui, camouflerait plutôt un bon livre dans *Playboy*. »

Alors pourquoi ? Goût du paradoxe, timidité ? « J'ai voulu protéger ma vie privée », répond Chirac. Il a donc construit, par récurrence, un personnage « étrange », parfois fascinant aux yeux du grand public. « Duduche » velléitaire ou chef autoritaire pour qui le pouvoir serait un but en soi, Chirac agité : voilà l'adjectif clef, celui qui ne va cesser de le poursuivre. Le journaliste Pierre Viansson-Ponté écrit dans une lettre ouverte : « Je n'ignore pas que votre perpétuelle agitation, votre bougeotte en un mot, tout ce jeu de mains avec vos lunettes, ces fourmis dans les jambes, risqueraient de vous faire prendre pour un énervé, trop soumis à ses humeurs, impulsif et irréfléchi... » Le député Bernard Stasi, son condisciple à l'ENA, ne dit rien d'autre : « Lorsqu'il courait à grandes enjambées dans les couloirs, dévorait tous les cours avec voracité, décortiquait les manuels et réduisait les plus volumineux ouvrages à l'état de fiches, on se doutait bien que ce camarade ne se laisserait guère ralentir par les fleurs du chemin... » Viansson et Stasi répercutent là à leur manière l'avis général. Ils parlent vrai pour partie ; ils se trompent pour une autre. Parce que Chirac est taillé aussi dans la complexité, et qu'il ne s'est battu que peu ou mal contre les apparences.

Valéry Giscard d'Estaing avait conditionné les Français. Il les avait convaincus, un temps au moins, qu'un chef d'Etat ne pouvait fonctionner qu'avec un cerveau-ordinateur semblable en tout point au sien. Polytechnicien et énarque, premier partout et tout le temps, VGE « était » l'économie tandis que Chirac, moyen, était sorti de l'ENA à un honorable seizième rang, place qui lui permettait d'accéder à l'un des grands corps de l'Etat, la Cour des comptes : un bon technocrate qui s'était accompli en politique à force de travail, rien de plus. Il a laissé dire et laissé faire sans broncher — dévoré pourtant par cette ambition insistante, tenace, celle des timides. « Il va vous parler, beaucoup, m'affirmera Jacques Friedmann, son meilleur ami. Mais se confiera-t-il ? »

Qui est Jacques Chirac ? Cette question apparemment simple me poursuivra au travers de toutes mes recherches et de tous mes entretiens. Contradictions, vision éclatée du personnage, du « héros », et ce parmi ses proches, ses intimes, ceux qui le côtoient au quotidien. Selon Alain Juppé, l'un de ses porte-parole privilégiés, « il est sensible, fragile, secret sur le plan affectif ». Le sénateur Charles Pasqua, dans son langage imagé, confirme : « J'ai toujours été convaincu que, puisque Jacques Chirac avait les dimensions d'un grand homme d'Etat, il serait capable de voler de ses propres ailes. Sans influence. C'était inscrit dans les astres. » Tandis que Jacques Friedmann, le « frère » présent toujours et partout, précise : « A Sciences Po, à l'ENA, dans les ministères, il a fait éclater le moule, les règles. Au début, tout le monde répétait : " Pompidou ne le supportera pas. " On se trompait. » Petit à petit, touche après touche, le puzzle se complète — complexe, pour le moins.

Alors, il a fallu chercher plus loin. Plonger dans les racines familiales et sillonner la Corrèze, terre paysanne, terre aride, terre d'enracinement. Cerner les contours du père, petit employé devenu directeur de banque. Reconstituer l'attitude d'une mère qui chérit ce fils unique et le protège telle une merveille. Comprendre les implications d'un mariage avec Bernadette de Courcel, jeune fille type, modèle affiné de la noblesse française. Un monde étranger à Chirac. Disséquer, avec une infinie prudence, cette entrée en politique faite sous la bannière et les conseils de Georges Pompidou qui, dès les premiers instants, conditionnera son « poulain » d'une phrase qui résume la pensée et la pratique pompidoliennes, une phrase à laquelle Chirac, toujours, se réfère : « J'ai l'ambition de bien faire là où je suis placé par le destin. » Comprendre aussi, sans a priori, les rapports ambigus qui s'étaient établis entre Jacques Chirac et ses deux principaux conseillers, Pierre Juillet et Marie-France Garaud. L'ont-ils manipulé et, si oui, pourquoi, comment et combien de temps ?

Enquêter. Donc, ne rien négliger. Reconstituer le parcours d'une star politique sans passer outre au moindre détail, à l'événement d'apparence anodin. Travail de tâcheron qui ne peut aboutir qu'à une condition : la franchise de l'intéressé. Le contexte, dès le départ, était clair : un journaliste, sans autre engagement que le journalisme et plutôt marqué à gauche de par un long passage au *Matin de Paris* quand il était un vrai journal, suit à la trace le principal leader politique de ce qui était alors l'opposition de droite. Et de fait, Jacques Chirac ne s'inquiétera jamais de telle ou telle de mes rencontres, n'interviendra jamais dans aucune de mes démarches. Je ne suis pas chiraquien, et, paradoxalement, ce « désengagement » m'a installé, d'emblée, dans une position de force. Jacques Chirac — et son entourage — devait me prouver qu'il était ouvert, capable d'évoquer avec recul et clairvoyance des épisodes où il n'eut pas toujours le beau rôle, capable de raconter des événements politiques gagnés ou perdus. A quelques exceptions près, les « chiraquiens » — « espèce » qu'il faudra définir — et leur chef se sont prêtés à ce jeu difficile.

Le samedi matin fut en général « notre jour ». Semaine après semaine, Jacques Chirac me reçut dans le même vaste bureau de la mairie. Nous nous installions face à face dans des fauteuils plutôt inconfortables, devant la cheminée. Il nous fallait « oublier » le magnétophone, la présence obsédante de cette boîte noire, posée sur ces livres consacrés à l'art chinois qui parsemaient la table basse entre nous. Il me fallait passer outre à la tenue décontractée — jean, chemise ouverte et chaus-

ou les passions du pouvoir 15

sons de cuir noir — qu'il affichait en ces moments-là. Il lui fallait — et c'était bien le plus difficile — se laisser aller. Un peu. Cesser de se camoufler, comme il sait si bien le faire, en politicien rodé, capable de répliquer sur l'instant à n'importe quelle interrogation. Très vite, j'ai dû me rendre à l'évidence : je n'avais à soutenir aucune théorie, à défendre aucune image — négative ou positive — de Jacques Chirac. J'avais devant moi quelqu'un qui existait dans le temps et dans l'espace. Un homme de l'époque qui incarne, qu'on le veuille ou non, un type nouveau de présidentiable dans cette aventure si particulière qu'est la Ve République. Chirac, en effet, n'est pas préoccupé par la postérité, par sa place et son rôle dans l'histoire. De Gaulle le fut. Giscard et Mitterrand le sont. Chirac, lui, privilégie l'action. Mais l'action suffit-elle quand il s'agit de forger son destin et de conduire un grand pays ? Trop exclusive, l'action engendre des incompréhensions : les illustrations, à ce propos, ne manquent pas.

Quand Jacques Chirac reçoit le dalaï-lama dans les locaux de l'Ecole supérieure de physique, le maire de Paris prononce un discours dont la teneur, la qualité surprennent tous les chercheurs présents. Ce qui fera dire à l'un d'entre eux : « Il est doué, Chirac. Il a vite appris la leçon. Parce que, évidemment, ce texte a été écrit par un spécialiste. » Or le spécialiste n'existe pas ; l'Extrême-Orient passionne Chirac et sa culture sur le sujet est quasi encyclopédique. Pourquoi le grand public ne le sait-il pas ? Quelle incapacité cela camoufle-t-il ?

Quand Jacques Chirac est l'invité de Jérôme Garcin sur FR 3, l'émission est littéraire, les questions aussi. Jacques Chirac connaît la poésie, cite des auteurs. L'intelligentsia fait mine de découvrir un homme cultivé. L'épreuve, pour Chirac, était importante : son maître Georges Pompidou vénérait la littérature. Il avait là l'occasion de prouver qu'il n'en était pas indigne.

Jacques Chirac vise un objectif, un seul : devenir président de la République. Succéder à François Mitterrand.

Qu'importent la date, l'échéance, le moment ou le contexte : « Je serai candidat. Cela ne fait aucun doute. » Il n'hésite pas. Il ne se camoufle pas. Sur ce point, il joue franc-jeu. Dès lors il n'est plus possible de différer l'épisode de la « trahison », ce combat que, une fois Matignon évacué, en 1976, Jacques Chirac ne cessera de mener, sous différentes formes, contre Valéry Giscard d'Estaing et Raymond Barre. A l'évocation de ces instants il deviendra presque volubile. Nulle crainte chez lui. Pas de peur. Ces gens, même s'il les ménage aujourd'hui, ne sont pas de son monde. Etrangers à son univers, à son fonctionnement. « Giscard a cru que je lui sacrifierais le mouvement gaulliste. Il s'est trompé. » A propos de Raymond Barre, le maire de Paris n'entretient aucun leurre. Le professeur méprise ce technocrate qu'il estime médiocre. Chirac, lui, guette. Persuadé que son impact primera au détour d'une bataille électorale. Une vraie. Au moment où il faudra courir d'un meeting à l'autre, débattre, aligner les formules claires et simples, de celles qui rassurent et confortent les gens. Bref, tenir le choc d'un combat de longue haleine. A écouter Jacques Chirac, à le suivre, je compris vite que la politique est avant tout un combat.

Le combat des chefs, s'il l'inquiète, l'amuse et le distrait aussi. Dans son esprit, les souvenirs sont vivaces. Tenaces. Chirac, c'est évident, n'a pas supporté la manière dont Valéry Giscard d'Estaing a réduit en quelques mois les pouvoirs en principe attribués au Premier ministre. « Il aurait dû partir plus vite, assure Jérôme Monod, alors directeur du cabinet, aujourd'hui P-DG de la Lyonnaise des Eaux. Après un mois de travail à Matignon, en janvier 1975, je me suis posé la question du départ. Après trois mois, j'étais convaincu qu'il fallait s'en aller. Je le lui ai dit. Une toile avait été tissée autour de nous. Par et pour Giscard. » Chirac n'a pas non plus apprécié la morgue et le mépris de Raymond Barre à son égard. « Le maire de Paris fut un bien mauvais Premier ministre », affirme l'entourage du député de Lyon.

Rancune réciproque. Leaders divisés. Les Français n'aiment pas cette guerre larvée. Tous les sondages le confirment. Jacques Chirac nie, réfute, insiste sur les « bonnes relations » qu'il entretient avec l'un et l'autre de ses « partenaires-adversaires ». Normal. Il insiste sur l' « absence de rancune », trait essentiel de son caractère. Trait confirmé par la classe politique pour une fois unanime. Parce que, encore un paradoxe, on « aime bien » Chirac. On le sait disponible, attentif, prêt à rendre service. Sans retour obligatoire, contrairement aux règles habituelles. J'ai été frappé par l'importance d'un mot dans l'entourage de Chirac : l'amitié. On en parle tout le temps, à tous égards. François Mitterrand inspire — ou impose — le respect toujours, la crainte parfois. VGE, lui, a pris ses distances avec les humains ; il n'est plus tout à fait de ce monde. Chirac, pour l'heure, a évité ces travers. Dans les rapports privés, cette ouverture le caractérise. Et on en arrive à tourner en rond. Ouverture dans le privé, fermeture dans le public : les deux images se superposent. Jusqu'au flou. Jusqu'à brouiller la vue. Jusqu'à imposer le recours à ces conseillers en marketing qui servent l'homme politique des années 80. A eux de clarifier l'inclarifiable. A eux de montrer Chirac sous un autre jour que celui d'un « extrémiste », d'un « dur », d'un « excité ». Chirac a compris qu'il fallait, coûte que coûte, renverser la tendance, dissiper les doutes dans les esprits. Adversaires et partisans confondus. Car un plausible président de la République ne peut se permettre de traîner ces qualificatifs : un président, aux prétentions gaullo-pompidoliennes de surcroît, n'a pas le choix. Les Français sont ses « compagnons », le rassemblement est son credo, et l' « ouverture » une manière d'être. Un « agité » n'est pas en mesure de maîtriser cet ensemble de contraintes. J'avais à peine avancé mais je savais déjà qu'il fallait plus que jamais me méfier des clichés : Jacques Chirac ne pouvait en aucun cas être cet « agité » et rien d'autre. Sinon, comment serait-il parvenu aux portes de l'Elysée ? Mais alors —

leitmotiv obsédant —, qui est Jacques Chirac ? La réponse, il allait me falloir du temps, beaucoup de temps, pour la trouver.

Cette ébauche du personnage ne va pas manquer de surprendre. Voire de choquer. Comment ne pas être étonné par cette invraisemblable distorsion qui s'est installée en Chirac. Homme de dialogue ou homme de fer ? Lequel est le vrai ? Inculte ou fin connaisseur de Saint-John Perse ? Lequel est le bon ? Monteur de « coups » politiques souvent tordus ou homme d'Etat responsable, capable de « porter » un grand pays ? Lequel est le juste ? Le plus mauvais Premier ministre de la Ve, comme certains le suggèrent, ou un chef de gouvernement « empêché » par un Giscard glouton ? Lequel de ces deux personnages s'approche-t-il le plus du vrai Chirac ?

La réponse est d'autant plus complexe que, au fil du temps et des événements, des défaites et des victoires, la réalité du personnage s'est modifiée. Parce que, au-delà de toute critique, légitime ou non, nul ne peut nier un fait : Jacques Chirac est un acteur dynamique de l'histoire immédiate de la France. Il a joué, joue et jouera un rôle actif, et donc influent, sur le tissu, invisible parfois, qui « fait » la vie de ce pays. Certes, Jacques Chirac ne répond pas dans le détail à cette définition de l' « homme d'Etat conceptuel » que partagent Valéry Giscard d'Estaing et François Mitterrand. Chirac fonctionne de façon différente : le concept ne précède pas forcément le mouvement. A gauche comme à droite, ce type de comportement fait désormais recette. Certains lui ont même trouvé un nom : la modernité. Et accolé un concept : la fin de l'idéologie.

Je n'éprouve pas de passion particulière pour les hommes politiques. Dans mon métier, je me suis fait une règle de les traiter, de les observer, de les disséquer, comme je le ferais avec un sportif ou un acteur. Chirac m'intéresse autant que Michel Platini ou Gérard Depardieu. Et une heure d'entretien avec un grand pianiste me passionne bien davantage qu'une rencontre avec tel secrétaire général de tel grand parti politique. Mon « sujet » n'a pas échappé à cette règle et cela n'a pas manqué, petit à petit, de susciter quelques difficultés qu'il a fallu contourner. Jacques Chirac ne se livre pas. Il parle peu, par exemple, des rapports qu'il entretient avec ses deux filles. Il se tait quant à ses vacances. C'est par la bande que j'apprendrai qu'il les passe le plus souvent dans un hôtel, parce qu'il refuse les invitations dans les maisons particulières — la peur de se retrouver « enfermé ». Chirac se tait sur son compte. Il préfère vous entretenir, avec discernement et chaleur, des « autres », de la France, de la situation générale. Et après ? Quand j'insiste — « Et après, vous, votre vie, vos sensations, vos sentiments, vos ressentiments ? » —, la nervosité avec laquelle il fume alors sa cigarette anglaise conforte au moins une certitude : ce type n'est pas serein.

Ce livre a un objectif : reconstruire avec minutie le puzzle Chirac. L'homme, tranquille et sûr de lui, n'est-il qu'un anxieux ? Un tel comportement, paradoxalement, serait rassurant si le pouvoir venait à lui échoir.

CHAPITRE PREMIER

DE L'INFLUENCE D'UN GRAND-PERE INSTIT, FRANC-MAÇON ET LAIC

> « François Chirac était intraitable : on ne peut pas plaisanter avec le service de l'Etat. Il a transmis cette certitude à son fils. »
>
> Jean Lacour
> (un ami de la famille).

C'est un fait, Jacques Chirac est parisien. Lui qui insiste tant sur ses racines poussées dans la terre de Corrèze, lui qui, aux yeux du grand public, passe pour le « bon » jeune homme de province « monté » à l'assaut de la capitale, est né le 29 novembre 1932 dans une clinique du 5e arrondissement. A proximité de la grande mosquée, au cœur du Quartier latin. Pourtant, et c'est aussi vrai, Jacques Chirac n'est pas parisien. Pas tout à fait. Parce que, pour comprendre son histoire, son comportement et ses évolutions, il faut sans cesse s'en retourner là-bas, au centre de la France, en Corrèze. Couple formé au fil du temps par un homme et une région. L'un et l'autre se comprennent, se nourrissent. Chirac ressemble à la Corrèze, la Corrèze a suscité, pour partie, un leader politique de ce type. « Les Parisiens se trompent, affirme Marinette Pascal, une Corrézienne amie d'enfance de Chirac. Ce pays n'est pas secret ou renfermé, les gens parlent, ils sont ouverts. » La Corrèze est un mystère. Tout comme Chirac.

Avant tout, il faut compter avec l'ombre tutélaire du

grand-père paternel, Louis. Dans la famille installée depuis deux générations à Beaulieu-sur-Dordogne, un village proche de Brive, Louis fournit l'exemple, et le bon, celui de la promotion sociale. Alors que son père était « agent voyer » — en clair, cantonnier —, le fils « s'élève » jusqu'à devenir instituteur à dix-neuf ans. En 1888, dans une famille d'origine paysanne, l'événement est de taille. Confirmation de Jacques Chirac : « Longtemps, j'ai cru que nous descendions en ligne directe d'un très célèbre médecin de Louis XIV, lui-même petit-fils d'un médecin du roi Henri IV. Quand les généalogistes se sont sérieusement intéressés à mon cas, aussi loin qu'ils aient pu remonter, ils ont trouvé des paysans corréziens. »

Louis Chirac ne stagne à Beaulieu-sur-Dordogne que le temps d'être sacré « meilleur instituteur du canton » : ses classes obtiennent des résultats exceptionnels au certificat d'études. Il est muté à la ville, Brive, et promu directeur de l'école Firmin-Mirbeau. « Moi, raconte Georges Puidebois, un vieux Briviste, j'ai toujours entendu parler de l'école Chirac. De Louis, mes parents disaient que c'était un vrai chef. » Un chef qui défend et applique une conception extensive de l'éducation : apprendre à lire et à compter, c'est nécessaire mais pas suffisant ; Louis Chirac estime de son devoir d'inculquer un mode de vie. Il est radical-socialiste, franc-maçon et anticlérical. Ses élèves sont façonnés dans ce triple sillon. C'est de la sorte qu'il entend l'école laïque et républicaine.

« En Corrèze, la majorité des hommes allaient fort peu à l'église. Ils y accompagnaient leurs femmes et restaient sur le parvis, les curés n'étaient pas de leur monde. » Ce témoignage de Jacotte Arlot, une cousine de Jacques Chirac, éclaire la mentalité du moment. Les deux camps s'observent avant de se donner des coups. Louis Chirac sait polémiquer ; il est quelquefois brillant, incisif toujours. Chaque semaine, il écrit un éditorial dans *la Corrèze républicaine* et l'Eglise reste sa cible privilégiée ; un curé de Brive, l'abbé Chastrusse, réplique au « laïcard » dans son journal, *la Croix de Corrèze*. Les gens du cru apprécient le duel comme une véritable institution. Et ils rigolent quand Louis Chirac — est-ce la légende ? — assure qu'il « lève le pied gauche en croisant un curé dans la rue pour conjurer le sort ». Qu'un article du directeur d'école soit repris dans la « grande » *Dépêche du Midi* — le quotidien radical-socialiste de Toulouse — et le camp « rose » exulte : il a trouvé son porte-voix, son héraut. Louis Chirac est donc nommé président de l'Amicale des élèves des écoles laïques. Ses amis lui suggèrent de se présenter aux élections, ils insistent. Chirac refuse, ce n'est pas son « métier ». Ils le proposent à la Légion d'honneur ; il accepte : le « rad-soc » aime les médailles et apprécie les récompenses.

Ce grand-père si typé, exemplaire, a-t-il exercé une influence quelconque sur son petit-fils ? A entendre Jacques Chirac, aucune : « Je l'ai très peu connu. J'en garde seulement le souvenir d'un personnage sévère. » La filiation, n'empêche, est évidente. Le grand-père inculque des principes intangibles : la république et ses valeurs, la démocratie et ses règles, les élections et leurs conséquences inaliénables. Sans trop se poser de questions, le petit-fils y adhère et s'y plie — comme naturellement. Dans son camp, à droite, Jacques Chirac n'hésitera pas à « monter » des coups politiques, à briser des adversaires ; mais il ne sortira jamais du cadre démocratique. Quoi que chacun puisse penser des attitudes et des choix politiques de Chirac, son respect des libertés essentielles ne peut être pris en défaut. Les racines corréziennes, l'attachement à cette terre longtemps radical-socialiste, l'ascendant d'un grand-père « marqué » jouent un rôle indéniable.

Le père ne ressemble pas au grand-père. En rien. Louis Chirac était militant, François Chirac ne s'y risquera jamais. Louis Chirac est un passionné, François Chirac reste sur la réserve. Louis et François ou la Corrèze sous ses deux manteaux : à la fois expansive et taciturne, enthousiaste et prudente. « En 1916, mon père a été mobilisé, raconte Jacques Chirac. Il en a pris pour deux ans de guerre. » Cet épisode militaire n'est pas négligeable : le père en parle, et dans le détail, à son fils. Et, conséquence directe, Jacques Chirac ne dissimule pas une véritable fascination à l'égard de l'armée.

Pas de doute, François Chirac fait une « belle guerre ». Fantassin, il s'extirpe de Verdun blessé et reçoit la médaille militaire avant d'être expédié sur les bords de la Vistule en Pologne. Au lendemain de l'armistice, il a en effet choisi de se réengager pour mieux surmonter ses complexes à l'égard des soldats qui en avaient « pris », eux, pour quatre ans de Grande Guerre. François Chirac, le costaud, revient en 1921. « Epuisé », constatent ses amis. Il épouse aussitôt une Corrézienne, Marie-Louise Valette, elle-même fille d'instituteur. Tout est bien. Cet homme-là est sans problème. Le temps des études est révolu. François Chirac se présente à un concours et intègre une banque, la BNC, future BNCI puis BNP. « Il est entré à un poste très modeste », précise le fils.

Vie modèle d'un couple de l'après-guerre. Lui, François, travaille beaucoup, se passionne pour le rugby et se désintéresse de la politique, résolument. « Je suis incapable de vous révéler comment votait mon père, assure Jacques Chirac. Sans doute modéré. » Elle, Marie-Louise, prend les habitudes d'une petite provinciale installée depuis peu à Paris. Elle observe, s'intéresse à tout, copie les modèles des grands couturiers qu'elle commande à un tailleur de quartier. Ils disposent de peu d'argent. Après un an de mariage, en 1923, naît une petite fille prénommée Jacqueline. L'employé de banque grimpe dans la hiérarchie de la BNC.

« Ma sœur est morte à dix-huit mois d'une broncho-pneumonie. Elle était à Brive, chez mes grands-parents. Mes parents en ont été longtemps traumatisés. » Jacques Chirac n'en dira pas davantage. François et Marie-Louise attendront dix ans avant d'avoir un nouvel enfant. Il semble qu'ils n'en aient d'abord pas voulu et qu'ensuite ils aient éprouvé des difficultés. Jacques Chirac va donc vivre dans la peau et la situation d'un enfant unique. « Sa mère lui montrait une véritable adoration, témoigne Jacotte Arlot. Elle le traitait comme Dieu sur terre. » Marie-Louise Chirac ne déroge pas aux règles. Elle agit comme n'importe quelle petite-bourgeoise en cette première moitié du siècle. Existence ordinaire d'une famille ordinaire. Elle ne travaille pas, s'occupe de « sa » maison, de sa cuisine et, chaque après-midi, immuablement, déguste une tasse de thé. « Elle m'a dorloté, reconnaît le fils. Rien n'était trop bien ni trop beau pour moi. »

A François donc — situation classique — de faire passer l'autorité. « Entre nous, ajoute Chirac, nous n'avions pas une grande intimité. Ce n'était pas le style de mon père. » Quelques taloches, sans aucun doute. « Jamais de gifles », rectifie le fils. Rien d'autre à signaler si ce n'est que François Chirac continue à progresser dans la hiérarchie professionnelle. L'employé de banque, en 1934, devient directeur d'une agence centrale à Clermont-Ferrand. Il s'installe place de Jaude, l'épicentre de Clermont, et le banquier Chirac se mêle à la bourgeoisie locale. S'il croise les Michelin, ces rencontres ne l'impressionnent guère : François Chirac n'oublie pas qu'il est fils d'instituteur et petit-fils de paysan. « S'il avait été un bourgeois, il aurait été un grand bourgeois, assure son ami le pharmacien Lacour. Il en avait la carrure. Mais il n'appréciait pas vraiment ces gens-là. » Ce trait, cette caractéristique, subsiste, aujourd'hui encore, chez le fils.

Souvenirs d'enfance, réminiscences de ces années auvergnates. « Le week-end, nous partions à la campagne, au bord d'une rivière. » L'endroit s'appelle Vertolaye. Le reste du temps, François et Marie-Louise Chirac sortent peu. Ils reçoivent quelques amis et, invariablement, la soirée s'achève par d'interminables parties de bridge. Le dimanche matin, la famille au complet se rend à la messe : Marie-Louise est très catholique et François, s'il pratique avec modération, se plie à quelques règles de bon aloi.

Quant aux vacances, elles ont pour cadre Sainte-Féréole, un village corrézien. Marie-Louise y disposant d'une petite maison familiale, celle-ci fera l'affaire. Le banquier ne conduit pas un train de vie important. « Je crois que l'argent ne l'intéressait pas, remarque Lacour. Il en voyait trop passer entre ses mains. »

Bien noté à Clermont-Ferrand, Louis Chirac est muté à Paris. Il dirige la BNC située avenue de la Grande-Armée. Poste stratégique : les comptes industriels y sont nombreux. Clients prestigieux : Marcel Bloch-Dassault et Henry Potez, les maîtres des usines aéronautiques. Le directeur se charge « en personne » de leur compte. Contacts en tête à tête, relations de confiance. Quand le Front populaire nationalise l'industrie aéronautique, Dassault et Potez sont indemnisés et réinvestissent aussitôt l'argent. François Chirac joue un rôle dans les décisions qui sont prises : Marcel Bloch-Dassault fonde sa propre banque, la BCP, et Henry Potez achète une grande propriété sur la Côte d'Azur.

Dans les mois qui suivent l'arrivée de Léon Blum à l'hôtel Matignon, François Chirac démissionne de la banque et accepte le poste de directeur général chez Potez. Jacques Chirac est encore un enfant, mais les liens de son père avec les avionneurs le suivront longtemps — au point que d'aucuns ne manqueront pas de poser la question : « Chirac est-il une création de Dassault ? »

Homme d'affaires « installé », François Chirac loue en 1940 une maison de campagne à proximité de L'Isle-Adam. Il est en mission au Canada quand l'armée française est anéantie par la Wehrmacht. Jacques Chirac n'a pas oublié : « Cette fois, je me souviens bien. J'avais sept ans. Dans le jardin, j'essayais de lancer un couteau contre un arbre. Il a rebondi et s'est planté au coin de mon œil. Panique générale. Quelques jours plus tard, M. Dassault a appelé ma mère. Il voulait que nous descendions vers le sud. Elle ne voulait pas trop, mon père était absent. Un autre ami lui a conseillé la même chose. Elle a accepté. Nous sommes partis très vite mais nous sommes restés bloqués sur le pont de L'Isle-Adam dans le flot de voitures qui prenaient la même direction. » Mme Chirac et son fils s'arrêtent un temps à Sainte-Féréole ; François les y rejoindra trois mois plus tard. A la fin de l'année 1940, la famille s'installe sur la Côte d'Azur, au Rayol. A proximité du domaine Potez. L'industriel a fermé ses usines, il refuse de se mettre au service des nazis. Marcel Bloch-Dassault n'a pas pu partir avec eux. Juif, il est déporté à Buchenwald.

L'occupation sera douce pour les Chirac. François ne sera pas résistant dans une région protégée. Simplement il aura, comme on disait alors, des contacts. On écoute Radio-Londres. A l'heure du débarquement, les officiers français s'installent dans sa villa, la *Casa Rosa*. C'est tout.

Ces cinq années sont importantes pour Jacques Chirac. Il va les passer plus libre, plus indépendant qu'il n'aurait jamais pu l'être à Paris dans un contexte familial et géographique contraignant : « J'ai vécu pieds nus, en short et chemisette. Pour aller à l'école, il fallait marcher trois ou quatre kilomètres. » Une fin d'enfance turbulente : « Les Allemands déployaient des fils téléphoniques à travers la forêt. Nous nous amusions à les couper. » Marie-Louise réussit tout de même à ce qu'il apprenne quelques vagues notions de latin. Mme Tournaire, l'institutrice, se charge de lui avec délectation. François Chirac répète obstinément : « A cause de la Russie, les nazis vont perdre la guerre. » Il ne se trompe pas. Retour à Paris. Pour que Jacques vive une adolescence, elle, normalisée.

La Libération venue, la famille s'installe quelques mois à Saint-Cloud. Le temps pour le fils d'entrer au lycée Hoche... et d'être, rapidement, renvoyé. Motif : « L'élève Chirac lance des boulettes. » Sa réadaptation à la vie citadine n'est pas aisée. Il a besoin de place, d'espace, de dégager son énergie. Dans ce contexte, seules les vacances corréziennes servent d'exutoire. Lendemains de guerre, vie modeste et ravitaillement précaire. Jacotte Arlot s'installe quelques mois chez les Chirac : « De temps en temps, son père intervenait. Il le secouait. A sa mère, il avouait toujours la vérité. Ma tante n'aurait jamais eu l'idée d'être absente quand son fils rentrait du lycée. »

A chacun son rôle : Marie-Louise Chirac s'occupe du fils, François Chirac veille sur les affaires d'Henry Potez. Travail non-stop, sept heures — vingt et une heures. Souvenir : « Sans avoir de fortune, mon père, je le sais, gagnait bien sa vie. Cela ne nous détournait pas d'un standing modeste. Il n'avait qu'un seul luxe : les restaurants. Il n'oubliait jamais la qualité de la gueule. Quand il s'est offert une traction avant onze chevaux, ce fut un véritable événement. » Comme beaucoup de Parisiens, les Chirac éprouvent les pires difficultés à se loger. Après un bref passage dans un bel appartement rue Frédéric-Bastiat, ils se retrouvent dans un petit deux-pièces sans confort, rue Guersant. « Pas de salle de bain, il fallait se laver dans l'évier de la cuisine. Des bouteilles de bordeaux dans la poche, mon père a fait le tour des concierges pendant plus d'un an. » Ils atterrissent rue de Seine.

Jusque-là, rien que de très usuel. Hormis la figure du grand-père, la rencontre avec Marcel Dassault et l'amour profond pour la terre de Corrèze, la saga des Chirac n'a rien d'épique. Banale comme la promotion d'un fils d'instituteur, employé de banque devenu cadre supérieur.

Dans ce contexte, Jacques Chirac, enfant, ne se fait pas remarquer — si ce n'est par sa vitalité. A l'école, il obtient des résultats moyens. Ses livrets l'attestent et, en quatrième au lycée Carnot, le proviseur aura cette appréciation sévère : « Attention à la tenue générale si l'élève veut terminer son année. » Il l'achèvera ainsi que toutes les autres. Sans éclat particulier. Il lit peu, ne va guère au cinéma et ne s'intéresse pas beaucoup à l'actualité. La légende des hommes politiques veut que, sous l'adolescent, pointe le chef d'Etat. Ce n'est pas le cas.

Et puis, le déclic se produit. Jacques Chirac entre en première au lycée Louis-le-Grand, un établissement parisien bon chic bon genre. Petit à petit, son comportement se modifie. « Nous sortions peu dans ma famille. Nous n'avions rien de commun avec la grande bourgeoisie parisienne. Je n'étais pas invité dans les surprises-parties. Alors je me suis mis à travailler, vraiment. Avant, je m'arrangeais pour passer, juste. » Il traîne chez les antiquaires — « J'éprouvais un plaisir sensuel à toucher les objets » —, il écume les galeries de peinture moderne et, par un invraisemblable concours de circonstances, atterrit dans l'atelier de Fernand Léger. L'esquisse d'un « nouveau » Chirac s'annonce.

Il commence à ressembler au Chirac qui, aujourd'hui, intéresse les Français : un hyper-actif, sans arrêt sur la brèche. A dix-sept ans, il obtient son premier baccalauréat avec une mention « Assez bien ». Le voilà en « math élém. », la filière noble, sur les bancs de Louis-le-Grand, « cathédrale » de l'enseignement parisien s'il en est.

Juin 1949. La période est difficile, chacun est censé participer à la reconstruction de la France. Chirac, bon élève, travaille dur. Il commence seulement à réfléchir à propos de la politique. Rien d'un enfant prodige. En seconde, il adhère, par hasard et pendant quelques jours, au RPF du général de Gaulle. « Il ne faut y attacher aucune signification, assure-t-il. Je n'étais toujours pas concerné, vraiment, par les choses de la politique. Et puis, j'ai commencé à me passionner à propos de la question atomique. » Voilà le tournant. Parce que, quelques mois plus tard, en décembre 1949, Jacques Chirac signe, sans hésiter, l' « appel de Stockholm » contre l'arme nucléaire, suscité par le congrès mondial de la Paix et contresigné, à travers le monde, par cent soixante-treize millions de personnes. Un appel largement contrôlé et utilisé par les communistes.

« Il y avait des expositions, les déclarations des Joliot-Curie, je lisais des livres de vulgarisation. La campagne en faveur de l'interdiction de l'utilisation militaire de l'atome m'avait touché. J'avais vu toute une série de documents effroyables sur Hiroshima et Nagasaki. Lorsque l'appel a été diffusé, je l'ai signé instantanément. J'avais le sentiment de participer à un grand mouvement. J'ai estimé que ce n'était pas suffisant et qu'il était indispensable de faire adhérer. De militer. Je me suis procuré les documents, j'ai réuni des camarades de classe, j'ai expliqué pourquoi il leur fallait participer à une vaste campagne internationale. » Ses adversaires estiment l'épisode peu crédible, ils suggèrent que cet « appel de Stockholm » embellit par trop l'image du jeune homme Chirac en lui offrant un passage à gauche toujours utile dans une biographie. Mais Chirac adulte parle sans complaisance de Chirac adolescent : « Non, vraiment, je n'avais pas de culture politique. Je n'étais pas influencé par les gens marquants ni par leurs écrits. Je n'avais pas d'idole politique, je connaissais à peine le général de Gaulle et n'ai jamais été mendésiste. »

L'autoportrait est lucide, même si l'appel de Stockholm le rapproche des communistes. Ce qui lui vaut quelques mésaventures : « J'ai vu des inspecteurs sortir du commissariat de la place Saint-Sulpice. Je les ai abordés et leur ai proposé de signer. Eux, ils se sont contentés de relever mon identité et de me ramener chez mes parents. » Une fiche « Chirac sympathisant communiste » sera glissée dans les dossiers des renseignements généraux ; longtemps ce bout de papier le poursuivra. Son père, lui, adopte une position prudente. Des remontrances, sans plus.

L'épisode ne s'arrête pas là. Chirac a flirté avec les communistes et il le reconnaît sans gêne : « L'appel m'avait rapproché du PC. Superficiellement, je devais avoir une sensibilité de gauche. J'ai traîné, un peu, auprès des militants de la place Saint-Sulpice. Le local se trouvait à proximité de la caserne des pompiers. Un jour, ils m'ont demandé de vendre *l'Humanité-dimanche*. Je l'ai fait une fois. Pas deux. Je me suis enfui. Mes relations avec le PC se sont arrêtées là. »

Etrange cohabitation. Rien, aucun événement, aucune situation ne justifie a priori ce croisement éphémère entre Chirac et les communistes. Le combat contre le nucléaire

ou les passions du pouvoir 31

n'explique pas tout : « J'étais horrifié par l'holocauste du peuple juif. Pour moi, à cette époque, le racisme se limitait à l'antisémitisme. Je réagissais contre tous ceux qui, de près ou de loin, avaient pu y participer. J'avais déjà une conscience claire des conséquences du vichysme et du pétainisme. Ils avaient abaissé la France, ils s'étaient associés avec les organisateurs de l'holocauste. Or, j'avais l'impression que les communistes dénonçaient le plus clairement cette politique, cette attitude. » Perception instinctive d'un adolescent; perception qui ne disparaîtra jamais : Chirac est imperméable aux thèses racistes et la conviction, inébranlable, se forge pendant cette brève période militante. Ces événements ont suscité des tensions entre un père strict et le fils qui, à dix-huit ans, ne se contente plus du bien-être familial. Quelques affrontements, mais « François Chirac aurait eu horreur d'un fils béni-oui-oui », assure un intime. La réussite scolaire aidant, la crispation s'estompe d'elle-même. Le 10 juillet 1950, Jacques Chirac est reçu à la seconde partie du baccalauréat. Mention « Assez bien ». Détail important car, de la sorte, il peut intégrer l'Ecole des sciences politiques sans subir l'examen d'entrée. Fin d'un épisode. « A ce moment, j'ai eu envie de partir. » Il voudrait s'extraire du périmètre parisien. L'évasion, toutefois, ne passe pas par une rupture familiale. Chirac veut embarquer sur un bateau. Les relations de son père l'y aident.

François Chirac est en rapport avec le président de l'Union industrielle et maritime. Ce sera utile pour monter sur un bateau de la compagnie. « J'avais peu d'argent, je n'aimais pas en demander. Quand je partais, je partais... » Il obtient une inscription au Havre — « J'y suis arrivé en auto-stop » —, puis se rend à Dunkerque où il s'installe sur un petit cargo de cinq mille tonnes, le *Capitaine Saint-Martin*. « J'ai été pris en faisant valoir mes relations », admet Chirac. Travail difficile pour un fils de bourgeois si costaud et têtu soit-il, de se retrouver aux prises avec des marins. Il les copie beaucoup, les singe un peu : il fume la pipe jusqu'à en être malade ; à Alger, il partage leurs virées nocturnes. Le petit Parisien découvre une autre galaxie.

Plus important, il est confronté, pour de bon, au travail physique le plus pénible qui soit. Au retour, le *Capitaine Saint-Martin* charge à Melilla, dans le Rif espagnol, une cargaison de minerai de fer. « Une horreur, se souvient Chirac. La peau est rapidement incrustée par une poussière rouge. Il faut se frotter pendant des jours avant d'en être débarrassé. Psychologiquement, les hommes en étaient transformés. Ils devenaient hargneux. » Il n'aura pas l'occasion d'en connaître plus. Le jour du retour à Dunkerque, il distingue, de loin, la silhouette de son père. Le banquier est venu le chercher. Objectif : Sciences Po. « Je lui ai proposé de préparer le brevet de lieutenant au long cours pour faire carrière dans la marine marchande. Il l'a fort mal pris. » Une réaction sans surprise.

C'est dans ce contexte, sans fantaisie ni drame, qu'a grandi Jacques Chirac. Tous les psychologues expliquent que le caractère d'un homme — « grand » ou pas — se fabrique dans ces années-là. Jacques Chirac, lui, se dérobe à ces théories. Cet enfant trop souvent discret, qu'a-t-il à voir avec son personnage ? A l'exception des vacances à Sainte-Féréole et du « réveil » en classe de première, on rencontre un Chirac paisible, tranquille. Un Chirac ne ressemblant en rien à celui qui, plus tard, deviendra une image de marque aux yeux des Français : le Chirac qui ne sait pas perdre son temps, qualité assimilée, dans ce pays, à un défaut. Chirac jeune ne s'identifie pas à Chirac adulte. « Au terme de l'adolescence, assure-t-il, je voulais sortir, voir autre chose. Du pays, des gens. »

En guise d'« évasion », il se retrouve à Sciences Po. Dans la peau d'un étudiant « normal ». Pourquoi ce choix ? Pourquoi cette école qui, à l'évidence, le destine à une carrière dans la fonction publique ? L'ombre du grand-père est de retour. Le père aurait « trahi » en choisissant le

ou les passions du pouvoir

privé. Il le savait et, souvent, parlait du « service de l'Etat ». Au fils de racheter la faute. L'imprégnation s'est faite. En douceur.

L'engagement politique est encore loin. Bien loin. La IVe République joue sa scène préférée : la crise gouvernementale. Saint-Germain-des-Prés swingue au son des guitares de Django Reinhardt. « Ce n'était toujours pas l'abondance, se souvient-il. L'après-guerre n'avait qu'un charme relatif. » A Colombey-les-Deux-Eglises, le général de Gaulle boude. Rue Saint-Guillaume, dans la digne Ecole des sciences politiques, « l'Hélicoptère » arrive. Jacques Chirac a trouvé un surnom.

CHAPITRE II

LE GOÛT DES BEAUX QUARTIERS

> « Chirac avait besoin d'amitié. Il était marqué par le fait d'être fils unique et il n'aimait pas rester seul. »
>
> LAURENCE SEYDOUX.

« L'Hélicoptère » se pose rue Saint-Guillaume et, sans plus de manière, prend possession de l'Ecole. Autant Jacques Chirac a vécu une enfance puis une adolescence sans relief, autant il « explose » à Sciences Po. Etudiants et professeurs, au long de ces trois années, vont découvrir le personnage. « Tout » Chirac, sa manière de mener sa vie et sa carrière, est déjà là. Ses atouts et ses manques. Sa puissance et ses défauts. « Il avait besoin d'amitié, il était marqué par le fait qu'il était fils unique. » Le premier témoignage de Laurence Seydoux, l'une de ses plus proches amies, dévoile une part du mystère Chirac.

En octobre 1951, ils débarquent donc à Sciences Po, entre le boulevard Saint-Germain et la rue de Grenelle, à proximité du café de Flore. Ils se ressemblent tous. Beaucoup. Les années de guerre ont strié leur enfance. La plupart d'entre eux en ont peu souffert. Entre 1940 et 1945, la bourgeoisie française, toutes variétés confondues, a su « y faire ». Ils endossent sans peine excessive la défroque des enfants de la reconstruction. Ils étudient avec juste ce qu'il faut d'austérité. La fantaisie n'est pas leur fort. Ils s'amusent, mais avec retenue. « C'était bien cela l'après-guerre, confirme Michel François-Poncet, l'intime de l'époque. La mentalité de la guerre jouait les prolongations. Il en allait de même dans les relations avec nos parents. Nous nous en tenions aux comportements des années 30, le respect avant tout. Et puis, les manifestations mondaines revenaient au goût du jour. » Etudier, respecter les normes et danser : telles sont les trois règles.

Ils n'y dérogent pas. Les futurs grands commis de l'Etat, enfermés dans les murs de Sciences Po, ne trahissent pas, ou à peine, ces préceptes. « Nous étions de bons jeunes gens très comme il faut », tel est l'avis de Michel François-Poncet. « Tout le monde habitait chez ses parents », se rappelle Jacques Friedmann. « Moi, je me souviens surtout de nos inquiétudes, de nos angoisses. » Ces réminiscences de Marie-Thérèse de Mitry, aujourd'hui mariée à Jean François-Poncet, l'ancien ministre des Affaires étrangères de Valéry Giscard d'Estaing, ont-elles été déformées par les années et par les expériences individuelles ? Possible. Toutefois, ces témoignages se recoupent pour l'essentiel. Sciences Po ressemble à cet univers confiné où des jeunes gens de bonne famille piaffent d'impatience à l'idée de se débarrasser de vieux habits pour s'enfoncer, d'urgence, dans les passions du siècle. « Et pour cela, estime Michel François-Poncet, nous avons dû attendre jusqu'en 1958. » Jusqu'au gaullisme.

Pour mieux saisir ces soubresauts, il faut recomposer la « bande à Chirac » et la replacer dans son contexte. D'abord se détache la haute stature de Michel François-Poncet. Neveu du célèbre diplomate André François-Poncet, ce fils d'industriel fait figure d'original dans l'uniformité de Sciences Po. Il s'offre les allures d'un dandy et, surtout, il ne faut pas le compter parmi les acharnés du « service public », la section noble de l'Ecole, celle qui propulse vers l'ENA tous ces jeunes gens avides de servir l'Etat. Aux leçons de droit administratif, Michel François-

Poncet préfère les galeries d'art, la littérature et les Etats-Unis, sa grande passion. De temps à autre il fait sensation, arrivant rue Saint-Guillaume au volant d'une voiture de sport, celle de sa mère, alors que le lot commun reste le Vélosolex. « Par ma famille, j'avais accès à pas mal de gens et d'endroits. » Chirac le suit partout. « Nous sommes vite devenus inséparables », reconnaissent-ils l'un et l'autre.

Pour parfaire le tableau, les deux garçons se doivent de trouver des compagnes. Dans la promotion se détachent deux jeunes filles : Marie-Thérèse de Mitry et Laurence Seydoux. La première est fille d'un « maître de forges » : les Mitry règnent sur l'empire de Wendel et, régulièrement, *l'Humanité* les dénonce parmi les « deux cents familles » qui régentent le pays. La seconde, à l'instar de Michel François-Poncet, appartient à l'une de ces familles protestantes qui se font remarquer, et avec quelle maestria, dans l'industrie et dans la diplomatie. Rapports timides et polis entre garçons et filles. « Tout cela s'arrêtait au petit flirt, assure Michel François-Poncet : Les filles étaient toutes habillées selon les mêmes canons : jupe grise et droite, pull-over jusqu'au menton et petit rang de perles. Et plus tard, elles se retrouvaient dans leurs robes du soir. » « Notre groupe ne vivait pas encore en période de pré-libération sexuelle », confirme Jacques Chirac. Marie-Thérèse de Mitry ne dément pas : « Nous n'étions pas élégants. Nous n'avions pas le désir de plaire et il y avait fort peu d'histoires entre nous. Nous nous vouvoyions, seules les filles se tutoyaient. »

Au quatuor, il est indispensable d'ajouter Jacques Friedmann : rencontre capitale, car les deux Jacques ne se quitteront plus. Friedmann est le seul témoin permanent de la plupart des événements racontés dans ce livre. « Les deux meilleurs élèves de préparatoire étaient pris comme assistants pour l'année suivante. Je me suis donc retrouvé " surveillant " de Jacques Chirac. Nous tenions un carnet pour les maîtres de conférences. A chaque fois qu'un élève intervenait, nous inscrivions une croix en face de son nom. Rapidement Chirac en a eu une multitude. »

Jacques Friedmann souligne là l'essentiel. A Sciences Po, Chirac se rend indispensable. Il veut à tout prix être à l'aise dans ce milieu, le conquérir. Etre le meilleur. « Il part à la rencontre d'un nouveau monde, analyse Friedmann, celui des grands bourgeois. Jusque-là, il ne les connaissait pas. Il sort beaucoup avec Michel François-Poncet et Laurence Seydoux. » La rencontre n'est pas fortuite, évidemment : Chirac et Friedmann sont les enfants d'une petite bourgeoisie qui s'est hissée dans la hiérarchie sociale sans renier ses origines ; la mère de Jacques Friedmann a même milité au sein de l'Union des femmes françaises, organisation très proche du PC. Les deux étudiants éprouvent des « penchants à gauche ». Ni l'un ni l'autre ne le nient. Et Michel François-Poncet s'en souvient.

Ce n'est pourtant pas le principal ; le principal c'est bel et bien ce début de liberté, ce premier appel d'air qu'apporte l'Ecole de la rue Saint-Guillaume. Récit de Michel François-Poncet : « Nous quittions, enfin, une période où nous étions interdits de sortie " tant que tu n'avais pas ton bac ". Bien sûr, le style Sciences Po était conventionnel ; bien sûr, nous étions classiques. Dans nos jugements et nos intérêts. Mais nous commencions à avoir notre vie. » Chirac et sa « bande » se prêtent à quelques mondanités. Surprises-parties et thés dansants. « Nous allions voir les copines qui portaient leur première robe longue », détaille Michel François-Poncet. Chirac, lui, a des réticences à s'en souvenir : « J'assistais rarement aux soirées dans les hôtels particuliers. Toutes ces manifestations mondaines m'accablaient physiquement. Je n'ai jamais bien intégré ces manières. » Il ne dit pas toute la vérité, si l'on se réfère au témoignage de Philippe Rossillon, autre compagnon de Sciences Po : « Nous ratissions les boums de la bonne bourgeoisie. » Chirac admet toutefois sans difficulté qu'il découvre de nouvelles gens, des familles prestigieuses : les

Seydoux, les François-Poncet, les Wendel. Il ne peut s'empêcher de rectifier, d'atténuer : « Pas sûr que je me sois véritablement intégré. » Confirmation de Jacques Friedmann : « Il n'était pas forcément très à l'aise. »

Fascination et répulsion : schéma classique pour un fringant jeune homme qui découvre la « haute ». Mais cette ambivalence poursuivra Jacques Chirac ; il ne la résoudra jamais. Et ses rapports futurs avec Valéry Giscard d'Estaing devront être analysés, également, au travers de cette grille. Illustration fournie par Laurence Seydoux : « Chirac se complétait merveilleusement avec Michel François-Poncet. Celui-ci avait de l'aisance et était introduit dans la société. Jacques, lui, n'a jamais joué un personnage. Il n'était pas marqué par une ambition dévorante. Et j'ai vite compris qu'il était avant tout un homme d'action. » L'homme d'action ne s'arrête pas aux circonvolutions en cours à Sciences Po. Puisqu'il faut prendre, il prendra — d'assaut. Résumé de Michel François-Poncet : « Il avait envie d'autre chose, de s'intégrer à un nouveau monde. Chez ces gens-là, la réussite académique et universitaire pèse un bon poids. La qualité des notes est essentielle. » Chirac ne manquera pas l'essentiel, ainsi défini.

L'élève Chirac est sérieux. Performant. Il rend des devoirs parfaits. Appréciation d'un professeur : « Présentation absolument impeccable. » Ses exposés — un exercice déterminant à Sciences Po — sont tout aussi remarquables : bien documentés et charpentés, selon les critères en cours rue Saint-Guillaume. « Il était acharné, commente Jacques Friedmann. A certains, il donnait l'impression d'être un peu fayot. Il en faisait plutôt plus que pas assez. » Les études à Sciences Po, même si les heures de cours ne sont pas nombreuses, nécessitent une présence assidue. La « bande » se promène entre les salles de cours, le grand hall, la bibliothèque et son repaire « privé », le salon de thé Basile. Ils discutent à l'infini des mérites professoraux en comparant l' « ancêtre » André Siegfried, qui incarne la tradition, au « moderne » Raymond Aron ou au « technicien » Jean Chardonnet, un enseignant de géographie économique idole du groupe. « Il essayait de nous donner une vision mondiale », explique Michel François-Poncet. Ce n'est pas un hasard si les « jeunes gens parfaits », ouverts et (presque) modernes s'identifient à un technicien de l'enseignement et non pas à un penseur. « Les quatre — Mitry, Chirac, François-Poncet et Seydoux —, nous avions pris l'habitude de réviser ensemble. Chirac travaillait énormément, sans avoir l'air de travailler. » Ces souvenirs de Laurence Seydoux prouvent que le système Chirac est déjà au point.

Il est présent partout, et ne laisse pas indifférent. « Il avait déjà de vrais amis, mais aussi de solides ennemis », précise Friedmann. « Il se comportait comme un bon élève, complète Marie-Thérèse de Mitry. Tout le monde à Sciences Po le connaissait, sans exception. Même s'il lui manquait le vernis. Même s'il ne passait pas son temps à la Cinémathèque. Vous arriviez à Sciences Po en disant : " Je cherche un garçon nommé Chirac ", n'importe qui vous donnait une indication. Ça me fascinait. » Lui fait mine de ne pas s'en apercevoir. Il avance. Sans se poser trop de questions : « J'étudiais. Beaucoup. Et je n'avais pas le temps de faire autre chose. Je n'allais pas au théâtre et je ne me rendais au cinéma que pour voir les seuls westerns. J'avais mon jardin secret mais je n'en parlais à personne : ma passion pour les steppes et une idée fixe : y aller ; ma passion pour la Mésopotamie, ma passion pour les nomades de la mer. » Chirac se plaît à surprendre. Image de l'élève modèle qui ne cède pas aux mondanités, avance avec sérénité et n'ennuie personne avec ses échappées. « Je ne faisais pas les boîtes de nuit. D'ailleurs, je dansais très mal. En revanche, je traînais volontiers dans les cafés. » Trop simple. Jacques Chirac, figure de proue au sein de Sciences Po, prend une part importante à la vie de l'école. Et cette vie, au-delà des cours, au-delà des relents mondains, est également rythmée par les événements et les engagements politiques. Cette évidence-là, tout le monde en convient; Michel François-Poncet par exemple, avec désinvolture : « Nous nous distinguions par de petites bagarres politiques. Elles étaient essentiellement verbales car nous n'avions pas beaucoup de convictions profondes. » Tel n'est pas l'avis de Philippe Rossillon, l'un des éléments les plus brillants de la promotion : « Ce Sciences Po-là était encore très politisé. Nous passions des heures à discuter dans le hall. Nous avions l'habitude de trancher. C'était stupide. Chirac, lui, était prudent. Heureusement. »

Que fait Jacques Chirac? Où est-il? Comment se situe-t-il? « Plutôt à gauche », admet-il. Chaque année, l'école frémit au moment d'élire le bureau de l'amicale des élèves. Chirac se présente sur une liste de gauche. « J'ai dû avoir ma carte. » Une carte qui l'affilie aux étudiants socialistes alors dirigés par Michel Rocard. « Chirac n'entrait pas dans la catégorie des élèves influents en politique », affirme Michel François-Poncet. Cette coloration rose va disparaître au fil de ces années de Sciences Po. « Nous avons trouvé une autre vision », admet Jacques Friedmann. Quelle vision? Une approche avant tout technocratique où l'idéologie perd en influence au profit des connaissances, du savoir. « Les vrais sujets qui nous passionnaient, remarque Michel François-Poncet, dépassaient le clivage droite-gauche : l'Europe, l'armée ou la décolonisation. » Ce « nouveau » comportement sied à Jacques Chirac; dans ses attitudes, ses réactions, il n'a rien de commun avec un militant classique encarté dans un parti ou une association socialistes. « Je ne le ressentais pas du tout comme un homme de gauche, remarque Marie-Thérèse de Mitry. Il n'était pas dogmatique. » Les enfants modèles de Sciences Po sont effarouchés par toute attitude sectaire. A ceci près que, pour eux, le sectarisme prend avant tout racine à gauche, que la droite échappe à ce travers. « Au début des études, j'ai longtemps souffert d'être une de Mitry. » L'aveu de Marie-Thérèse de Mitry prouve à quel point les affrontements sociaux peuvent être violents. Si ce n'est dans les formes, du moins dans les mots. « C'était une affaire de bandes, se souvient Laurence Seydoux. Chacun la sienne. »

Et Jacques Chirac a choisi. A Sciences Po, il n'est pas de ces apprentis intellectuels qui passent leur temps à opposer Roger Nimier à Jean-Paul Sartre, les hussards aux existentialistes. Chirac réfléchit davantage à l'état économique du monde... Et à *sa* place dans ce monde. « Il était terriblement projeté sur l'extérieur, confirme Marie-Thérèse de Mitry. Cette attitude portait en elle-même son propre danger. Il risquait de finir par être un bateau avec une quille insuffisante. »

Charpente-t-il son avenir politique à Sciences Po ? Pas vraiment. Laurence Seydoux passe de nombreuses vacances d'hiver en compagnie de Jacques Chirac ; des moments privilégiés où les deux amis parlent. Elle est catégorique : « Non, il ne s'était pas fixé de réussir une carrière politique. Il ne montrait aucune ambition en ce domaine. » Et si Jacques Chirac se camoufle, il le fait avec adresse. Le clan adore le « jeu de la vérité », ces moments où il ne faut plus se dissimuler. Et dans ces occasions, les propos de Chirac n'ont jamais trahi une envie politique. « Ce type était ambivalent, remarque Philippe Dondoux, un proche du clan. Il était remarquablement intelligent et s'intéressait aux autres. » Voilà un atout qui sied aux politiciens.

Chirac a réussi sa première année et ne court plus qu'après un seul objectif : passer ses vacances d'été aux Etats-Unis, en compagnie de Philippe Dondoux et d'une autre amie, Françoise Ferré. « J'ai eu du mal : l'ambassade ne voulait pas me délivrer un visa. Toujours cette affaire liée à l'appel de Stockholm. Et puis, il fallait trouver de l'argent. » Parfaits élèves de la rue Saint-Guillaume, tous trois entendent utiliser les congés avec efficacité : direction Harvard et sa *summer school*.

Il faut payer les droits d'inscription, le logement, la nourriture. Chirac n'en démord pas : « Je voulais me débrouiller. Pour un empire, je n'aurais pas demandé l'aide de mes parents. » Cette fois, il est en mesure de prouver son efficacité, cette capacité à obtenir ce qu'il veut quand il le veut. Par le biais d'un professeur, il prend un rendez-vous avec un certain M. de Felice, alors secrétaire d'Etat à l'Agriculture. Il lui arrache une bourse en échange de la promesse d'un mémoire. « Nous nous sommes embarqués sur un bateau grec, le *Neptunia*. Une horreur. » Voyage dans les cales, un classique pour des étudiants qui entendent s'offrir un peu d'exotisme. Chirac, Ferré et Dondoux sont-ils partis sans bénéficier d'aucun subside parental ? Sûrement pas. Mais François Chirac n'a pas modifié ses habitudes : il n'a pas fait preuve d'une excessive générosité. Le strict minimum est assuré, pas davantage. « Jacques était en même temps craintif et admiratif à l'égard de son père », note Jacques Friedmann. Arrivés à Harvard au terme d'une longue traversée, ils découvrent que, pour être admis aux différents cours de la *summer school* les droits d'inscription sont plus importants que prévu. Chirac se débrouille pour obtenir une exonération. « Ensuite, nous avons rencontré la directrice d'un collège à proximité de Harvard Square. Elle partait en vacances, elle nous a laissé sa maison. » Que les difficultés se règlent aisément ! Une série de hasards ? Peu probable. Il s'agit plutôt d'une minutieuse planification organisée de Paris. Cela, Jacques Chirac ne veut pas trop s'en souvenir. Le trio trouve également du travail : Françoise Ferré sert le thé dans un salon de Boston, Philippe Dondoux et Jacques Chirac manipulent glaces et sorbets dans une succursale de la chaîne Howard Johnson. « Nous avons commencé à la plonge, de six heures à deux heures du matin. Epuisant. Ensuite, nous avons pu passer au comptoir. » De parfaits garçons ! Si parfaits, si brillants et si charmants que Jacques Chirac conquiert, sans difficulté, une jeune et jolie Américaine prénommée Florence qui conduit une impressionnante décapotable blanche. Puis le voilà qui revêt la défroque d'un chauffeur de maître : une vieille dame, évidemment milliardaire, qu'il conduit en compagnie de Philippe Dondoux jusqu'à Las Vegas. « Ensuite, nous sommes allés à La Nouvelle-Orléans. Nous nous sommes installés dans le Vieux Carré et, fascinés par l'endroit, j'ai abandonné mon mémoire de stage sur le dollar et j'ai travaillé sur l'économie du port de La Nouvelle-Orléans. » Ces jeunes gens sont décidément bien sérieux. Et même s'ils remontent jusqu'à New York en bus à la manière de tout bon routard qui se respecte, ils ne perdent jamais de vue l'essentiel : la dernière année de Sciences Po. Philippe Dondoux ne travestit pas la réalité quand il insiste : « Nous étions partis pour faire la *summer school*. Nous nous sommes exécutés... »

Au cours de cette nouvelle année scolaire, Jacques Chirac sera brillant. Deux « super-étudiants » se détachent du lot : Jean-Yves Haberer, l'actuel P-DG de la banque Paribas, et Gérard Belorgey, l'un des plus parfaits technocrates qu'ait enfantés la Ve République. Chirac colle de près à cette échappée ; à la sortie, il obtient une excellente troisième place. Il ne dissimule pas sa satisfaction : il a travaillé, beaucoup. La bibliothèque de Sciences Po est devenue son jardin. Efficacité avant tout. Et la confirmation que Chirac est capable d'assumer, de mener jusqu'à leur terme, des épreuves de force. Personne désormais, parmi ses proches, ne doute qu'il soit sur le point d'intégrer l'ENA — parcours logique et linéaire. Lui, même aujourd'hui, n'en convient pas : « Je me suis présenté au concours d'admission persuadé que je serais recalé. » Sur ce point et quel que soit l'interlocuteur, Chirac n'a jamais modifié son explication. Ses amis, quand ces propos leur sont rapportés, ne le croient pas. « Il avait une envie forcenée d'entrer à l'ENA », tranche Michel François-Poncet.

Diplômé, Chirac sort de l'école avec distinction et se prépare à postuler une place à l'ENA : en cet été 1954, il est devenu une sorte d'étudiant modèle. Qu'il en profite pour annoncer ses fiançailles ne fait que renforcer cette image. Elle s'appelle Bernadette Chodron de Courcel et il la connaît depuis son entrée à Sciences Po : il l'avait remarquée dès les premières semaines. Une rencontre en forme de cliché pris rue Saint-Guillaume : « Nous devions former des groupes de travail de quatre ou cinq. J'avais repéré un ou deux garçons. Et puis les maîtres de conférences ont proposé le premier exposé de l'année. Dans un silence total, Mlle de Courcel, apparemment timide, a levé la main. Je l'ai retrouvée à la sortie : " Vous, vous êtes brave. Et vous allez venir dans notre groupe. " Elle a accepté. » Le vouvoiement, entre eux, est de rigueur. Il le reste toujours aujourd'hui. Chirac a pourtant le tutoiement aisé. « C'est comme ça », commente-t-il, laconique.

« Ses fiançailles ont été une surprise pour nous », reconnaît Laurence Seydoux. Son « grand copain » Michel François-Poncet réagit de façon identique : « Je lui ai demandé pourquoi si vite, si tôt. Il m'a répondu que je n'y comprenais rien. » « Ils se sont rapprochés à la fin de Sciences Po », précise Jacques Friedmann. Chirac se fiance avec un « beau parti ». « Jacques entrait dans un milieu totalement différent du sien, détaille Michel François-Poncet. Un milieu très traditionnel, très catholique et très vieux genre. » La famille Chodron de Courcel compte une fabrique de faïence à Gien, des châteaux, un abbé, Vincent, une bonne sœur, Anne-Marie, et un résistant de la première heure, Geoffroy, qui, à Londres en juin 1940, dirige le cabinet du général de Gaulle. Comment ne pas songer à une « union de raison », Chirac mesurant les intérêts qu'il trouverait à épouser une fille de la noblesse ? L'hypothèse est peut-être séduisante ; elle est fausse : Bernadette Chodron de Courcel ne se serait pas prêtée à ce jeu. Et différents témoignages le confirment. Michel François-Poncet était idéalement placé pour avoir une opinion pertinente : « Jacques venait fréquemment dans notre maison de campagne sur les bords de la Seine. Les grands-parents de Bernadette en possédaient une à proximité. Et j'ai découvert chez elle une force de caractère que nul ne soupçonnait à Sciences Po. Elle s'est bagarrée, dans le bon sens du terme, avec lui. Elle s'est fiancée avec lui autant que lui avec elle. Elle y tenait vraiment. » Il ne faut pas se fier au comportement extérieur de Bernadette Chodron de Courcel, à son apparence. Elle n'abandonne jamais cette retenue imposée par une stricte éducation catholique. Elle correspond trait pour trait à « ces petites filles appliquées qui passaient des heures en bibliothèque », selon le trait acéré d'un ami de Jacques Chirac. Elle combat aussi une timidité qui la tenaille. Mais Bernadette Chodron de Courcel n'est pas tout entière derrière ces images dessinées sur mesure. « C'est une acharnée sans violence, précise Marie-Thérèse de Mitry. Elle a solidifié Chirac. »

Chacun des fiancés s'en va en vacances de son côté. Les années 50 sont intraitables encore quant à la respectabilité et aux bonnes manières. « Nous étions tous horriblement coincés dans notre petit univers, avec notre petit confort », insiste avec regret Michel François-Poncet. Du coup, les deux copains partent en direction des pays nordiques. Au volant d'une 2 CV, « les premières, celles qui roulaient à 60 », précisent-ils. Non, Chirac et François-Poncet ne courent pas à l'aventure. Ils s'arrêtent d'abord en Allemagne fédérale où ils sont hébergés à l'ambassade de France par André François-Poncet, l'oncle de Michel. « Intéressant, se souviennent-ils. Ce fut le premier contact avec le pouvoir, la vie officielle. Chaque jour, au déjeuner et au dîner, il y avait du beau monde à table. » Ils ne s'éternisent pas — « Nous étions des fans du kilomètre » —, et les voilà en route pour Copenhague, Göteborg, les Pays-Bas.

Ils roulent. Et ils parlent. De quoi ? « Beaucoup de rien. » Et ils finissent par admettre que la politique les intéresse, les filles aussi, et tout ce qu'ils découvrent, beaucoup de musées, entre autres. « Financièrement, nous n'étions pas si larges que cela, assure Michel François-Poncet. Nous disposions de ce qu'il fallait, pas plus. Nous ne sommes allés qu'une fois à l'hôtel. Le reste du temps, on se débrouillait pour être hébergés. »

Pas si banal que cela, en 1954, de partir longtemps, de

circuler beaucoup, de s'intéresser à d'autres horizons que les coteaux bleu, blanc, rouge. Le signal d'alarme, au cours des vacances, est pourtant tiré : Chirac, en octobre, passe les épreuves écrites d'admission à l'ENA. Michel François-Poncet, lui, se défile. Il préfère l'atmosphère détendue des campus américains à la solennité qui pèse sur les locaux de la rue des Saints-Pères. Mais tout le monde ne peut pas avoir un « sens de l'Etat » aussi exacerbé que Jacques Chirac.

Michel François-Poncet parti, place est faite à Alain Chevalier, aujourd'hui P-DG des Champagnes Moët-Hennessy. « Je connaissais un peu Chirac sans être particulièrement lié avec lui. Friedmann nous a rapprochés. Et ensemble, tous les trois, nous avons préparé l'ENA. Nous travaillions le soir, et beaucoup. » Chevalier, de la sorte, détruit un peu plus la légende d'une entrée inattendue à l'ENA. Les trois épreuves écrites sont d'un désespérant classicisme. L'école fondée par Michel Debré et Maurice Thorez pour former des fonctionnaires d'élite n'a pas peur de s'autocaricaturer. Premier thème : « Une nation matériellement affaiblie peut-elle continuer et exercer une action spirituelle ? » Si le général de Gaulle avait lui-même rédigé la question, aucun « postulant ENA » n'aurait été surpris. Deuxième épreuve : « Les privilèges de l'administration ». Les énarques, de temps à autre, ne dédaignent pas de battre leur coulpe. Troisième et ultime test : « Quels sont les aspects dominants de la politique monétaire suivie par les principaux pays de l'Europe occidentale depuis 1945 ? » Chirac, à peine extrait du monde de Sciences Po, ne peut rêver un thème plus approprié que ce dernier. Pour conjurer le sort il préfère se persuader qu'il a échoué. Il part aussitôt en Louisiane où il écrit un document sur les activités portuaires de La Nouvelle-Orléans pour la revue *Export-Import*. Et retour express pour subir le grand oral. Il est admis à l'ENA. Tout cela relève d'une parfaite logique.

Dès lors, les traits marquants de son caractère se

dessinent tous azimuts. « J'étais frappé par son appétit à toute heure du jour et de la nuit. Et il n'avait pas besoin de dormir. » Laurence Seydoux ne sera que la première d'une longue série à s'avouer ébahie. Et elle ne se trompe pas non plus quand elle remarque : « Il s'est construit une base d'amitiés sur laquelle s'est fabriquée son existence. » Trente ans plus tard, Jacques Friedmann, Michel François-Poncet et Alain Chevalier sont toujours présents. Les femmes ? Elles se sont éloignées, « mais Chirac fascinait beaucoup et surtout les hommes », explique Laurence Seydoux. L'ENA, tel un rouleau compresseur, ne va-t-elle pas banaliser Jacques Chirac ? Le fondre dans son moule ? La guerre d'Algérie survient et tout bascule à nouveau. De la rue de Seine, où il habite avec ses parents, aux djebels algériens qui longent la frontière marocaine, la transition ne sera pas seulement brutale. Elle se révélera décisive.

CHAPITRE III

LA PASSION ALGERIENNE

« Mon père avait eu le privilège d'être mobilisé
à dix-huit ans. »

Jacques Chirac.

Cette fois, Jacques Chirac n'est plus d'accord. Il le crie et il s'insurge. Il en parle haut et fort à qui veut l'entendre. Etonnant de voir ce bon élève, aspirant énarque, secoué par la révolte, saisi par la colère en ce printemps 1955. Que lui arrive-t-il ? Comment expliquer son attitude ? Par un simple détail. Un détail conforme à ce qui lui est cher, la tradition : un futur énarque, quand il est appelé au service militaire est « pistonné ». Les « apprentis énarques » ont pris l'habitude — confortable — de passer ces mois « inutiles » dans les locaux vieillots des ministères de la Défense, de la Marine ou de l'Air. Ce privilège — quasi institutionnalisé — met Jacques Chirac hors de lui : « Comme tout élève de l'ENA, j'ai reçu ma convocation : l'armée de l'Air, boulevard Victor. Une telle situation n'était vraiment pas convenable. » Convenable, l'adjectif est choisi. Chirac entend « convenablement se comporter » à l'égard de l'armée.

Il fait partie de cette minorité qui désire vraiment un service actif. Dix ans après la fin de la Seconde Guerre mondiale, les jeunes, ceux de la « génération Chirac », ne sont guère passionnés par le sujet. Chirac n'entend rien à cette mode. L'armée, la vie militaire surtout, le passionne. Veut-il être en phase, jusque dans les moindres détails, avec son père soldat de 14-18 ? L'organisation militaire convient-elle à son tempérament ? Le futur gendre des Chodron de Courcel est-il désireux de marquer un point supplémentaire envers sa belle-famille ? Toutes ces raisons sont à la fois satisfaisantes et incomplètes. Chirac « veut ». Point. Certains ont le droit d'y déceler calcul, manœuvre, magouille, plan et stratagème pour une carrière future, ambitieuse et brillante. De bonnes raisons qui ne suffisent pas à expliquer cette volonté « militaire ». Parce qu'il est impossible de l'amener à avouer les ressorts qui le poussent, qui le font se lever et agir. Un matin, il me dira : « Je n'ai jamais d'angoisse, c'est un sentiment que j'ignore. C'est pour cela que j'ai beaucoup de mal à comprendre les anxieux. » Le rapport avec la situation présente ? Et s'il avait voulu affronter, se mesurer, lui aussi, à l'angoisse du guerrier ?

Chirac est reçu au ministère de la Défense, par un certain capitaine de Saint-Victor. « Il travaillait au bureau de recrutement. J'ai dû insister, beaucoup, avant qu'il ne me parle. » L'explication n'est pas satisfaisante. Il a été introduit, forcément, dans la place. Par qui ? Aucune réponse. Il est en tout cas envoyé à Saumur, la célèbre école d'application de l'arme blindée et de la cavalerie. Il y travaille de manière forcenée. Chirac veut être parmi les mieux notés, les plus actifs, ceux qui sont au premier rang. Chirac tient à obtenir la meilleure note de la promotion. Transformation à vue : autant il jure et répète que l'ENA est un « hasard », autant la réussite, ici, à Saumur, lui tient à cœur. « J'ai étudié, à fond, deux domaines : la mécanique et la topographie. » Et quand, six mois plus tard, le 15 septembre, il se prépare à prendre connaissance du « palmarès », il n'est pas inquiet : il a été « bon » et il le sait. Récit, trente ans plus tard, dans son bureau à l'Hôtel de Ville : « Le peloton a été réuni par le lieutenant de Villèle. Vieille famille française, distingué et ancien légionnaire. D'une voix parfaitement solennelle, il a lâché : " Avec Chirac, nous avons nourri une vipère en notre sein. " Moi, j'étais fou de rage. » Major de la promotion, Chirac est expulsé du classement parce qu'une note des services de sécurité militaire le classe « communiste ». Toujours et encore l'appel de Stockholm.

Le général de Clerck, commandant de l'école, lui accorde quelques jours pour prouver sa bonne foi. La situation n'est donc ni aussi tragique ni aussi difficile que certains biographes trop enthousiastes ont voulu la décrire. Chirac, dans un premier mouvement, s'adresse à un personnage haut placé, son futur oncle par alliance, le compagnon de la Libération Geoffroy Chodron de Courcel. Accueil glacial. Mauvais cas, affaire difficile puisque engagement communiste il y aurait. Chirac prend fort mal ce refus. Les deux hommes ne se reverront plus guère et son « neveu » ne l'interpellera plus que d'un pompeux « Monsieur l'ambassadeur ». Manière de marquer la différence et les écarts sociaux. L'anecdote n'est pas faite pour améliorer les relations psychologiques de Chirac avec la grande bourgeoisie. Il prend alors contact avec Jean Chardonnet, le professeur tant estimé de Sciences Po. Le géographe est un ami personnel du ministre de la Défense, le général Pierre Kœnig. Rendez-vous immédiat. Dossier et affaire classés. Chirac réintègre son rang : le premier. Il est major de Saumur.

L'épisode a son importance. Il montre au moins que Chirac, s'il réussit, n'obtient pas les « honneurs » avec facilité. Les succès, la brillance lui demandent de l'effort car il ne traverse pas les épreuves avec ce naturel qui, à en croire les exégètes, caractérise la caste des chefs. Oui, Jacques Chirac est un « brillant sujet », selon les normes et les jalons académiques. Du lycée Louis-le-Grand à Saumur, de la Rue Saint-Guillaume à l'ENA, il est passé. Partout et convenablement. Sans plus. Georges Pompidou, François Mitterrand ou Valéry Giscard d'Estaing n'auraient-ils pas un autre brio, une autre grâce qui, parfois, les rendraient invulnérables aux événements et aux ennuis ? N'est-il pas, lui, trop plat ? Est-il dépourvu de ces aspérités qui font les « grands » ? Chirac gagne, et pourtant persiste cette impression qu'il lui manquerait « quelque chose ». « A la limite, remarque son compagnon de l'époque Alain Chevalier, il était trop influençable. Je n'ai jamais connu un personnage dur, calculateur, à la limite cynique. On peut avoir de l'amitié pour Jacques Chirac. Vraiment. »

En route vers l'Allemagne de l'Ouest. Le sous-lieutenant Jacques Chirac est affecté au 11e régiment de chasseurs d'Afrique, installé à Lachen dans le Palatinat. Il dirige un peloton de chars Patton. Service militaire classique. « Une vie normale de garnison, raconte le colonel Bertrand qui, lui aussi, arrive en droite ligne de Saumur. Instruction et manœuvres. La routine. » Six mois de routine. Les six derniers mois de tranquillité. Les six derniers mois de paix.

L'Algérie, la guerre d'indépendance, le comportement de la France, de son armée, l'obscurantisme et l'aveuglement de la classe politique « bêtifiée » par le fonctionnement absurde de la IVe République : Jacques Chirac ne pouvait pas échapper aux événements qui allaient bouleverser le pays jusqu'à remettre d'aplomb la figure emblématique du général de Gaulle.

Là encore la rencontre, quasi obligatoire, avec l'Algérie ne va pas sans heurts. « Vers la fin de l'année 55, se souvient le colonel Bertrand, l'hypothèse selon laquelle notre division partirait pour l'Algérie commençait à circuler. Oh ! il était simplement question de donner un coup de pouce pour régler un problème algérien mineur... Un petit truc de six mois. Nous devions ranger nos chars, aller faire du maintien de l'ordre et revenir. » Incompréhension absolue d'une révolution nationaliste. Eux, ils croyaient s'en aller quelques mois pour « maintenir l'ordre ». Ridicule.

« Enarchie » oblige, Chirac a encore la possibilité d'échapper au guêpier algérien. Ses supérieurs lui proposent un poste à l'état-major français de Berlin : interprête franco-russe. Au lycée, il avait appris quelques rudiments de cette langue et un vieil immigré, ami de ses parents, l'avait perfectionné. Refus obstiné de l'heureux « dispensé » qui n'en a pas fini avec la lourdeur administrative. Après de malencontreuses tribulations, il doit faire appel à son père. Ses papiers d'affectation à Berlin ont été transmis, et il faut intervenir auprès de l'administration militaire. In extremis, Chirac est inclus dans le 6e RCA en route pour l'Afrique du Nord. « Pendant quinze jours, en janvier 1956, nous nous sommes entraînés à pied dans le camp de Münsingen, raconte le colonel Bertrand. Dur, très dur : il faisait moins trente degrés. » Chirac est convaincu de l'importance de la mission. Souvenir du colonel : « Il me répétait : un futur grand commis de l'Etat doit faire son travail de Français. » Les voilà transplantés, le 1er mai 1956, en Oranie. Le régiment est chargé de tenir le poste de Souk El Arba. Deux mois avant, profitant d'une permission, Jacques Chirac a épousé Bernadette Chodron de Courcel. Cérémonie discrète, sans effusions excessives. Ce n'est pas leur genre.

L'affaire algérienne ne tourmente pas Jacques Chirac outre mesure. « J'étais profondément Algérie française. » Aveu sans détour. Il s'en va conduire un juste combat, défendre son pays et la république contre des terroristes ultra-minoritaires. Il est persuadé que les Arabes, dans leur immense majorité, souhaitent l'intégration. L'armée rend service, il est militaire ; il rend donc service. « Personne ne peut nous reprocher, vraiment, cet engagement. Là-bas, à la frontière algéro-marocaine, nous étions paumés, totalement isolés. Sans informations, sans radio ni journaux, nous devions remplir une mission. Nous l'avons fait. Le mieux possible. » Le mieux possible : l'expression peut faire frémir, quand on connaît l'attitude de l'armée française en Algérie.

Comment s'est donc comporté le « Peloton Chirac » ? S'est-il laissé aller à des écarts ? A-t-il utilisé la torture dans ses combats contre les militants du FLN algérien ? Inter-

ou les passions du pouvoir

rogé à ce propos, Jacques Chirac n'a pas joué l'indignation, il n'a pas feint l'incompréhension. « Sur moi, je portais un nerf de bœuf. Et, parfois, il a fonctionné. » Contre des soldats français qui s'offraient quelques débordements. Le colonel Bertrand confirme : « Notre boulot, c'était de remuer du monde, de faire peur, de montrer notre présence. Mais il était peu probable que nous trouvions des fellagha. La torture ? Pas notre genre. » Leur genre était plutôt celui d'une armée « à principes », d'une armée qui avait de la tenue et se revendiquait d'une « certaine » tradition. « Tous les soirs, se souvient Bertrand, les officiers faisaient un effort pour changer de tenue. Nous dînions toujours en cravate. » Forme de folie que de se vouloir sociable, encore, dans une guerre qui, sur tout le territoire algérien, n'en finit pas de se développer, de se ramifier. Jusqu'à la défaite de la France.

Le « peloton Chirac » n'a pas ces états d'âme-là. Le chef vit dans une baraque en terre battue, les hommes logent sous deux grandes tentes. Travail répétitif et épuisant, pendant treize mois : patrouiller, contrôler les Algériens d'après des listes de suspects, monter quelques embuscades dans la mesure où les renseignements se révélaient suffisamment précis. « Au premier accrochage, rapporte le colonel Bertrand, Chirac a eu une branche de lunette sectionnée par une balle. » Mais avant tout, l'escadron a pour mission de maintenir ouverte et praticable la piste qui conduit jusqu'au PC de l'armée française. « Les Algériens posaient régulièrement des mines, poursuit Bertrand. Ils nous ont piégés, plusieurs fois. Nous avons eu des morts. » Chirac s'implique, à corps perdu, dans cette vie et dans ces combats. « Il adorait ses hommes. » Le constat reviendra, plusieurs fois. Alors il se bat, il commande. Il s'exprime. Plutôt épanoui dans cet univers d'horreur.

« Nous disposions d'une bière par homme et par jour. Pas d'électricité. L'eau, il fallait la trouver dans des sources. Pas de douche, il fallait se laver dans le fond du casque. Pas de frigo, il fallait creuser un trou pour boire ou manger froid. Mais de temps en temps, nous jouions au bridge. Et le soir du premier Noël, en décembre 56, nous avons pu acheter du chocolat au lait et des oranges. Grâce à une caisse noire que nous avions organisée dans ce but. » Il se souvient de tout, dans les moindres détails. « Nous avions une permission tous les six mois, complète Bertrand. Nos grands plaisirs : trouver une chambre d'hôtel avec bain et traîner à la terrasse des bistrots. Pour observer, simplement, une activité humaine. » A Souk El Arba, Chirac oublie l'ENA, Paris et les convenances bourgeoises. Il doit organiser le ravitaillement de son peloton : voilà l'essentiel. Le reste, les bonnes manières, les civilités n'ont pas d'importance. Les comportements des militaires en campagne lui conviennent.

Il doit tout de même plonger dans la réalité algérienne, l'autre, celle de l'affrontement entre civils. Le régiment tout entier déménage soixante kilomètres plus loin. Le « peloton Chirac » s'installe à Picart, un village de mille habitants, essentiellement composé de fermiers européens. « On revenait en terre civilisée », note le colonel Bertrand. Mostaganem, la grande ville, est proche. Ils se lavent, mangent, marchent dans la rue. La normalité. Dans cette atmosphère, Chirac commence à percevoir les faces plus complexes du conflit, sans pour autant modifier ses jugements, sa perception de la guerre : la France a raison, il se bat pour la France ; pas question d'en démordre. Et puis Chirac respire. Oui, au sein de l'armée, à la tête de « ses » soldats, il éprouve un sentiment de liberté. « J'étais responsable. Je commandais. Notre vie, à tous, en dépendait. Et c'est vrai, j'éprouvais du plaisir à cette situation. » Quels que soient les interviews, le contexte ou l'époque, il s'en est toujours tenu à ces explications. Et quand, le 3 juin 1957, après avoir été cité à l'ordre de la division, le sous-lieutenant Jacques Chirac est rendu à la vie civile, et donc à l'ENA, il déprime. « J'ai été très heureux », répète-t-il.

Sans doute redoute-t-il de replonger dans l'atmosphère claustrophobe de l'ENA. Chirac n'est pas un vrai rat des villes et des bureaux. Que faire ? Rester dans l'armée, souscrire un nouvel engagement ? Il affirme y avoir songé. Triple veto : sa jeune épouse, son père et, surtout, Henri Bourdeau de Fontenay, distingué directeur de l'ENA, qui lui rappelle son contrat d'élève fonctionnaire. Chirac se plie, sans difficultés, à cette volonté unanime. Il tire toutefois un petit profit administratif de « sa » guerre : « A mon retour, j'aurais dû faire quatre mois de droit avant mon stage ENA. Le directeur, un ancien résistant, a sorti son mouchoir tricolore et m'a expliqué qu'en raison de mes états de service, j'étais exempté du pensum. » Accompagné par Bernadette, il s'en va à Grenoble. Cafardeux. « Le retour à la vie civile fut traumatisant », admet-il. Jacques Friedmann confirme combien ces instants furent pénibles : « Parmi nous tous, il fut celui qui éprouva le plus de difficultés à passer du bled à l'ENA. Sincèrement, je crois qu'il avait envie d'abandonner l'école. » Trop tard. Jacques Chirac, au-delà même de ses pulsions, de ses passions, est « énarchisé ». Le costume lui a été taillé, il accepte de l'endosser.

Ce sera donc Grenoble. L'exil, provisoire, en province, lui fait du bien. Un retour brutal dans la micro-société énarque n'aurait pas été souhaitable. A aucun point de vue. A Paris, Chirac n'aurait-il pas eu l'envie par exemple de plonger dans l'un de ces multiples groupes pro-Algérie française ? Aujourd'hui encore, il s'interroge à ce propos. Là-bas, au pied des Alpes, il affronte d'autres difficultés, plus terre à terre, moins dramatiques. Il ausculte de près le corps préfectoral — et l'examen n'est pas triste. « J'ai été initié au dossier de l'agriculture. Puis j'ai écrit un mémoire sur le développement industriel de l'Isère alpestre. J'ai obtenu la plus mauvaise note de la promotion. »

Curiosité dans son cursus universitaire que ce zéro pointé. Chirac n'est pas coutumier du fait et ce mauvais résultat est d'autant plus intéressant. Il signifie un malaise. Contrairement à l'habitude, Chirac ne s'intéresse pas à ce qu'il fait. Il le reconnaît de façon détournée : « Le lancement du premier spoutnik fut ma principale préoccupation. » C'est avouer combien la vie de la préfecture lui importe peu. Il est installé dans son bureau, traîne dans les couloirs, observe avec amusement des fonctionnaires abrutis par des années de service. Il est là. Mais il est absent. Cette contradiction ne fait que traduire ses tourments du moment. « Je comprenais, petit à petit, que le pays se trompait, que l'affaire algérienne virait au drame. » L'Algérie, il n'y a aucun doute, le tenaille, la guerre le poursuit. Il éprouve mauvaise conscience de s'être détaché, par la force du temps, d'une bataille qui le hante. Il perçoit que sa place n'est pas en métropole, qu'au lieu de rencontrer l'histoire il s'en écarte. L'énarchie n'a que faire des sentiments, seraient-ils guerriers.

Quand il s'en retourne à Paris, en janvier 1958, l'atmosphère de l'ENA, les locaux de l'école l'oppressent. Aveu : « J'ai détesté cette période. La concurrence était dingue, les gens s'épiaient, se déchiraient des pages dans certains livres. » Pour que le temps file, il travaille. Comme un forcené, en compagnie de Jacques Friedmann et d'Alain Chevalier. « Notre seule détente : la belote », se rappelle le premier. « Travailler, nous ne faisions que cela, confirme le second. Nous nous documentions à longueur de journée. Et le soir, on étudiait, encore. Nous passions notre temps à nous organiser des colles. » Vie studieuse où les épouses, selon le mot de Jacques Friedmann, « ne se marraient pas ».

Bernadette, au mois de mars, accouche d'une petite fille, Laurence. L'héritière des Chodron de Courcel, en peu de temps, a modifié de fond en comble son mode de vie. « Les débuts n'ont pas été faciles, confie Chirac. Nous n'avions pas beaucoup d'argent. »

L'avenir matériel dépend en partie du résultat de cette année d'études. « Je me suis donné un mal de chien. » Chirac vise l'Inspection des finances ou le Conseil d'Etat. Labeur infini pour y parvenir. Il obtient la seizième place et atterrit, avec Alain Chevalier, à la Cour des comptes :

échec relatif puisqu'il s'agit d'un corps moins prestigieux. Chirac s'en moque ; l'ENA lui déplaisait, et ce seizième rang, pas déshonorant, lui suffit. Il a déjà d'autres soucis : la promotion Vauban, la sienne, est attendue à Alger. Dans le jargon technocratique, l'opération est baptisée « renfort administratif ». Chirac, lui, est pressé de repartir : l'Algérie, française ou algérienne, le préoccupe toujours. Entre-temps, il est devenu gaulliste — un dilemme supplémentaire.

Il avoue sa « consternation devant l'état de la France ». Il ne supporte pas les foucades de la IVe République ; elles vont contre sa conception du fonctionnement d'un Etat efficace. « Jusque-là, de Gaulle n'était pour moi qu'une page d'un livre refermé. J'étais pourtant convaincu que lui seul pouvait nous sauver. » Son gaullisme n'est pas lié à l'histoire, aux combats de la Résistance ou à la figure emblématique du vieux chef. « J'ai choisi, sereinement », ajoute-t-il. L'échéance des élections législatives approche et Chirac se convainc qu'il est grand temps de militer. Intéressante réflexion : « L'UNR, le grand parti gaulliste, était trop à droite. Un ami m'a parlé du Centre de la réforme républicaine, un groupuscule gaulliste de gauche. Ça m'allait comme un gant. »

Dans le salon hyper-chic d'Irène et Jean de Lipkowski, le jeune énarque croise Louis Vallon, Robert Capitant, Henri Frenay, des héros de la Résistance. Le Général les a autorisés à présenter des candidats hors de la structure UNR. Quatre-vingt-dix postulants et — triste résultat — aucun élu. Le parti gaulliste, lui, en truste deux cent douze, les 23 et 30 novembre 1958. Chirac en rit encore : « Aucun des " chefs " n'était apte à prendre un stylo et à faire quoi que ce soit. Un jeune énarque se cachait derrière le piano des Lipkowski : moi. Ils m'ont donc chargé d'écrire leur programme. » Il se débarrasse du pensum en confiant la mise au point du manuscrit à son camarade de Sciences Po, Philippe Rossillon. Cette brève expérience lui est utile. Chirac en sort convaincu de l'efficacité exclusive des grands partis, des blocs centraux. Il n'a pas l'âme d'un marginal. « J'ai pressenti, à ce moment-là, qu'il ferait carrière dans la politique », assure Alain Chevalier.

Pour être en parfaite harmonie avec le gaullisme, Chirac doit accepter la politique algérienne du Général. Ce n'est pas simple : « J'ai souffert au moment de l'Algérie française, mais j'ai plié », dit-il. Il arrive à Alger en juillet 1959 et, deux mois plus tard, le 16 septembre, le premier président de la Ve République ne dissimule plus rien de ses intentions : « Compte tenu de toutes les données algériennes, nationales et internationales, je considère comme nécessaire que le recours à l'autodétermination soit dès aujourd'hui proclamé. » Chirac n'apprécie pas. Il croit toujours aux possibilités d'intégration des deux communautés. Il se trompe et l'admettra, plus tard.

Pour l'heure, la famille Chirac dépose ses valises dans un appartement d'Alger la blanche. Alain Chevalier atterrit à la délégation générale, Jacques Friedmann au secrétariat général et Chirac auprès de Jacques Pélissier, directeur général de l'Agriculture. « Nous travaillions beaucoup et nous étions très consciencieux. » Jacques Friedmann a bonne mémoire. Les apprentis fonctionnaires ne désespèrent pas de l'Algérie française. Quand Jacques Pélissier est convié à Paris par Michel Debré pour entretenir les sénateurs de la « promotion musulmane », Chirac demande à l'accompagner. Il participe également, de temps en temps, aux réunions d'un « groupe de réflexion » : chacun disserte sur les méthodes et moyens nécessaires à la survie de l'Algérie française. Vues de l'esprit. Au même moment, dans la rue, le député Lagaillarde et le bistrotier Ortiz déclenchent l'émeute. Pendant une semaine, à compter du 24 janvier 1960, Alger est transformé en camp retranché et chacun joue à la bataille des barricades. Chirac observe. S'interroge-t-il, pour autant, sur l'attitude à adopter ?

« J'aurais pu être factieux », avouera-t-il au cours d'un entretien. Au contraire il contresigne un texte de la promotion Vauban qui apporte son soutien au général de Gaulle. Cette lettre ouverte sera publiée dans *le Monde*. La légende veut que Jacques Chirac ait réfléchi quarante-huit heures avant d'accepter cette initiative. Démenti de Jacques Friedmann : « Le texte ne nous a pas posé le moindre problème. Nous ne voulions pas d'un coup d'Etat. » Confirmation du patron, Jacques Pélissier : « Bien sûr, ils étaient tous amers. Mais ces jeunes gens servaient l'Etat. Et ils se rendaient bien compte que ces types, enfermés dans un réduit, étaient des hors-la-loi. » Quel respect des valeurs de la république ! Chirac s'y plie. Cela ne l'empêche pas de vivre les événements dans ses tripes.

Quelques-uns de ses amis « les plus intimes » se battent sur les barricades. Que faire, que leur dire ? « Qu'il s'agissait d'une folie furieuse, qu'il fallait faire attention à la démocratie, qu'on ne lui donnait pas des coups de pied sous prétexte de mauvaise humeur. » S'offre-t-il le beau rôle ? La plupart des témoignages recueillis confirment sa version des faits. « Vous vous imaginez la situation : moi, si proche de l'Algérie, écorché vif à ce propos et haut fonctionnaire. Mais quand on sert l'Etat, on le sert. Sinon, on démissionne. Lorsque l'essentiel est en cause, quels que soient les motifs, il est irresponsable de se mettre dans l'illégalité. La règle du jeu démocratique doit être respectée. » Chirac est mûr pour plonger dans la galaxie gaulliste. Il n'a pas apprécié l'attitude, pour le moins hésitante, de nombreux fonctionnaires durant la crise. Le courage, à ses yeux, est « la » vertu essentielle. De Gaulle l'incarne. « A Alger, la promo est passée du mendésisme feutré au gaullisme ouvert », note Alain Chevalier.

Le reste devient insignifiant. La banalité atroce d'une ville en guerre : Chirac sort de chez un teinturier où il a récupéré une chemise, la boutique explose quelques instants plus tard. Il profite des voyages réguliers d'un cousin, André Carle, gros assureur, pour se laisser inviter dans les « bons » restaurants. Le train de vie d'un fonctionnaire est modeste. Les Chirac reçoivent Jacques Friedmann et vice versa. Voilà tout. Chirac découvre à Alger les contradictions entre « sa » morale et le réalisme politique. Il a compris que l'Algérie ne restera pas française, que les occasions, s'il y en a eu, n'ont pas été utilisées, que les Européens ont fait preuve d'une bêtise sans pareille. « Au contraire de De Gaulle », saura-t-il admettre.

Les rêves algériens ne sont plus de mise. Si Chirac, un temps de sa vie, a fait preuve de romantisme, c'est bien au cours de cette période algérienne. Même s'il s'est trompé. Sur le terrain, dans le djebel ou à la ville, il n'a pas compris grand-chose aux aspirations du peuple algérien. Il a cru en une cause. Perdue et indéfendable. En avril 1960, il est grand temps de passer à autre chose. Chirac entre dans la carrière. L'arrivée à la Cour des comptes ne sera qu'un premier tremplin. Il partage avec Alain Chevalier un bureau au cinquième étage de la vénérable institution, rue Cambon. Tous deux travaillent peu et s'ennuient beaucoup. « Nous avions une seule table de travail, se souvient Chevalier. Et chaque jour, nous nous affrontions au cours d'interminables batailles navales. » L'essentiel de leur temps, ils le consacrent à « faire de la liasse ». Sinistre jargon administratif qui signifie, plus simplement, que Chirac et Chevalier contrôlent les dépenses des municipalités. « Ça ne pouvait pas lui suffire, explique Jacques Friedmann. Un hyper-actif comme lui s'est trouvé des missions. » Il participe à la réalisation du plan culturel conçu par André Malraux. Il planche devant l'une des commissions du plan. Et surtout, il anime une conférence à Sciences Po. « J'ai adoré ce travail », confie-t-il. Jacques Friedmann se souvient que Chirac distillait aussi quelques leçons particulières à un fils Seydoux. « Mais je ne pensais toujours pas qu'il ferait de la politique, ajoute-t-il. Je l'imaginais dans la peau d'un grand chef d'entreprise. »

S'il n'a toujours pas de certitudes quant à son avenir, Chirac ne doute pas de son ambition. Patron ? Il y songe. Mais ce serait difficile en raison de ses origines. « Il n'a jamais vécu dans le petit monde parisien avec un grand P. Il avait un profil plus traditionnel, plus provincial », assure Alain Chevalier, futur vice-président du CNPF. Ces antécédents-là ne favorisent guère une conquête de l'establishment industriel et financier. « Notre milieu ENA n'avait rien de commun avec la grande bourgeoisie parisienne », confirme Friedmann. La classe politique, elle, avait un pressant besoin de ces jeunes gens « compétitifs ». Chirac fait encore semblant de ne pas s'en apercevoir.

D'autres, comme le premier président de la Cour des comptes Roger Léonard, le savent déjà. A Alain Chevalier, il assure au cours d'une conversation que « Chirac est une bête politique ». Le digne fonctionnaire est fasciné par la puissance, par l'abattage de Chirac. Il a compris que cet énarque-là ne resterait pas longtemps confiné dans la grisaille de la Cour des comptes.

Chirac observe les derniers soubresauts algériens, n'éprouve aucune admiration pour les généraux putschistes et approuve, enfin, l'attitude décolonisatrice du général de Gaulle. Quand, le 8 avril 1962, 91 p. 100 du corps électoral soutiennent, par référendum, les accords d'Alger, il n'a plus de doute. Il sait, à vingt-neuf ans, qu'il va rejoindre Georges Pompidou, le nouveau Premier ministre du Général. Récit de Jacotte Arlot, la cousine : « Il est allé voir sa mère et lui a expliqué qu'il avait reçu une offre du privé et une autre du cabinet de Pompidou, qu'il hésitait entre les deux. » Clause de style. Politesse d'un enfant bien élevé à l'égard de sa mère. Jacques Chirac est sur le point de rencontrer son seigneur.

CHAPITRE IV

LA FASCINATION DU SEIGNEUR

> « Jacques Chirac : " Intuitivement, j'ai le sentiment que Pompidou a toujours raison. " »
>
> Catherine Nay, dans *la Double Méprise.*

Comment se dépêtrer de la Cour des comptes ? Comment échapper à cette chape d'ennui qui s'abat sur tout jeune fonctionnaire un tant soit peu ambitieux ? Depuis vingt-quatre mois, Jacques Chirac s'étiole. Et quand son condisciple de Sciences Po, Gérard Belorgey, lui signale qu'un poste à mi-temps est sur le point de se libérer au secrétariat général du gouvernement, il pose sa candidature, laquelle sera retenue. Piston ? Le journaliste Jean Bothorel, éditorialiste au *Figaro,* assure par exemple dans l'un de ses livres que « Chirac a été recommandé par Marcel Dassault ». Il n'en est apparemment rien. Alain Chevalier, lui, avance une autre explication : « Jacques n'avait pas de relations politiques importantes. Il est parti chez Pompidou par l'intermédiaire de Geoffroy Chodron de Courcel, l'oncle de sa femme. » Chirac dément catégoriquement : « Il n'a jamais rien eu à voir. » Et l'on se souvient que, depuis l'épisode de Saumur, leurs relations sont certes courtoises mais surtout distantes. Alors ?

Le hasard a pu jouer. L'explication est d'autant plus vraisemblable que Chirac va occuper une fonction modeste

ou les passions du pouvoir

à Matignon. Trois jours par semaine, il assiste Jacques-Henri Bujard, chargé des questions économiques au secrétariat général du gouvernement. Cet organisme est chargé d'établir les procès-verbaux des conseils des ministres. « J'étais scribe », confirme Chirac. Pas terrible, mais au moins a-t-il le temps de disséquer les manières, les méthodes des différents ministres à vocation économique. Et ils sont prestigieux en ces premières années de la Ve République : Valéry Giscard d'Estaing s'installe rue de Rivoli, Edgard Pisani essaie de reconstruire l'agriculture, Gilbert Grandval, gaulliste de gauche, est nommé au Travail, tandis que le prince Jean de Broglie trace les grandes lignes du budget. Chirac peut donc exercer à bon escient ses dons d'observation.

Il apprend. Bien et vite. Installé en face de l'hôtel Matignon, la résidence du Premier ministre, il ne peut pas se contenter des attributs du haut fonctionnaire classique. Aussitôt en place, il dérange. Il dérange parce qu'il ne se comporte pas comme les autres. Il n'est pas conforme à l'archétype. Témoignage de Jacques Friedmann : « Il a fait éclater les nœuds et les règles. Très vite, il s'est aperçu qu'il pouvait réussir. Et, plus important, par des voies qui correspondent à ses sentiments profonds. En se démarquant de la moyenne. » C'est que la ligne de flottaison du technocrate moyen — éviter les vagues et les embardées — n'est pas son fort. Pour Chirac, les objectifs fixés doivent être menés à terme. « A cette époque, il m'impressionnait, certifie Alain Chevalier. Il avait la force, la capacité de mettre toute sa personnalité au service d'un projet. Je crois qu'il était fantastiquement ambitieux. »

Ambitieux certes, mais son objectif est-il défini ? On a envie de répondre par l'affirmative : installé au secrétariat général du gouvernement, Chirac est entré pour de bon en politique. Eh bien, ce n'est pas sûr. Faut-il croire Jacques Friedmann quand il assure : « Jacques n'y pensait toujours pas » ? Alain Chevalier se trompe-t-il à ce point quand il répète : « Je le voyais plutôt faire une très grande carrière administrative. » Jacques Calvet, l'actuel P-DG des Automobiles Peugeot, alors au cabinet de Valéry Giscard d'Estaing, ne partage pas du tout ces avis : « Dès 1962, je considérais qu'il ferait une carrière politique. » Et n'est-ce pas Michel Jobert qui résume le mieux la situation, d'une jolie formule : « Nous avons rapidement compris que ce nouveau-né allait devenir encombrant » ?

Au fil des mois, il se sent mieux. De mieux en mieux. Il encaisse sans trop de dépit le dénouement de l'affaire algérienne, même si, *dixit* Friedmann, « cela lui a quand même posé un problème ». De fait, à Matignon, rapporte Catherine Nay, « il s'emploie de son mieux à trouver des emplois aux officiers déchus ». Et quand, en novembre 1962, René Montjoie, conseiller économique de Georges Pompidou, lui suggère de rejoindre le cabinet du nouveau Premier ministre, l'éventualité ne surprend personne. Souvenir de Chirac : « C'est Bujard qui m'a présenté à Georges Pompidou. Il écrivait en fumant une cigarette. Il a levé la tête et Bujard lui a dit : " Je vous présente Chirac. Son départ est une grosse perte pour le secrétariat général. " Réplique de Pompidou : " Heureusement pour moi ". » Le jeune homme prend en charge les dossiers des travaux publics, des transports et de la construction, domaines d'une cruciale importance en ces temps de modernisation.

Comment ne pas songer alors au « géant » Dassault ? Le génie de l'aviation française ne peut qu'être satisfait de cette nomination. Jacques Chirac est pour lui plus qu'une connaissance, c'est un ami ; plus qu'une relation, c'est un intime. L'avionneur ne doute pas qu'il sera entendu à Matignon. Une ligne directe fort utile. Marcel Dassault est-il pour autant intervenu dans cette promotion ? Impossible de l'affirmer. Jacques Chirac a-t-il privilégié l'ami de son père ? Nul n'a jamais pu le prouver. « Je ne plaisante pas avec le service de l'Etat », répète-t-il.

Il va tenter de traduire cette profession de foi en mode de travail, en fonctionnement. « Je me suis installé le plus loin possible des chefs. Afin de bénéficier d'un maximum d'indépendance. » Il prend possession d'un bureau, rue de Varenne, dans une annexe de Matignon. Il entend être efficace. Un maître mot que celui-ci : l'efficacité. Un souhait maintes fois répété : l'indépendance avant tout. « Un bon collaborateur, dit Chirac, c'est quelqu'un qui ennuie son patron le moins possible. Il prend ses décisions seul. Quitte, ensuite, à se faire réprimander. » Il applique sa théorie. Le travail à la Chirac ou une impressionnante démonstration que Jean-Pierre Fourcade, l'ex-ministre de l'Economie et des Finances de VGE, n'oubliera plus. Il le confie au journaliste Thierry Desjardins, auteur d'une précédente biographie, *Un inconnu nommé Chirac :* « Il avait un culot monstre, il convoquait les ministres, leur coupait la parole, il donnait des signes manifestes d'autoritarisme. Il houspillait les fonctionnaires des Finances alors que les autres collaborateurs étaient toujours très respectueux. Mais, Dieu, qu'il était efficace ! » Jacques Calvet confirme la puissance du personnage : « Il venait d'entrer chez Pompidou, je travaillais au cabinet de Giscard où je suivais les questions budgétaires. Plusieurs fois, en ma présence, il a dénoncé les " tyranneaux de la direction du budget ". » Pas moins.

Dans un cabinet essentiellement animé par François Xavier Ortoli et Olivier Guichard, futurs ministres quasi permanents de la Ve République, dans ce cabinet où la discrétion est de mise, la manière Chirac n'est pas banale. On le remarque, on commente ses attitudes, et cela lui convient à merveille. « Chirac à Matignon était comme un feu d'artifice, raconte Simone Servais, l'attachée de presse du Premier ministre, à Thierry Desjardins. Ça partait de tous les côtés. Les bras, les idées, les jambes, les formules. » La naissance d'une seconde fille, Claude, en décembre 1962, un mois après l'entrée officielle à Matignon, ne calme pas pour autant ses ardeurs. « Il croyait que rien n'était impossible », note Jacques Friedmann. Figure de style ? On pourrait le croire. Mais la plupart des témoins confirment. Edouard Balladur par exemple, l'un des principaux conseillers de Georges Pompidou : « Il était actif, dynamique, gentil, chaleureux. Chirac ne doutait de rien, il n'était jamais rebuté par les difficultés. » Quel tableau ! Et Balladur, connu depuis vingt-cinq ans dans la classe politique pour sa mesure, en rajoute : « Très vite, on a pu constater que cet homme était de tempérament fidèle et avait des convictions fortes. Certains lui ont reproché d'être cynique. C'est faux. »

Le chargé de mission Jacques Chirac est donc parfait. Efficace et fidèle. Que demander de plus ? Il se targue de ne pas déranger, pas trop, ses supérieurs hiérarchiques et d'obtenir, en sus, de bons résultats. Chirac ne peut pas en rester là, entre les murs de ce petit bureau, à la périphérie des centres vitaux de décision. « Moi, je me serais bien vu directeur de l'aviation civile. » Il me le répétera souvent. Clause de style car, dès novembre 1964, le doute n'est plus permis : Chirac ne restera pas un « rat de cabinet ».

Sa nomination à la CODER (commission de développement économique régional) du Limousin n'est pas innocente non plus. A compter de ce jour, il devient l'un des protagonistes actifs de la reconquête par le mouvement gaulliste des régions du centre de la France. Le fauteuil qui lui échoit à Limoges n'a pas d'autre signification. Pompidou l'Auvergnat supporte mal que « ses » départements soient aux mains de l'adversaire socialiste ou communiste. Il faut attaquer. Et comme stratège de cette reconquête, le Premier ministre désigne un conseiller technique inconnu hors du sérail gaulliste : Pierre Juillet. Dans ces instants de la vie politique française, Chirac croise les deux hommes — Georges Pompidou et Pierre Juillet — qui vont l'aider à se fabriquer un destin national.

Juillet, donc. Fascinant personnage. Introuvable pour le journaliste, mais présent, omniprésent, entre 1962, quand il arrive chez Georges Pompidou, et 1979, quand il quitte Jacques Chirac. Dix-sept années pendant lesquelles Pierre Juillet prend une part active, essentielle, à de nombreuses

ou les passions du pouvoir

décisions politiques. Dix-sept années pendant lesquelles un invraisemblable rapport d'une infinie complexité se noue entre deux hommes : Juillet et Chirac. Chirac et Juillet. Peu importe l'ordre. Le journaliste Pierre Viansson-Ponté écrira à propos de Juillet : « On songe à Vidocq. »

Jolie référence. Parce que, dans sa famille native de la Creuse — toujours ce centre de la France —, Juillet est un cas : son père, préfet, dirigea le cabinet d'André Tardieu, alors président du Conseil ; son frère, préfet, s'occupa, lui, des affaires du célébrissime « petit père Queuille » — Henri Queuille, héros de la Corrèze et de la France « rad-soc » à la mode du XIXe siècle. A ces manières rad-soc, à ce monde, à ces comportements, Pierre Juillet est rétif. Totalement, sans aucune nuance ni concession. Il part d'un postulat : il « sait » la politique, il en fera don à la France, pas aux politiciens. De Gaulle incarne ce pays qu'il chérit. Il rêve donc de servir de Gaulle.

Vingt ans, la Résistance. En 1944, Juillet devient fonctionnaire au ministère de l'Intérieur. Travail éprouvant, l'épuration pour chacun devient un cauchemar. Cela ne dure qu'un temps. L'épopée gaulliste, le RPF naissant ont un besoin pressant de « guerrier » tel que lui. Pierre Juillet est nommé « délégué du mouvement » en Creuse, en Corrèze et en Haute-Vienne : difficile labeur, sur des terres qui appartiennent depuis longtemps à la gauche. Peu importe, il travaille d'arrache-pied, têtu, convaincu que la France est naturellement conservatrice et qu'elle ne peut être que gaulliste, tout aussi naturellement. Il se bat loin de Paris, épouse Annick Mousniers, secrétaire du général de Gaulle, et s'imagine toujours « fabriquer » l'histoire de son pays. Il va bientôt comprendre combien il s'égare.

Alors que le Général, dans la difficulté, s'est retiré, hautain, à Colombey, un groupe de « compagnons », selon la terminologie gaullienne, s'est emparé du mouvement. Juillet le provincial n'en est pas et les « barons » n'ont que fiche de ce personnage. Il leur fera très cher payer ce mépris, au centuple.

« Baron, ce doit être un mot de journaliste », dit l'un des « barons » les plus célèbres, Roger Frey, qui une fois par semaine reçoit à déjeuner ses pairs : Jacques Chaban-Delmas, Jacques Soustelle, Edmond Michelet, Louis Terrenoire, Olivier Guichard, Jacques Foccart, Michel Debré et André Malraux. Parfois les barons répondent à l'invitation d'Emilien Amaury, le patron du *Parisien libéré*; ils se retrouvent alors autour d'une table à la maison de l'Amérique latine. Pierre Juillet n'est pas des leurs et il en conçoit une incommensurable amertume. « Il n'y a jamais eu d'ostracisme à son encontre, assure Roger Frey. Mais nous formions, c'est vrai, un petit club très fermé. Au départ, il s'agissait simplement d'une réunion de camarades venus de la France libre. Par la force des choses, nous nous intéressions aux affaires politiques. » Clause de style pour confirmer à quel point l'emprise des « barons » est essentielle. « Ils ressemblaient à ces chevaliers qui étaient présents avec Saint Louis au départ des Croisades. » Le journaliste Pierre Charpy, porte-plume talentueux du RPR, décrit à merveille la camarilla. Et Juillet qui en est écarté. Insupportable.

En 1950 pourtant, il croise dans les locaux du RPF un jeune maître des requêtes au Conseil d'Etat, Georges Pompidou. Le Général a chargé ce « non-baron » d'une mission de confiance : Pompidou gère les caisses du RPF et, surtout, dirige l'intendance de De Gaulle. Aussitôt, les deux hommes « accrochent ». « Ils avaient des tempéraments voisins, explique Pierre Charpy. Le même genre de raisonnement, d'approche. Avant tout, ils étaient réalistes. Conservateurs n'est pas le bon mot : ils ne voulaient pas promettre n'importe quoi. Ils analysaient la France comme un pays de tradition. » Concordance intellectuelle. Et Pompidou, le normalien, trouve deux qualités essentielles chez Pierre Juillet. D'abord, il parle bien de l'Etat, de la nation, du Général. En s'appuyant sur une culture historique encyclopédique, sans faille aucune. Ensuite, la « cuisine » politique intéresse trop peu Georges Pompidou pour qu'il n'ait pas besoin de « proches » qui s'en chargent ; Juillet sera l'un de ceux-là.

Mais si Pompidou sait cohabiter avec les « barons », mieux les séduire afin de mieux les dominer, Juillet s'enferme dans une bagarre qui, au début des années 50, est perdue d'avance. Témoignage de Pierre Charpy : « Pierre était un adjudant alors que les autres occupaient des fonctions de capitaine. Par rapport au parti gaulliste, Juillet était un employé. Il devait être aux ordres des « barons » de la rue de Solférino. » Cet état de fait, il le refuse avec obstination. Et avec d'autant plus de détermination qu'il est convaincu de la faillite politique des « barons ». Pierre Juillet estime que si le général de Gaulle n'est pas au pouvoir, si le RPF s'est effondré, les barons en sont pour l'essentiel responsables. « Il m'a souvent expliqué, raconte Pierre Charpy, leurs erreurs stratégiques dans les années cruciales, entre 1946 et 1953. Et il en voulait particulièrement à Chaban qui acceptait des responsabilités ministérielles sous la IVe République. » Le maire de Bordeaux n'a jamais tenu compte de cette condamnation : « Des ultras m'ont blâmé. Pendant ce temps, le général de Gaulle m'indiquait qu'il ne voyait aucun mal à mon action. » Pierre Juillet a la rancune tenace.

Puisqu'il n'est pas admis dans le cénacle, Pierre Juillet s'en va : en 1957, il s'installe à Bruxelles. Officiellement, il prend en charge la filiale belge d'Opera Mundi, la maison d'éditions dirigée par Paul Winckler, le futur patron de *France-Soir*. L'histoire officielle stipule que Pierre Juillet, chef du cabinet d'André Malraux à la Libération, trouve cet emploi grâce à l'écrivain-ministre. Ce n'est qu'une part de la réalité ; il est probable, quasi certain, que Pierre Juillet devient le chef d'antenne du SDECE, le contre-espionnage français. Une telle fonction complète à merveille le portrait psychologique d'un homme secret et fantasque.

De Bruxelles il revient en 1962. Logique, son « ami »

Georges Pompidou occupe Matignon. Juillet est à sa disposition. Il sait que neuf ans plus tôt, en 1953, quand Pompidou était entré à la banque Rothschild, il avait suggéré son nom au général de Gaulle pour le remplacer. Le choix s'était finalement porté sur Olivier Guichard — un baron, encore et toujours. Le « baron » Guichard s'installe également à Matignon ; chargé de mission il se mêle de politique. Juillet, conseiller technique, se pique lui aussi de politique. Les deux hommes ne vont pas manquer de s'affronter — discrètement —, sinon Georges Pompidou ne supporterait pas.

Le Premier ministre, entre autres objectifs politiques, a défini une priorité : il se préoccupe de l'avenir du mouvement gaulliste et ses lendemains, à son sens, passent par la propulsion sur l'avant-scène politique de nouvelles figures, les « jeunes » de Pompidou. Ce dossier sera confié à Pierre Juillet, également chargé des rapports avec l'UNR, le parti gaulliste et le groupe parlementaire. « Ça lui convenait parfaitement bien, se souvient Pierre Charpy. Il adorait le métier de chasseur de têtes. Juillet avait une mentalité particulière pour un politique. Il ne voulait jamais réaliser l'opération lui-même. Et quand il a aperçu Chirac, il a pensé : " Voilà un bon. " » Juillet le « dur », Juillet en bataille permanente et ouverte contre les chefs historiques du mouvement gaulliste, Juillet sauvé de l'oubli par le retour en force de Georges Pompidou sur le devant officiel de la scène politique se prend de passion pour le jeune énarque. Il vise haut, le sommet. « A l'instar de Pygmalion, disserte Jacques Friedmann, il voulait façonner un homme politique. D'un jeune chargé de mission, il voulait faire un homme d'Etat, voire le Président de la République. » Rien que cela. Et Edouard Balladur, autre acteur éminent de cette période, confirme : « Juillet avait pris Chirac en charge. Cet homme avait un côté faiseur de rois qu'il cultivait volontiers. »

Dès ces instants du parcours politique suivi avec régularité par Jacques Chirac, les simplifications pourraient affleurer. La première hypothèse, séduisante car conforme à une légende circonstanciée, voudrait que Pierre Juillet, doté d'un merveilleux flair, ait fabriqué un robot politique baptisé Chirac. Les adversaires politiques du maire de Paris au sein même du RPR le rabâchent tout le temps. Tel baron, sous le sceau de l'anonymat, assure : « Chirac n'avait pas d'idées. Il a été pris en main par Juillet qui, lui, en avait. Il avait besoin d'un exécutant qui lui ressemble. » En quoi ? Un conservatisme commun. Elémentaire. « Chirac et Juillet voulaient le pouvoir, à n'importe quel prix, et en dehors de toute idéologie, mis à part une profonde tendance conservatrice », assure un ex-conseiller politique du RPR, avant d'ajouter : « Chirac était totalement manipulé. Juillet lui serinait : " Jacques, il faut faire ceci, Jacques, il faut faire cela "... Et il le faisait ! »

Grave accusation, qui remet en cause l'authenticité du personnage Chirac. Mais qu'en est-il au juste de ces rapports tissés à Matignon entre Pierre Juillet et Jacques Chirac ? Entre Jacques Chirac et ses divers entourages ? Il serait tentant de se laisser aller à la psychologie : un père, Juillet, qui, sur le tard, rencontre un fils, Chirac, et mise tout sur la réussite de ce rejeton inespéré. Non, l'histoire est autrement plus complexe et il faut se rappeler cette réflexion de Jean-Luc Javal qui, aujourd'hui homme d'affaires, fut l'un des conseillers discrets et écoutés de Georges Pompidou : « Personne ne peut vraiment influencer Chirac. »

Car, comme toujours, les affirmations de principe traduisent au mieux les apparences les plus simplistes, au pire les intentions de ceux qui les colportent. Et dire que les relations de Jacques Chirac avec son entourage sont autrement plus ambivalentes n'est pas faire preuve de complaisance, cela relève de la simple méthodologie. La légende a voulu que Pierre Juillet, intelligent et démoniaque, ait « fabriqué » de toutes pièces un politicien nommé Chirac ; la légende s'est donc gavée d'événements, d'anecdotes, de témoignages qui l'ont grossie. Quitte à en décevoir bon nombre, la légende n'a de valeur qu'anecdotique. Philippe Alexandre, journaliste à RTL et commentateur avisé de la société politique, a pour sa part choisi une explication à contre-courant des récits classiques : « Je suis convaincu que Chirac a choisi un clan : celui de Pierre Juillet. Et ce clan s'est avéré le bon. »

Les cartes sont retournées. Juillet a indéniablement jeté son dévolu sur Chirac. Mais Chirac est rentré dans ce jeu après réflexion et sans jamais être dupe du marché implicite. « A Matignon, il est rapidement venu me voir, raconte Olivier Guichard. Il m'a expliqué son parcours. Et une évidence aussitôt apparaissait : ce jeune homme avait choisi Pompidou. » Cette approche du Premier ministre se fait par Juillet interposé. Chirac pouvait-il procéder différemment ? Oui, s'il s'était intégré au clan Guichard. Mais le « baron » gaulliste ne le séduit guère : Chirac n'a pas d'affinités avec ce grand bourgeois faussement détaché des contingences politiques. Olivier Guichard symbolise l'amateur éclairé en politique ; un amateur brillant à qui il aura toujours manqué le « dernier coup de rein », ce petit plus qui sépare les « grands » politiques des « bons » politiques. Ce sera donc Juillet.

Le mentor sait y faire : Pierre Juillet ne parle pas — ou peu. Il observe, avec une étonnante acuité. Il dissèque, minutieusement, et puis il synthétise. Avis de Jacques Friedmann : « Juillet a rapidement découvert qu'il y avait en Chirac un exceptionnel animal politique. » Quant à Yves Guéna, député-maire RPR de Périgueux, il précise : « Juillet regardait Chirac avec une espèce d'admiration : aucune entreprise ne le rebutait. Mieux, il la réussissait. Chirac possédait cette capacité rare à conduire jusqu'à leur terme les opérations les plus difficiles. » Le tandem Chirac-Juillet est complémentaire. D'autant plus complémentaire qu'il agit avec l'entière approbation de Georges Pompidou. Le Premier ministre, lui aussi, est intéressé par les démonstrations de force réitérées de Chirac.

Parce que, si « histoire d'amour » il peut y avoir en

politique, c'est peut-être entre ces deux hommes qu'elle se tisse : Georges Pompidou et Jacques Chirac. Pas de romantisme inutile : Chirac n'est pas à la recherche d'un deuxième père ; le sien lui suffit. Et Pompidou n'a rien, loin de là, d'un enthousiaste débridé ; chacun de ses choix est méticuleusement réfléchi, il doit y trouver son compte. Avec Chirac, c'est le cas.

Aujourd'hui, Georges Pompidou est sorti de son purgatoire. Il est bien vu, désormais, de vanter ses mérites. Sa sagesse et son bon sens. Au terme des années 60, une formule, cinglante, s'était pourtant répandue parmi la classe politique : « De Gaulle s'occupe de la France, Pompidou des Français. » Ce n'était guère flatteur pour le Premier ministre. Sans doute les mentalités ont-elles évolué, suivant les soubresauts de la crise économique. Désormais, le réalisme de Georges Pompidou est sacralisé : chacun, à droite comme à gauche, s'y réfère comme modèle ; chacun répète, avec un rien d'admiration, l'image de François Mauriac comparant Pompidou à « Raminagrobis » ; chacun exalte Pompidou, cet intellectuel aux réflexes de paysan. Les années qui suivent la mort renferment au moins cette vertu : parfaire l'image, retoucher le portrait.

Chirac, en 1962, n'a pas d'états d'âme. En vingt-quatre mois, il « retourne » Pompidou et le séduit. A cet égard les témoignages, nombreux, concordent tous.

Anne-Marie Dupuy, chef de cabinet du Premier ministre : « Je lui ai répété, à plusieurs reprises, qu'il y avait un type bien dans son cabinet. A la fin, il s'est laissé faire : " Faites-le venir ce soir dans mon bureau. " »

Edouard Balladur : « Un jour, Pompidou m'a dit en riant : " Chirac est extraordinaire. Si je disais : cet arbre fait trop d'ombre, il serait rasé le lendemain matin. " »

Jacques Friedmann : « Pompidou convoque Juillet : " Mais quel âge a donc Chirac ? La trentaine ? Pas plus ? Vous êtes sûr qu'il n'a pas plus ? " »

Ambroise Roux, ancien vice-président du CNPF, l'un

des personnages clefs du patronat français : « Quand Pompidou a vu Chirac, il s'est tout de suite dit : C'est lui. »

« *Lui* » : est-ce à dire que Georges Pompidou a « rêvé » la carrière de Chirac, qu'il l'a projetée loin dans le temps, en songeant pour son protégé aux postes les plus prestigieux ? Non, pas tout de suite. Anne-Marie Dupuy n'en démord pas : « Pompidou ne prenait pas de décision loin à l'avance. Il construisait la carrière de Chirac pas à pas. » A cette époque, Chirac est encore « petit ». S'il se débrouille convenablement dans son secteur, les transports, il n'a pas pour autant percé. Même s'il approche du cénacle. Même si le pouvoir ne lui est plus étranger. Il observe au quotidien. Lui, il « s'imbibe » de Pompidou : il étudie l'homme de Montboudif ; il dissèque le Cantalou rusé. Et il en tire des conclusions. Utiles pour un « futur » politicien : « Pompidou incarnait le peuple français. Et sa façon de faire me plaisait. »

Quand Chirac se propose de venir en aide à des officiers putschistes emprisonnés à Tulle, le Premier ministre approuve. Compréhension mutuelle d'un épisode douloureux. Quand Pompidou déclenche l'opération qui doit aboutir à la conquête des terres limousines, le conseiller ne doute pas « qu'il en sera ». Confirmation d'Alain Chevalier : « Au cours d'un déjeuner, il m'apprit que le Premier ministre " voulait qu'il fasse de la politique ". Et il a ajouté, tranquille : " Si je suis élu, je serai ensuite ministre ! " » Pas moins.

Mais il refuse, avec obstination, de réduire sa relation avec Georges Pompidou à une simple affaire d'intérêt. Certes les analyses politiques convergent : Chirac suit le Premier ministre à la trace ; certes la parole de Pompidou a valeur de certitude, quasi d'évangile. Mais pour le reste ? Faut-il croire Chirac quand il assure : « C'est aussi difficile à expliquer qu'à comprendre : moi, j'aimais Pompidou. » Puis, aussitôt avoué ce penchant personnel, les réflexes politiques reprennent le dessus : « Il exprimait une idée de la France qui était la mienne. » De là à s'imaginer

« dauphin du dauphin », il y a une marge. Et si Chirac, très tôt aux côtés de Georges Pompidou, avait cru en un possible destin national ? Le témoignage de Jacques Friedmann le laisse croire : « Juillet avait l'idée d'en faire un ministre le plus rapidement possible. » Mais Pompidou partage-t-il, dans le détail, le souhait de son conseiller politique le plus influent ? Georges Pompidou, Premier ministre fait de prudence et d'acharnement, modèle les lendemains de Jacques Chirac. Son choix en surprend quelques-uns. Les biographes de Pompidou n'ont-ils pas tant et plus insisté sur l'amour de cet homme pour la culture classique ? N'est-il pas l'auteur d'une anthologie de la littérature et amateur éclairé de bonne vie à la française ? Un épicurien, en somme. Et qui désigne-t-il pour le suivre et l'accompagner en politique ? Jacques Chirac, une espèce de contre-portrait : la comparaison physique entre les deux hommes suffit, entre autres, à le prouver. Peu importe, Pompidou lui aussi « aime » Chirac. « On dit que je l'aurais séduit, note Chirac. C'est certainement excessif. Dans cette première période, j'étais un bon collaborateur de cabinet parmi d'autres, à sa place et pas ailleurs. » Fausse modestie.

Si Pierre Juillet pousse tant et fort le « jeune » Chirac, c'est qu'il peut compter sur l'approbation du Premier ministre : le conseiller n'a pas le pouvoir d'agir ou de promouvoir quiconque hors l'assentiment de son patron. Edouard Balladur, autre conseiller de Pompidou, traduit avec clarté l'état de ces rapports : « Faire de Juillet, à cette époque ou à une autre, une sorte de *deus ex machina* serait ridicule et je suis certain que Juillet lui-même ne le souhaiterait pas. Il serait attentatoire à la mémoire de Georges Pompidou de le faire passer pour un jouet entre les mains de qui que ce soit. Ce serait bien mal connaître Pompidou. Il était le contraire d'un homme influençable. »

Le mécanisme est apparemment au point : Pompidou choisit, Juillet donne son avis, et vient le temps de l'application. Chirac profite du système : il a séduit le

Premier ministre, il plaît au conseiller, que peut-il rêver de mieux ? Peut-il exister courant plus favorable ? Pourtant, Michel Jobert n'hésitera pas à écrire : « Alors que je prenais ma nouvelle charge (le 8 janvier 1966, il remplace François Xavier Ortoli à la direction du cabinet), il fut question d'écarter de Matignon [...] Jacques Chirac [...]. Je m'opposai catégoriquement à ce départ dont je voyais bien le mobile, mais non les justifications [...]. » Est-ce à dire que Chirac est pris en tenaille dans un conflit opposant Pierre Juillet à Olivier Guichard ? Les deux principaux conseillers politiques de Georges Pompidou ne s'entendent pas. Et l'ascension d'un Chirac, qui ne possède aucune des caractéristiques « certifiant » un gaulliste pur sang, peut agacer le « baron » Guichard. Si, au passage, il diminue l'influence de Juillet, l'opération devient tout à fait bénéfique.

Michel Jobert, même s'il regrette aujourd'hui que « Chirac se soit transformé en l'instrument d'un petit groupe parce qu'il voulait des canaux auprès de Pompidou », a l'intelligence de ne pas entrer dans cette bataille. Il a compris. Compris à quel point Georges Pompidou tient à Chirac. Et Edouard Balladur, attentif à ne pas prendre parti pour Untel contre un autre et qui n'aime guère les querelles, même quand elles sont rétrospectives, se fait allègre en évoquant les rapports Pompidou-Chirac : « Pour le Premier ministre, Chirac est rapidement devenu l'oiseau rare de toute une génération. » Vision confirmée par l'industriel Ambroise Roux qui fut l'un des proches de Pompidou : « Le Premier ministre travaillait avec Ortoli. Et Ortoli était une merveilleuse machine pensante. Sans l'ombre d'un charisme. Incapable de prendre une décision. Chirac était tout le contraire. » Cette révélation est importante : l'ex-vice-président du CNPF parle peu. Sur la scène économico-politique du pays, il occupe une place essentielle : il est au contact de tout responsable important, l'Elysée lui est maison ouverte sous Georges Pompidou et sous Valéry Giscard d'Estaing. Mieux, les habitudes d'Ambroise Roux ne seront pas modifiées sous le septennat de François Mitterrand. Ses rares confidences ne sont jamais gratuites ; et ses mots traduisent sans aucun doute une grande part des rapports Pompidou-Chirac.

A trente-deux ans, Jacques Chirac ne peut rêver rampe de lancement plus efficace. Encore lui faut-il trouver, dans une France si attachée à ses aspects provinciaux, une implantation locale. L'obsession du Premier ministre — reconquérir les terres du centre — lui rend un inestimable service. Il va être en mesure de prouver sa voracité politique. Chirac, le Corrézien de Paris, s'en retourne chez lui. Telle est la première épreuve véritable que Georges Pompidou et Pierre Juillet disposent sur son parcours. En 1964, le « petit » Chirac a le droit de s'offrir des rêves de « grand ».

CHAPITRE V

LES RACINES RETROUVEES

« Georges Pompidou était un réaliste. Il éprouvait de l'admiration envers Chirac en raison de sa réussite en Corrèze. »

RAYMOND MARCELLIN
ex-ministre de l'Intérieur.

Les aventures politiques fascinent comme toutes les belles histoires. Fabriquées de toutes pièces, cousues de fil blanc, elles mettent en scène après coup des individus hors du commun. Ici l'aventure est d'autant plus séduisante qu'elle raconte un personnage jusque-là « ordinaire » en quête d'un destin. Jacques Chirac s'est donc trouvé un maître, et quel maître ! A Denis Baudouin, son porte-parole, Georges Pompidou confie un jour : « Je n'hésite pas, quelquefois, à lui donner des coups de règle sur les doigts. » Désormais, il lui faut trouver un point de chute, une circonscription où il puisse devenir député, car l'étape est inhérente au fonctionnement de la Ve République. La logique veut que Jacques Chirac, installé, et fort bien, au sein du cabinet à Matignon, se présente aux élections législatives de mars 1967. Où ? Avec une étonnante rigueur politique et tactique, Chirac a préparé l'opération depuis trois années au moins : ce sera la Corrèze. Aveu de Jacques Friedmann : « Là-bas, il s'est aperçu qu'il se sentait chez lui et qu'il pourrait donner sa pleine mesure. »

L'épisode corrézien est essentiel. A de multiples égards. Avant tout, Chirac s'est ancré dans un « pays » et les Français apprécient cette attitude. Ensuite, il a découvert la politique au quotidien, univers d'ordinaire hermétique à l'énarque moyen. Enfin, il s'est donné une étonnante rampe de lancement électorale. Chirac et la Corrèze : le bail se prolonge. La Corrèze et Chirac : une rencontre qui lui permet d'affiner un fonctionnement politique typiquement français. A cinq cents kilomètres de Paris, Chirac s'est installé un réseau. Et le réseau Chirac est efficace. « Au départ, il n'y avait personne, remarque-t-il non sans fierté. Quatre ou cinq militants, pas davantage. » Mais au départ, il pouvait déjà compter sur Pompidou.

Georges Pompidou, encore. Un leitmotiv dans ce parcours. Puisque la politique n'est pas avare d'histoires, la percée corrézienne a été racontée sous diverses versions. L'une d'entre elles voudrait que Pompidou ait exigé du jeune Chirac, naïf et innocent, qu'il fasse acte de candidature pour les législatives de mars 1967. Jacques Chirac s'intéressait à la Corrèze depuis 1963. Un an plus tôt, Jean Charbonnel avait été élu, à la surprise générale, député de Brive. Première entaille dans le pays rose rétif au gaullisme depuis la Libération. Un chiffre prouve ce rejet : sur les dix-sept élus sénateurs et députés des quatre départements du centre (Corrèze, Haute-Vienne, Creuse et Lot), Charbonnel est le seul gaulliste. La SFIO, elle, compte dix fauteuils.

C'est avec passion que les politologues se précipitent sur ce cas quasi clinique : pourquoi le centre de la France est-il à ce point inabordable ? Pourquoi s'obstine-t-il à refuser les mannes gaullistes ? Au point d'en perdre les profits de la modernisation. Au point de rater l'élan des années 60. Pierre Juillet lui-même avait échoué au sortir de la Seconde Guerre mondiale ; il avait dirigé le RPF sans succès. Pierre Lefranc, gaulliste pur et dur s'il en est, constate l'échec dans l'un de ses livres : « Rendre gaulliste cette solide population paraissait une tâche démesurée. Elle l'était. »

Et pour preuve, la Corrèze est l'unique département à répondre par un « non » sans équivoque au référendum, de 1958. Elle se refuse au général de Gaulle.

A contrario, Henri Queuille a définitivement marqué la Corrèze de son empreinte. Pendant cinquante ans, le bulldozer radical-socialiste a laminé la vie politique de la région. Le « bon docteur », fin politique, était capable de monter les plus beaux coups et de les réussir. Elu pour la première fois à Ussel en 1912, Henri Queuille est encore conseiller général en 1967; entre-temps il a occupé trois fois l'hôtel Matignon comme président du Conseil, s'est offert vingt-cinq ministères et, surtout, a obtenu treize fois le portefeuille de l'Agriculture. Au regard d'une Corrèze exclusivement paysanne, cette répétition n'est pas un hasard. Elle définit un comportement politique, celui des « services ». Monsieur le député d'Ussel savait y faire. Jacques Chirac s'en souviendra.

La pratique des « services » implique qu'un homme politique, au-delà de ses devoirs nationaux, stimule sa région, son département, sa circonscription, sa ville ou son village. Cela, Henri Queuille l'accomplit à merveille. Routes, écoles, maisons de retraite, emplois de petits fonctionnaires dans la capitale ou au chef-lieu de canton : les Corréziens en profitent. Ils prennent des habitudes — et supportent mal que le robinet soit fermé une fois le Général et ses troupes au pouvoir. Ils éprouvent le sentiment tenace d'être victimes d'une injustice, d'être en quelque sorte exclus du consensus gaulliste, privés de la manne. La France change pour de vrai et les Corréziens ne le comprennent pas. Le système Queuille est devenu caduc, chaque élection va s'apparenter à une bataille politique en bonne et due forme et désormais il ne suffira plus, pour être élu, de « casser la croûte avec tout le monde ». Fin de la méthode chère au « bon docteur ».

Quand, en 1964, un décret nomme Jacques Chirac membre de la commission du Développement économique et régional du Limousin, personne ne se doute que le

ou les passions du pouvoir

« continuateur » d'Henri Queuille entre en lice. Même si une telle comparaison peut prêter à rire. Qu'y a-t-il donc de commun entre le radical-socialiste Queuille et le pompidolien Chirac? Entre le politicien roué et l'Enarque marqué par son expérience algérienne? Entre cette effigie de la IVe République honnie par les gaullistes et la « créature » de la Ve? Aucune, si ce n'est une perception commune de la Corrèze et des Corréziens. Si ce n'est un comportement souvent similaire sur le terrain. Et cette certitude que la Corrèze, par-delà ses clivages droite-gauche, ne peut se passer des appuis constants du pouvoir central. En la matière Jacques Chirac va donner, en quelques années, une magistrale leçon de savoir-faire politique et électoral.

Main basse sur le centre. « L'impulsion est venue du général de Gaulle, assure Jean Charbonnel. Je venais d'être élu à Brive et il m'a clairement dit qu'il fallait poursuivre. Georges Pompidou s'est chargé de la suite. » A sa façon. La conquête de la Corrèze et du Limousin exige beaucoup de subtilité. D'abord dans le choix des hommes. Et quand Chirac affirme : « Juillet n'est pour rien dans ma candidature, d'ailleurs, je le connaissais fort peu à cette époque », il déforme, en partie, la vérité. Juillet, très à l'aise dans le rôle du détecteur, choisit deux postulants : Pierre Mazeaud, brillant juriste et sportif prestigieux, s'attaquera à Limoges ; ses racines familiales l'y prédisposent. Jacques Chirac, lui, s'occupera de la haute Corrèze puisque Jean Charbonnel s'est installé à Brive. Cette solution n'enchante guère l'enfant de Sainte-Féréole. Il n'a pas envie de s'exiler « là-haut ». Tant pis, il n'a pas le choix.

Travail méthodique. Travail de super-pro. Une fois membre de la CODER, Chirac, comme par inadvertance, devient conseiller municipal de Sainte-Féréole. « A la demande du maire sortant », veut-il se souvenir. Le hasard, si on veut y croire, fait bien les choses. Chirac est désormais un élu de Sainte-Féréole, 676 voix sur 800 suffrages exprimés. Parce que les villageois ont compris que celui-là leur sera utile. N'est-il pas parisien?...

Le trio Chirac-Charbonnel-Mazeaud ne se contente pas de ces victoires à la limite du folklore. Il leur faut beaucoup plus : de Paris, ils rendent « service » à leurs futurs bastions. Queuille a fait des petits. A ce jeu-là, Chirac, et de loin, se révèle le plus fort. Le spectacle est permanent. Il s'agit de séduire la Corrèze et Chirac s'y emploie. Cette tâche lui convient à merveille : il faut prendre d'assaut les ministères, harceler les administrations pour débloquer subventions et crédits. Chirac est un champion, un record-man dans ce sport si particulier ; Charbonnel et Mazeaud ont du mal à suivre.

Le résultat, il faut en convenir, est spectaculaire : jusqu'en 1964-1965, sur l'échelle des dotations, le Limousin occupait le vingt-deuxième et dernier rang des régions — le gaullisme fait cher payer l'entêtement oppositionnel. En deux années, la région gagne dix-sept échelons. Pour obtenir une telle progression, le trio a pu compter sur l'aide généreuse du Premier ministre. Le chef du gouvernement débloque les crédits et les postulants en profitent. Constat de Jean Charbonnel : « Ça amusait Georges Pompidou d'avoir " ses " jeunes » ; et l'efficacité de ces « jeunes », c'est vrai, est redoutable.

Marcel Dassault, l'indispensable, se met à son tour de la partie. Finances à l'appui, il réactive un petit journal régional, *l'Essor du Limousin,* y détachant l'un des journalistes de son hebdomadaire *Jours de France,* Philippe Alexandre, qui y exerce de temps à autre sa plume acérée. « Je leur servais de conseiller technique », explique-t-il. Et il observe de près l'étonnante démonstration fournie par Jacques Chirac en campagne corrézienne.

Le conseil municipal de Sainte-Féréole n'étant qu'une étape, il devient urgent de se focaliser sur une circonscription. Ce sera Ussel, Brive appartenant à Jean Charbonnel et Tulle n'étant pas prenable. La bataille, une étude minutieuse le montre, sera difficile. Pierre Juillet, maître tacticien en matière électorale, rassure son protégé : il s'emparera d'Ussel à condition de profiter des leçons de

Queuille. La volonté de Juillet est apparemment absurde : Queuille est rond, Chirac filiforme, et leurs caractères sont aussi différents que leurs physiques. Le premier a fait de la ruse en politique une vertu cardinale, le second se targue de « foncer droit ». Mais Chirac a une qualité, pour certains un défaut : il ne s'entête pas, ses facultés d'adaptation sont inépuisables. Et il n'est jamais aussi à l'aise que dans l'action. Son arrivée tonitruante à Ussel, au début de l'année 1965, le prouve.
Juillet, fin connaisseur de cette terre, lui a insufflé confiance. La tâche est aisée : Chirac « en veut ». « Il est arrivé tout seul. Et il ne connaissait personne », raconte Maurice Fitz, journaliste au quotidien *la Montagne* et l'un des principaux hommes liges de Chirac dans le département. De bien mauvaises prémisses quand, pour modèle local, on a jeté son dévolu sur le système Queuille. Précision de Maurice Fitz : « Le parti gaulliste, à Ussel et aux alentours, ce n'était rien. » Une telle anémie n'est pas faite pour contrarier Chirac, au contraire. Son intérêt est de jouer la carte du politicien « indépendant », c'est-à-dire hors parti, et qui débarque pour s'emparer d'une circonscription avec un atout maître : l'appui et les moyens financiers du Premier ministre. Souvenir de Maurice Fitz : « Il évitait soigneusement de préciser ses liens avec l'UNR. Les Corréziens savaient qu'il était proche de Pompidou, c'est tout. »
Tout ? Pas vraiment. Encadré par Fitz et quelques sympathisants dénichés sur place, Chirac donne une leçon de politique à la mode radical-socialiste. Cent dix-huit communes forment la circonscription d'Ussel. Chirac prend aussitôt rendez-vous avec cent dix-huit maires. « Et quelle que soit la couleur politique », précise Fitz. Une vingtaine, seulement, refusent de le rencontrer. Les autres, malins, ont compris : ce candidat-là, une fois élu, sera utile. Et qu'importe si, parmi ces cent dix-huit maires, Chirac recense quarante-quatre socialistes, trente et un radicaux, vingt-neuf communistes et seulement quatorze

élus classés à droite. Il ne se démonte pas. Il a choisi de ne pas leur parler politique. « Il les interrogeait, se souvient Maurice Fitz. Il leur demandait d'exposer les projets des communes. Et il promettait son aide. Ce n'était pas trop dur. A cette époque, il disposait de crédits. » Autre atout essentiel, un journal régional, *la Montagne*, est mis à sa disposition : Georges Pompidou l'avait « recommandé » à la direction générale du quotidien auvergnat installé à Clermont-Ferrand. De l'argent, une super-couverture médiatique et, en sus, le soutien non dissimulé de l'administration, au garde-à-vous devant le pouvoir central. Et qui se dresse face à Chirac ? Un vieux député socialiste, François Vars, fatigué, trop usé pour affronter la machine — il finira par renoncer à se présenter. La partie n'est pas équilibrée.

Michel Jobert, acteur ironique de la vie politique, décrit avec humour l'activité fébrile de son collègue : « Il y avait à Matignon un jeune homme qui, depuis 1963, avait en tête de se faire élire en Corrèze et qui n'aurait épargné ni sa peine ni son temps pour avancer sur sa route. Toujours courant, il arrachait aux administrations, parmi ces tâches qu'il accomplissait à merveille, subventions, places, décorations. Son ambition était que chaque village ou hameau de la circonscription qu'il avait choisie lui soit redevable d'un secours, d'un investissement, fontaine ou école, d'une bourse à un interne méritant, d'une place dans une maison de retraite. Il partait le vendredi soir, dans la nuit toujours, par la route, et sa voiture, une Peugeot 403 conduite à la diable et entretenue de même, était célèbre auprès des gardes mobiles qui manœuvraient la chaîne d'entrée de Matignon. Il fonçait sur l'obstacle au risque de dommages quand on ne lâchait pas la barrière précipitamment. Il revenait le lundi matin, souvent sans avoir dormi, et reprenait allégrement les dossiers de la construction et de l'aéronautique pour lesquels il se passionnait et dont il était le démarcheur inlassable et convaincant. » Maurice Fitz confirme : « Il venait par la route et il arrivait à Ussel le samedi matin. Si le temps était trop mauvais, il prenait le train et débarquait à quatre heures du matin. » Moins de trente-six heures hebdomadaires pour tout quadriller : ce type est increvable. Il travaille sur le terrain, dans les fermes et les mairies.

Encore Chirac doit-il obtenir le soutien de quelques « grandes familles » qui ont tenu, de près ou de loin, un rôle dans le système Queuille. A Ussel, les Belcour tiennent la ville depuis longtemps : le docteur André Belcour siégeait à Alger en 1943 auprès d'Henri Queuille au sein du gouvernement provisoire de la République ; son fils Henri, également médecin, est devenu maire d'Ussel à la tête d'une liste dite apolitique. Ayant officiellement abandonné le radical-socialisme, il peut sans aucun mal se rallier à Chirac — fort d'une justification qui plairait à Queuille : « Ici, on ne vote pas pour un parti mais pour un homme. » Et voilà une « grande famille » ralliée. La première est « politique », la seconde sera « économique ». Le postulant Chirac visite les villages en compagnie d'un avoué de Limoges, Louis Limoujoux. Ses parents, en haute Corrèze, dirigent d'importantes affaires de salaisons.

Pour qui s'arrête aux apparences des méthodes employées, Chirac se soumet sans rechigner aux contraintes du système électoral : il faut conquérir la circonscription, coûte que coûte, la séduire, la draguer. « Je frappais aux portes de militants communistes, raconte-t-il. Une fois la porte ouverte, je glissais aussitôt mon pied pour qu'ils ne la claquent pas. Et je parvenais à discuter, à argumenter. » Travail ingrat, pénible, où l'ego de l'homme politique peut difficilement s'épanouir. Chirac, lui, apprécie ce labeur de VRP de la politique. Parler avec les paysans, écouter les affaires de vaches et comprendre les histoires de maïs ne lui déplaît pas. Il éprouve cette sensation, difficile à décrire, de rencontrer le « pays réel » — notion obscure, absconse par excellence, mais si chère à la classe politique tout entière.

Cette ébauche du système Chirac peut inquiéter par son systématisme. Le futur candidat ne néglige aucun détail. Aucun. La circonscription d'Ussel est quadrillée, disséquée, puis visitée dans ses moindres recoins. Dès lors, que lit-on dans les différents journaux régionaux ? Des entrefilets de ce genre : « Meyrignac-l'Eglise ne sera pas une commune défavorisée pour la vente et la distribution de l'eau potable. Le dossier sera plaidé par Jacques Chirac auprès du ministre de l'Intérieur afin qu'il consente une aide exceptionnelle. » Autre exemple : « Commune de Saint-Augustin. Grâce à l'intervention efficace de Jacques Chirac, le ministre de l'Intérieur vient d'accorder une subvention exceptionnelle de 50 000 F pour permettre de mener à bien le plan des travaux d'assainissement. » Ou encore : « Eyrein aura son terrain de sports. Jacques Chirac donnera le coup d'épaule nécessaire. » Difficile de mieux faire quand un candidat prétend séduire les Corréziens.

Se battre constitue sans aucun doute un atout décisif, mais Pierre Juillet, stratège en chef de cette reconquête, sait qu'il ne faut pas, qu'il ne peut pas s'en contenter. Il se souvient d'une réflexion du général de Gaulle : « Pourquoi les Corréziens ne m'aiment-ils pas ? Ils ont pourtant été résistants et leurs structures économiques me paraissent proches de celles de l'Ouest qui vote à droite. Alors pourquoi ? » Pierre Juillet a réfléchi à la question. En politique, il est partisan de l'assaut — mais après réflexion, seulement après. Une première fois déjà, il a « convoqué » dans son repaire de la Creuse Jacques Chirac et Jean Charbonnel. Il a expliqué, construit la ligne à défendre, exposé une tactique qui, selon lui, ne pouvait mener qu'à la victoire. Et il a exigé que tout cela se traduise en manière de symbole par un coup d'éclat : ce sera, plus tard, le « serment de Solignac ».

Au cours de cette rencontre, Pierre Juillet a impressionné ses interlocuteurs. Jean Charbonnel, « gaulliste de gauche » et a priori éloigné de ce mentor, l'avoue volontiers : « Il s'occupait de nous avec une attention particulière... Il ne se contentait pas de nous aider dans nos démarches administratives et de soutenir nos requêtes auprès des techniciens... Il nous couvrait aussi du côté de l'UNR, qui voyait se développer avec une certaine perplexité une action qui demeurait en marge de toutes les hiérarchies officielles du mouvement gaulliste. Mais il aurait fallu bien davantage pour troubler Pierre Juillet. » Si, dans un tel contexte, Charbonnel, qui deviendra un pourfendeur acharné de Juillet, est séduit, il est facile d'imaginer à quel point Chirac est conquis. Juillet symbolise à merveille son approche de la politique ; Juillet n'a pas besoin de le convaincre, les deux hommes partagent, depuis quelques années, les mêmes idées fixes. Et quand le conseiller évoque la succession du général de Gaulle comme tout acquise à Georges Pompidou, alors que Jean Charbonnel frémit devant « le blasphème », Jacques Chirac, lui, exulte. Cette famille politique-là est la sienne. Ces hommes-là sont ses pairs. La politique prend un sens. Quoi qu'on pense de ce « sens », Chirac est épanoui. Et c'est cela qui est important : à Sciences Po comme à l'ENA, il n'était pas à l'aise, ni sur le plan social ni sur le plan personnel. Les contingences du milieu lui pesaient. Il l'exprimait et le montrait, même si cela lui valut des inimitiés.

En décembre 1966, à quelques mois des législatives, l'optimisme est de mise. Chirac sait l'entretenir : le « serment de Solignac » n'a pas d'autre objectif. Les candidats gaullistes du centre de la France — ils sont dix — dînent ce soir-là à proximité de l'abbaye de Saint-Eloi, dans une auberge du meilleur style roman, sous les regards effarés des paysans : que viennent donc faire ici ces « Parisiens » ? Se donner du courage. Ils mangent, ils boivent et prêtent une manière de serment : « Nous jurons de ne cesser le combat politique que lorsque nous aurons bouté communistes et socialistes hors du Limousin. »

L'écho de Solignac est toutefois vite étouffé. Jacques

Chirac doit en effet mener une partie de plus en plus difficile. « Le Corrézien est un opportuniste, lui répète pourtant l'un de ses conseillers. Dans un pays pauvre comme celui-ci, chaque personne qui dispose des moyens d'aider est reçue à bras ouverts. Telle est votre situation. » Il n'y croit pas. Pour remède, il se bat, avec une énergie jamais démentie. Témoignage du député-maire barriste d'Auxerre, Jean-Pierre Soisson : « La bande à Pompidou se réunissait, presque chaque semaine, au premier étage du ministère de la Coopération. Charbonnel était le seul ministre et j'y participais. Nous agissions comme un pool d'intervention. »

Mais cette tactique, aussi efficace soit-elle, ne suffit pas. D'abord parce qu'elle soulève des polémiques : l'un des sénateurs socialistes de la Corrèze, Marcel Champeix, supporte mal l'interventionnisme de Chirac. Il le dit : « Les crédits sont difficiles à obtenir. Les enveloppes sont toujours difficiles à obtenir. Elles sont toujours trop réduites. Néanmoins, après coup, on finit toujours par découvrir des fonds de tiroir. Ainsi, dans le Limousin, M. Chirac, membre de la CODER, nous annonce-t-il régulièrement que sur son intervention on a pu augmenter le volume de l'enveloppe. Je n'ai pas besoin de souligner le caractère essentiellement politique de telles manœuvres. »

Ensuite, cette façon de faire n'élimine pas les adversaires de qualité, le sénateur Marcel Audy par exemple. Glorieux résistant, militant radical, il est soutenu par la Fédération de la gauche démocrate et socialiste (FGDS) présidée par François Mitterrand ; anticommuniste avoué, implanté à Meymac, l'une des places fortes de la haute Corrèze, il dispose de la plupart des atouts qui pourraient lui permettre de s'imposer face à Jacques Chirac. Il est donc indispensable d'éliminer le sénateur Marcel Audy ; il ne faut pas qu'il se présente aux prochaines élections législatives. Chirac, avec une confiance en lui qui frise l'inconscience, lui demande un rendez-vous. Démarche conforme aux traditions corréziennes : dans cette province, on se parle, et Chirac va parler. « Je lui ai expliqué qu'il n'avait pas le choix, qu'il devait se retirer. Sinon, notre affrontement allait inéluctablement tourner à l'avantage du candidat communiste. » Dialogue surréaliste où le jeune Chirac entend mettre sur la touche Audy, le radical bardé de médailles. Il n'y croit guère, même s'il plaide cette cause, apparemment perdue, avec entrain et conviction.

Audy contre Chirac : personne, y compris Pierre Juillet, ne peut prévoir l'issue d'un pareil affrontement. Alors l'homme de Pompidou poursuit son forcing. Il n'insiste toujours pas sur son engagement gaulliste, ce qui déplaît à son voisin briviste, Jean Charbonnel. Le paysan corrézien reçoit des professions de foi d'un style plutôt savoureux : « Chirac, corrézien, avec du sang radical dans les veines, ne se prêterait jamais à des bouleversements qui ne seraient pas républicains. » Toujours cette obsession de s'offrir un habit rad-soc. A tel point que Georges Pompidou doit rassurer René Tomasini, le secrétaire général de l'UNR : Chirac est dans la ligne, Chirac est un éminent représentant du « pompido-gaullisme ». Puisque Audy ne cède toujours pas, Chirac s'en retourne vers des « seconds couteaux » influents. Charles Spinasse appartient à cette catégorie-là ; cet ancien ministre de Léon Blum, chargé en 1936 de l' « économie nationale », a commis, le 10 juillet 1940, un péché : député, il a voté les pleins pouvoirs à Philippe Pétain. Fin d'une carrière nationale que chacun prévoyait brillante. Spinasse s'est retiré à Egletons et a attendu vingt et un ans avant de s'asseoir dans le fauteuil de maire. Chirac lui plaît bien, répète-t-il, il accepte de le soutenir. Dans un autre genre, et en dépit de son attitude peu glorieuse sous l'occupation, Spinasse est aussi populaire que Marcel Audy. Il force donc la note : « La couleur politique de Jacques Chirac ? Il est sans aucun doute socialiste. Il aurait certainement appartenu au Front populaire. » Spinasse a le sens de l'humour. La manœuvre d'encerclement de Marcel Audy, candidat de la FGDS, peut-elle réussir ? « On » insiste pour le convaincre : quelques Corréziens bien placés assurent qu'Henri Queuille et le préfet seraient intervenus en personne. Chirac n'y croit plus. Et quand, un soir de décembre 1966, Marcel Audy le fait chercher dans un restaurant de Lapleau, un village de la circonscription, l'invite à venir chez lui et lui annonce qu'il envisage de se retirer, Chirac affirme aujourd'hui encore « sa totale suprise ». « Nous avons parlé toute la nuit, se souvient-il. Dans le détail. Audy ne savait trop quoi faire. J'ai expliqué, et encore expliqué ma position. Au petit matin, il acceptait. » A cet instant, Chirac est persuadé qu'il sera élu député. Avis du journaliste Maurice Fitz, acteur privilégié de la campagne : « Les derniers temps, il s'est moins battu. Nous avons un peu décéléré. »

L'attitude de la gauche est différente. C'est que François Mitterrand n'a pas renoncé : la Corrèze prend valeur de test et il n'est pas question de céder. Le député de la Nièvre convainc son frère cadet Robert qu'il est de « son devoir » d'affronter Chirac. Et, c'est vrai, Robert Mitterrand a la carrure pour un tel duel ; à la fois homme d'affaires et politicien chevronné, il a l'espoir « d'impressionner » les Corréziens. Parisien contre Parisien, un homme de Georges Pompidou contre l'ancien directeur de cabinet du président de la FGDS. « Un affrontement parachuté contre parachuté », écrit la presse nationale. Seulement il en est un — Robert Mitterrand — qui l'est un peu plus — « parachuté », — que l'autre dans l'esprit des Corréziens ; car Chirac a fait passer le message avec maestria : il a actualisé ses racines corréziennes. Les électeurs ne les conjuguent plus au passé. Assez nombreux pour élire un député, ils les déclament au présent.

Que, dans ce contexte — devenu favorable après le retrait du sénateur Marcel Audy —, Georges Pompidou estime tout de même nécessaire de se pointer à Ussel, le

11 février 1967, prend avant tout valeur symbolique. Bien plus que valeur comptable puisque le Premier ministre, fort des derniers pointages effectués par les renseignements généraux, ne doute plus de la victoire de son protégé. Mais puisque « protégé » il y a, Georges Pompidou estime opportun de le clamer. Devant un auditoire ravi de découvrir « son candidat » aussi bien vu par « le patron descendu de Paris », le Premier ministre se livre à un véritable panégyrique : « Je puis vous dire que sa loyauté, sa fermeté et son activité sont acquises à vous tous et je suis convaincu que, quels que soient les événements politiques futurs, il sera pour vous, à l'Assemblée, le porte-parole extraordinairement écouté et brillant, et auprès du gouvernement, extrêmement efficace. A mon cabinet on l'appelle " le Bulldozer ". L'expérience prouve qu'il obtient tout ce qu'il demande. Il ne s'arrête pas tant qu'il ne l'a pas obtenu. On n'a encore jamais trouvé quelqu'un qui lui résiste et la preuve en est que, malgré un emploi du temps extrêmement chargé, je me trouve ici, n'ayant pu résister moi non plus. »

Le dimanche 12 mars 1967, au second tour des élections législatives, Jacques Chirac précède le communiste Georges Emon de cinq cent vingt-sept voix. Trente-huit mille Corréziens ont voté. Le frère de François Mitterrand est battu, certes, mais à quelques kilomètres de là, à Brive, l'un de ses plus intimes amis a gagné : l'avocat socialiste Roland Dumas a battu Jean Charbonnel. A Limoges, Pierre Mazeaud est aussi éliminé. Un peu plus au sud, un médecin inconnu, Bernard Pons, est élu à Figeac dans le Lot. Il rencontre souvent Jacques Chirac dans le train qui les « remonte » à Paris. Ensemble ils analysent ce résultat catastrophique : au sein de la nouvelle Assemblée nationale, les gaullistes et affiliés giscardiens ne disposent que d'une voix de majorité. Jacques Chirac ne peut tout de même pas s'empêcher de sourire : une voix de majorité et lui, le « néophyte » en politique électorale, a arraché une circonscription en principe interdite aux gaullistes. Raymond Marcellin, un ministre fort pompidolien, a « tout » compris. Il l'explique en deux phrases : « Chirac a définitivement conquis Pompidou. C'est que, vous savez, ça compte, la Corrèze. »

CHAPITRE VI

UN ENFANT DE MAI 68

« En mai 68, j'ai pu juger de sa pugnacité. En face d'une situation difficile, Jacques Chirac tient le choc. »

CHARLES PASQUA.

Avril 1967 : voilà cinq ans que Jacques Chirac est installé à Matignon. Il est en contact quotidien avec Georges Pompidou. Il témoigne au Premier ministre une fidélité sans défaut, active et efficace. Sa victoire de mars 1967 en Corrèze l'amène pour quelques jours seulement à l'Assemblée nationale. Une victoire qui, en effet, lui ouvre les portes du gouvernement puisque le voilà promu « secrétaire d'Etat à l'Emploi ». Trajectoire sans embûches et Pierre Viansson-Ponté peut écrire, dans sa monumentale *Histoire de la République gaullienne :* « La nomination de M. Chirac, qui a conquis de haute lutte en Corrèze l'un des rares sièges de député arrachés par la majorité à la gauche et qui se trouve ainsi appelé à trente-cinq ans [...] à un poste ministériel délicat créé exprès pour lui, est fort commentée. » Les commentaires vont bon train et il y a de quoi. Chirac est allé vite. Très vite. Trop vite ? Ses adversaires au sein de la majorité gaulliste, ils sont nombreux et pas des moindres, le pensent et le répètent. Ils dénoncent, pêle-mêle, un insatiable arrivisme, des méthodes brutales et l'absence d'une véritable pensée politique. Ils remarquent, avec insistance, son attachement à ce que certains gaullistes nomment le « clan Juillet ». Ils s'inquiètent de la confiance que lui accorde Georges Pompidou, un Premier ministre que personne, parmi les gaullistes, n'ose encore contester. Et Chirac, dans ces remous ?

Jacques Chirac, lui, feint l'humilité. Lorsqu'il raconte les détails de sa nomination au gouvernement, il n'oublie jamais de rappeler cette réflexion de Georges Pompidou : « Ah ! Chirac, je vous ai réservé un strapontin dans le nouveau gouvernement. Mais surtout, ne vous prenez pas pour un ministre. » L'apostrophe est-elle exacte ? Cela n'a, en vérité, aucune importance. Elle témoigne, une fois encore, de cette apparente modestie dont Chirac aime à se parer ; elle témoigne surtout de la nature de ses rapports avec Georges Pompidou : la discrétion est de bon ton. Les événements politiques sont certes importants, mais les « gens de Pompidou » — clan restreint s'il en est — doivent être en mesure de les vivre avec distance, de se garder d'être triomphants. Et Chirac ne fait pas exception, même s'il éprouve quelques difficultés à cet exercice. Jacques Calvet, l'actuel patron des Automobiles Peugeot, se souvient : « Je l'ai croisé lors d'un cocktail de la Cour des comptes. Il m'a parlé de ses premiers conseils des ministres, de l'autorité du général de Gaulle. Il était comme fasciné. » Chirac côtoie les « gaullistes historiques », Debré, Frey, Fouchet, Couve de Murville, Michelet, Messmer, Schumann, Guichard ; il y a de quoi être impressionné, et quand il observe cette table, Chirac ne se fait aucune illusion quant à sa mission : il a été installé là par Georges Pompidou et pour lui. Cette situation et ce contexte lui conviennent.

Le Parisien de Corrèze, le jeune homme de Sciences Po, a bien mené sa barque. Rien de comparable avec un Valéry Giscard d'Estaing programmé pour la réussite et, en bout de course, pour la présidence de la République. Chirac, avec une imperturbable persévérance, a conduit à terme les différentes étapes de ce qui prend les aspects d'une carrière. Une carrière dont l'élection corrézienne serait un premier couronnement. A-t-il pour autant changé son mode de vie, ses habitudes ? Il semble que non. Jacques Friedmann l'assure : « Il franchissait ces étapes avec satisfaction mais sans en tirer vanité. Il ne se prenait pas pour un " Monsieur arrivé ".» Et une note d'un de ses collaborateurs le confirme : « Quand je l'ai connu, lors de son premier portefeuille, il était d'une extraordinaire gentillesse pour ses collaborateurs et s'efforçait de travailler dans la bonne humeur. L'ambiance ne m'a jamais paru affectée. Il se plaisait à souligner l'extrême jeunesse de son cabinet. Il donnait facilement dans la plaisanterie, il venait assez souvent déjeuner dans la petite cuisine du ministère, avec quelques collaborateurs et secrétaires. La vie était sans façon.» Voilà un bon point : la victoire politique, puis les honneurs qui en découlent, ne transforment pas Chirac à l'excès.

Il ne vivra que deux jours au palais Bourbon avant d'abandonner son pupitre de député à son suppléant André Belcour. Il entre aussitôt au gouvernement, il n'a pas le temps de découvrir la vie parlementaire. Tout juste profite-t-il de ces quarante-huit heures pour déposer — on ne sait jamais — sa candidature à la commission des Finances. La plus importante, celle où les « grands » ont pris l'habitude de s'inscrire. Il est donc ministre. Un « petit » ministre, secrétaire d'Etat à l'Emploi. Le dernier dans la liste protocolaire. Chirac s'en fiche, son patron l'a imposé et le reste n'a aucune espèce d'importance. Quand le général de Gaulle le convoque à l'Elysée, Chirac s'y rend comme à un sacrement. Sacrement républicain, mais sacrement tout de même. Le 12 avril 1967, Chirac participe à son premier conseil des ministres. Il sait que Georges Pompidou ne doit son maintien à Matignon qu'en raison de l'infime majorité dont il dispose au Parlement et qu'en ces temps de difficultés, le général de Gaulle n'a pas voulu ouvrir une crise en changeant de Premier ministre. Chirac n'ignore pas non plus que la défaite aux élections de Pierre Messmer et de Maurice Couve de Murville, principaux « adversaires » du Premier ministre, a beaucoup contribué au maintien de Georges Pompidou. D'ailleurs, l'inamovible ministre des Affaires étrangères du général de Gaulle a été « fusillé » par Pierre Juillet. Le conseiller de Georges Pompidou savait quel piège il tendait à Couve en lui suggérant de se présenter à Paris, dans le 7e arrondissement, face à l'indéracinable Frédéric Dupont. Chirac a conscience qu'autour de cette table, au-delà de l'imposante stature du Général, se profile l'inévitable bataille de la succession. Servir la France, la République et le Général : tel est évidemment la règle d'or des ministres. Chirac n'y fait pas exception, sans renier pour autant son autre priorité : servir et aider Georges Pompidou.

Personne n'est dupe de cette double casquette. Le journaliste Pierre Rouanct publie un livre-réquisitoire contre Georges Pompidou. Les observateurs remarquent ce passage : « On voit un autre jeune loup pointer son museau. [...] Monsieur Jacques Chirac s'essaie comme secrétaire d'Etat à l'Emploi. Son patron aura ainsi une antenne dans les affaires sociales, contrôlées par le tandem Debré-Jeanneney. » L'analyse souligne indirectement l'importance de la fonction confiée à Chirac. Et un chiffre le rappelle plus crûment encore : en ce mois d'avril 1967, la France compte trois cent mille chômeurs. En une période où la croissance industrielle se poursuit à un rythme effréné, une telle situation n'est pas brillante. D'autant moins que le gouvernement Pompidou est la merci d'un coup de patte giscardien : Valéry Giscard d'Estaing en effet contrôle une quarantaine de députés regroupés sous l'étiquette républicains indépendants. Le Premier ministre s'en méfie. Jacques Chirac aussi.

Il ne peut donc qu'être d'accord lorsque, le 26 avril, Georges Pompidou décide d'écarter la menace permanente d'une censure parlementaire. Le gouvernement s'appuiera sur la procédure des ordonnances prévue par la Constitution gaulliste. Le Parlement se trouve réduit à la fonction d'une chambre d'enregistrement et Georges Pompidou justifie le recours aux ordonnances par une volonté « de mieux assurer le plein-emploi et la reconversion des travailleurs ». Chirac est aussitôt contraint de partir à l'assaut. C'est le genre de situation qui lui convient. Il garde en mémoire cette déclaration du Premier ministre : « La politique de l'emploi doit être un élément fondamental de l'action gouvernementale. La création d'un secrétariat d'Etat traduit cette préoccupation mais ne saurait être présentée comme une panacée. » Pompidou ne pouvait mieux faire pour son « protégé » : tout en soulignant l'importance de sa mission, il le dédouane d'un éventuel échec.

Mais ce n'est pas tout. Chirac se trouve au cœur d'une crise qui lui permet de faire ses preuves. Pompidou n'apprécie pas la constitution d'un axe Debré (ministre des Finances) - Jeanneney (ministre des Affaires sociales) imposé par le général de Gaulle ; le Premier ministre, qui fut le collaborateur le plus proche du Général après la Libération et durant la IVe République, supporte mal ces « super-gaullistes », plus hystériquement gaulliens, à son sens, que de Gaulle lui-même. Pareil conflit le rapproche par la force des choses de Jacques Chirac. Le fait que ces deux-là contrôlent les relations patronat-syndicats, lui déplaît. Mission de Jacques Chirac : investir cette place forte pour y apporter une touche de pompidolisme. Chirac est cette fois confronté à une situation difficile parce qu'il s'agit d'un conflit au sein du gouvernement. Le Premier ministre, avec l'aval du Général, l'a comme instillé au cœur d'un duo qui fonctionne plutôt à l'unisson : Michel Debré et Jean-Marcel Jeanneney ont des ambitions sociales ; le gaullisme ne peut se contenter de gérer la France, aussi performante cette gestion soit-elle. Le ministre des Affaires sociales croit à cette participation si souvent vantée par le Général alors que Georges Pompidou l'estime inadaptée à la mentalité française. Dans ce gouvernement, Jeanneney ne se situe pas parmi les pompidoliens. Au contraire. Les deux hommes ne se comprennent pas. A Jacques Chirac de maîtriser cette situation, à terme dangereuse.

Jean-Marcel Jeanneney ne dissimule pas à Thierry Desjardins qu'il n'a guère apprécié le parachutage du député de la Corrèze : « Je ne le connaissais pas. Je ne l'avais même jamais vu. C'est vous dire à quel point je ne l'ai pas choisi. Je savais seulement qu'il était au cabinet de M. Pompidou. » Le ton est sec, sans sympathie aucune, et Chirac a beau clamer que Jean-Marcel Jeanneney « est un homme exceptionnel avec lequel il n'y a aucun problème d'intégration », il dissimule la réalité.

La réalité est tout autre. En politique, la géographie a son importance. Que Jacques Chirac s'installe dans un hôtel particulier, rue de Tilsit, à proximité de l'Etoile, tandis que Jean-Marcel Jeanneney travaille de l'autre côté de la Seine, rue de Grenelle, ne peut pas être sans signification. Pas question de partager les mêmes murs. Pas question de collaborer sans partage. Et quand le Premier ministre répète sans cesse : « Le gouvernement doit travailler pour mieux assurer le plein-emploi et la reconversion des travailleurs », à qui songe-t-il ? A Jeanneney comme le protocole le voudrait ? Non, à Chirac que les courtisans saluent déjà avec respect, parce qu'il est « un proche du Premier ministre ». Chirac, dans ce combat, est un faux outsider. Jean-Marcel Jeanneney, en dépit de son expérience et de ses multiples états de service auprès du Général, n'a pas les moyens de gagner. Et pour parfaire, pour accentuer cette tendance, Chirac est chargé de cosigner, avec les rares syndicats qui acceptent, les premiers accords d'intéressement, les seuls résultats tangibles de la « participation » gaulliste, en application de l'ordonnance sur la participation mise au point par l'inévitable Edouard Balladur et qui réalise, entre les thèses de De Gaulle et celles de Pompidou, un compromis que le Général a accepté.

Pour autant, la mission du nouveau secrétaire d'Etat est aléatoire. Le plein-emploi n'est plus de mise et la CGT a vite fait de l'épingler. Le sous-ministre de l'Emploi est catalogué « ministre du Chômage ». La « grande » presse non plus ne le ménage pas. *Paris-Presse* par exemple, peu suspect d'ironie antigouvernementale, ne l'épargne pas : « Pour l'opinion, le secrétariat de Jacques Chirac est un peu un ministère miracle. Chacun attend de lui qu'il règle tous les problèmes de chômage, toutes les difficultés de reconversion et de licenciement. Une mythologie a déjà surgi selon laquelle sa seule création allait supprimer le chômage, comme le bistouri délivre de l'appendicite. » Guère aimable. Et challenge difficile pour un premier portefeuille.

Comment réagit Chirac ? Sans grande surprise : il ne se « dégonfle pas ». Il hérite d'un dossier impossible — le chômage est devenu la principale préoccupation des Français — et il fait preuve d'un activisme forcené : le remède par l'action, Chirac ne démordra jamais de cette stratégie. Nommé en avril, il présente trois mois plus tard, le 5 juillet 1967, les premières ordonnances sur l'emploi, prises en vertu des pleins pouvoirs demandés et obtenus par le Premier ministre. Débarrassé de tout carcan législatif, Chirac est à l'aise. Il *fabrique* quatre textes dont le principal implique la création d'une Agence nationale pour l'emploi, la future ANPE.

Les résultats ne sont pas pour autant brillants. Chirac parvient à instaurer un début de dialogue avec la CFDT et Force ouvrière, mais la CGT, elle, campe sur sa position initiale : celui-là reste le « ministre du Chômage », pas question de se compromettre en sa compagnie. Et un chiffre conforte ce refus : + 100 000 chômeurs en 1967. Chirac est convaincu que le développement industriel, tel que le prône Georges Pompidou, sera salvateur pour l'économie française. Il supporte mal la bataille qui s'est engagée à ce propos au sein de la majorité entre les gaullistes « purs et durs », les gaullistes façon Pompidou et, troisième composante, les affidés de Valéry Giscard d'Estaing. Il la supporte mal mais il comprend : c'est, entre les lignes et les dossiers, de la succession du général de Gaulle qu'il est question. Là non plus il n'hésite pas. Chirac appartient au camp Pompidou et chacune de ses actions visera cet objectif : renforcer la position du Premier ministre. L'emploi est un dossier brûlant qui dessert Pompidou ; à Chirac de le traiter. L'inexpérience ne peut pas lui servir d'alibi.

Il n'éprouve d'ailleurs aucune difficulté à intégrer l'habit du politicien. Discours à l'Assemblée nationale et au Sénat, conférences de presse, interviews : la note est au-dessus de la moyenne. Même si Chirac n'est jamais éblouissant. Pompidou s'en moque : il est « sûr » et cette vertu prend le pas sur ses manques.

Rester imperturbable. Ne pas craquer. Ne pas céder. Contourner les obstacles. Se sortir d'affaire : Chirac s'apprête à vivre les événements de Mai 68 dans cet état d'esprit. Le secrétaire d'Etat à l'Emploi, pas davantage que le général de Gaulle, Georges Pompidou ou les autres ministres, n'ont pressenti quoi que soit. Par la suite, Chirac ne comprendra pas davantage le sens de la révolte. Le témoignage du journaliste Philippe Alexandre à cet égard est significatif : « Deux ou trois ans après, nous dînions chez des amis communs. J'ai eu un choc. Il a raconté Mai 68 d'une façon qui m'a fait dresser les cheveux sur la tête. Il avait ordonné au directeur d'un lycée situé dans sa circonscription de supprimer toutes les radios, de faire jouer ses élèves au foot ou au rugby, et qu'ainsi il ne se passerait rien. Rétrospectivement, Chirac était ravi de cette attitude. » En 1968, Jacques Chirac est encore « jeune » — trente-six ans — mais déjà un « vieux routier » de la politique. Il ne saisit pas le sens de Mai 68 ? Qu'importe pour lui. De ces événements, il tire d'inestimables bénéfices : entre le 2 et le 30 mai, le voilà définitivement intégré au proche entourage de Georges Pompidou.

Le débat, aujourd'hui encore, reste ouvert : qui, du

ou les passions du pouvoir 101

général de Gaulle ou de Georges Pompidou, a su le mieux faire front et préserver la Ve République ? Acteurs et observateurs s'affrontent à ce propos. Dans leur ouvrage *les Trois Derniers Chagrins du général de Gaulle*, Anne et Pierre Rouanet prennent fait et cause pour le président de la République, allant même jusqu'à soupçonner le Premier ministre de trahison. A contrario, dans son livre *l'Elysée en péril*, Philippe Alexandre tend à démontrer la solidité de Georges Pompidou et le rôle essentiel rempli par lui. Les deux thèses, opposées mais plausibles l'une et l'autre, confirment surtout l'imminence de la rupture entre de Gaulle et Pompidou.

Pendant que les deux hommes s'affrontent, que fait Jacques Chirac ? Quel parti prend-il ? « Quand la situation est devenue difficile, j'ai aussitôt rejoint Matignon. » Pompidou estime qu'il faut manœuvrer entre répression et négociations : « Jouer les syndicats ouvriers contre les étudiants. » Des syndicats responsables avec lesquels il doit être possible de « s'arranger ». Chirac, plus tard, exprimera clairement cette démarche toute pompidolienne : « La revendication ouvrière — parce que c'était, elle, une revendication et non pas un mal de l'âme — permettrait enfin d'atteindre à quelque chose de négociable et de revenir, ainsi, aux réalités politiques. » Il prend donc en main le dossier des négociations. Un choix surprenant de la part du Premier ministre, si l'on se réfère à la réputation qui colle à Chirac : bravache, impatient, indisponible au dialogue. Il n'y a pas grand monde à Matignon pour corroborer ce portrait sans nuance. Edouard Balladur, chargé en mai 1968 des affaires économiques et sociales, avance une définition bien différente : « Jacques Chirac était venu joindre ses efforts aux nôtres. Totalement dévoué au Premier ministre, il passait à Matignon tout le temps qu'il ne consacrait pas, ici ou là, à des entretiens avec les émissaires des syndicats. Il s'y donnait sans ménager sa peine, insoucieux des risques, jamais fatigué, toujours tout entier dans ce qu'il faisait. Croyant plus à la vertu des contacts entre les hommes qu'à celle des écrits, à l'efficacité des tête-à-tête clandestins qu'à celle des discussions publiques, il ne se laissait jamais décourager par les difficultés. Revenant à la charge quand il n'avait pas convaincu, tour à tour véhément, prévenant, chaleureux ou habile, brutal aussi quand il le fallait, il jouait de son intelligence, de sa promptitude, prêt à se rendre où l'on voulait, à rencontrer qui l'on voulait si cela pouvait être utile, n'ayant pour les questions de forme pas plus de considération qu'elles n'en méritent. » Quel éloge !... Si peu dans la manière, discrète, des « hommes » de Pompidou.

Au cours de ce mois, Chirac s'impose définitivement auprès de Georges Pompidou. C'est, qu'à affronter une situation au fil des jours plus difficile et tendue, le nombre de ministres solides et efficaces ne cesse de diminuer. Chirac s'en aperçoit et il sait en jouer : « J'ai pratiquement abandonné mon secrétariat d'Etat et je me suis réinstallé à Matignon. J'ai vu très nettement s'établir le clivage entre les fidèles de Georges Pompidou et ceux qui le devenaient moins. » Le groupe qui travaille autour du Premier ministre, c'est vrai, est plutôt restreint : trois membres du cabinet — Michel Jobert, Edouard Balladur et Pierre Juillet, un ministre, Raymond Marcellin, à ce moment chargé du Plan et de l'Aménagement du territoire, un « grognard » du Général, Jacques Foccart, d'ordinaire chargé des affaires africaines pour le compte de l'Elysée, mais aussi « intime » de Pompidou... et un nouveau : Chirac. L'expérience sera formidable.

Formidable parce que Chirac, pour la première fois, « touche » les plus hautes sphères du pouvoir. Les voit. Les hume. Y participe. « Chaque jour nous nous réunissions pour travailler sur le maintien de l'ordre, se souvient Edouard Balladur, Chirac y participait. » Jusqu'au 11 mai, Georges Pompidou est absent ; il voyage en Afghanistan et Chirac, discret, ne quitte pas, ou peu, ses bureaux de la rue de Tilsit. Il attend Pompidou, et à son retour, il accourt. Son « travail de soixante-huitard » consiste à mesurer ce qui est faisable ou pas avec les syndicats. Déclaration d'Eugène Descamps, alors patron de la CFDT, rapportée par Philippe Alexandre : « J'avais fait savoir, afin que cela soit connu à Matignon, que le ministre des Affaires sociales, Jean-Marcel Jeanneney, était dépassé [...] et ne pouvait être pour nous un interlocuteur valable. » « L'interlocuteur valable », ce sera Chirac et, à plusieurs reprises, Descamps et Chirac s'entretiennent — seuls, tandis que de son côté Balladur maintient les contacts avec le patronat. Pareille responsabilité nécessite pour le moins d'*être au courant* de toutes les évolutions du pouvoir. Chirac l'est. Nouvelle anecdote de Philippe Alexandre : « Pendant le voyage [du général] en Roumanie, il y a plusieurs coups de fil directs entre de Gaulle et Pompidou. Le jeudi 16 notamment. Ce soir-là, plusieurs ministres, Roger Frey, Michel Debré, Georges Gorse, Raymond Marcellin, Christian Fouchet et Jacques Chirac, sont dans le bureau du Premier ministre, ainsi que Jacques Foccart, conseiller personnel du Général. » Dans ce cénacle, véritable galerie de portraits du régime gaulliste, Chirac fait figure de petit dernier. Il en est conscient quand il avoue : « Mes liens se sont renforcés avec Pompidou. J'ai passé de nombreuses heures dans le petit groupe qui l'entourait. Et il ne m'a plus seulement considéré comme un jeune fonctionnaire efficace. » La reconstitution minutieuse de ses activités, pendant ce mois, le prouve. Charles Pasqua, l'actuel président du groupe RPR au Sénat et homme fort du mouvement chiraquien, se souvient : « J'ai pu jugé de sa pugnacité. J'avais pris contact avec lui car j'organisais les comités de défense de la République (CDR). En face d'une situation difficile, il tient le choc. Et moi, qui ne suis pas porté au laxisme, j'aime les gens solides. » Ces « gens solides » ont le droit de dîner à la table du Premier ministre. Chirac en est, Olivier Guichard, lui, ne fait plus qu'y passer. Signe des temps, symbole du gaullisme à la mode Pompidou. Et Chirac le solide doit renouer un dialogue social depuis longtemps éteint.

Le 18 mai, l'immense majorité des usines est en grève et le Premier ministre n'a plus d'autre choix que d'ouvrir une négociation. A Chirac et à Balladur de l'organiser. Avec la CFDT et Force ouvrière, Chirac n'éprouve guère de difficultés puisque deux syndicalistes liés à ces organisations travaillent à ses côtés depuis quelques mois ; il lui reste à reprendre contact avec la CGT. Le syndicat de Georges Séguy vit une situation difficile, pris entre une base chaque jour plus radicale et une répulsion quasi instinctive à l'encontre des gauchistes. Chirac sait jouer de la contradiction : négocier, telle sera son obsession, partagée par Georges Pompidou. Reste à convaincre le général de Gaulle. Les 19 et 20 mai, les grandes figures du régime défilent à l'Elysée. Michel Debré, ministre de l'Economie et des Finances, plaide en faveur d'une « négociation sociale ultrarapide ». Réplique de Georges Pompidou, rapportée par Michel Jobert : « Dans cette partie très dure et que je ne suis pas sûr de mener à bien, tout ce que je demande, c'est qu'on m'épargne Debré. » Un assassinat politique en bonne et due forme. Reçu à son tour par de Gaulle, Chirac explique les démarches qu'il s'apprête à entreprendre : « Il faut s'entendre avec les syndicats. C'est la seule action constructive qui soit possible. Tout le reste est du sable. » Voilà la traduction, simple et pratique, de la théorie Pompidou. Le Général de Gaulle est-il enthousiaste ? Pas sûr. Il laisse faire, sans plus.

Après ce feu orange de l'Elysée, Georges Pompidou, Edouard Balladur et Jacques Chirac établissent de concert un calendrier de négociations. Calendrier serré, le Premier ministre entend accélérer le cours des événements. En une semaine, du 20 au 27 mai, il veut réussir trois « coups » : d'abord, repousser à l'Assemblée nationale la motion de censure déposée par l'opposition, ensuite prendre la parole à la télévision pour « réveiller » les Français ; enfin, ouvrir un véritable dialogue avec des syndicats estimés « responsables ». Ce dernier volet repose, pour l'essentiel, sur la mission confiée à Chirac. A priori, il n'est pas doué de talents éclatants pour le compromis ; or il va y parvenir. Sans doute le climat de crise lui convient-il, son efficacité y trouve un terrain favorable.

Georges Pompidou est persuadé que la direction cégétiste n'a pas envie de durcir la situation, car organiser structurellement une grève générale avalisera le mouvement étudiant. Ce n'est pas l'avis de Chirac : le 16 mai, il a eu un entretien téléphonique avec Henri Krasucki, le numéro 2 de la CGT. Dialogue Chirac-Pompidou, rapporté par Philippe Alexandre : « La grève va s'étendre parce que la CGT le souhaite... Sans le déclarer publiquement. Mes contacts avec Krasucki vont devenir plus difficiles. Il faudra prendre des précautions. » « Précautions » est le mot ; les rencontres Chirac-Krasucki entrent dans la mythologie soixante-huitarde. Au téléphone, ils se présentent mutuellement sous des pseudonymes, prennent rendez-vous dans d'étranges endroits, un square place d'Anvers par exemple, à proximité de Pigalle, où un émissaire de Krasucki prend note des propositions gouvernementales. Autre rendez-vous, dans une petite rue de Paris : Chirac a peur ; il s'arme d'un pistolet et se retrouve dans une chambre de bonne où l'attendent trois responsables CGT. L'émissaire du gouvernement expose le plan social mis au point par Georges Pompidou et son conseiller Edouard Balladur. Ce travail secret, quasi clandestin, enchante Chirac ; il y trouve des émotions, des frémissements que la routine politique ne procure jamais. Il réussit sa mission : le samedi 25 mai s'ouvrent les négociations de Grenelle, dans les locaux du ministère des Affaires sociales.

Georges Pompidou ne s'entoure à Grenelle que de deux collaborateurs : Edouard Balladur et Jacques Chirac. Le Premier ministre a expulsé les « grands » ministres, Debré ou Jeanneney. Commentaire de Michel Jobert à propos de ce mini-commando : « Rarement ai-je vu dans le tumulte équipe plus oublieuse d'elle-même et animée du seul souci de tenir jusqu'à ce que le gros temps s'apaise. » Le Premier ministre est adepte d'une négociation « coup de poing », la plus rapide possible, avec pour seul interlocuteur valable la CGT. A Chirac de faire en sorte que Georges Séguy et Henri Krasucki en soient persuadés. Pendant près de quarante-huit heures la négociation piétine ; la CFDT, qui supporte mal d'être mise sur la touche, insiste tant sur des points de détail que la réunion plénière s'éternise. Pour sortir de cette ornière, compliquée par l'annonce que François Mitterrand et Pierre Mendès France, sans les dirigeants communistes, organisent un grand meeting au stade Charléty. Jacques Chirac et Georges Séguy s'isolent à plusieurs reprises au cours de la nuit du dimanche au lundi — au grand dam des autres partenaires sociaux. Edouard Balladur confirme : « A la demande de Georges Pompidou, Chirac, aussi entreprenant et persuasif que jamais, sortit à plusieurs reprises pour retrouver Séguy dans un salon voisin et achever de le convaincre. » Comment ? Chacun défend ses dossiers. Quand Séguy « coince » Chirac, le sous-ministre rédige un message à l'attention de Georges Pompidou. Le Premier ministre l'annote aussitôt et Chirac peut poursuivre. Autour de la table, les autres débatteurs ont compris qu'ils ne servent plus à rien.

Récit de Jacques Chirac à Philippe Alexandre en 1969 : « Il nous fallait régler deux problèmes sur lesquels la CGT accrochait durement : celui de " l'échelle mobile " des salaires et des prix et celui de la Sécurité sociale. Vers une heure du matin, Séguy avait fait, sur ces deux sujets, une déclaration à la presse affirmant sa volonté de ne pas lâcher d'un pouce. Mais il n'avait plus en tête que ses préoccupations politiques (le meeting de Charléty, précisément). J'ai compris qu'il céderait rapidement. Sur le premier problème, il a abandonné en échange d'un rendez-vous ultérieur entre syndicats et patronat. Mais sur la Sécurité sociale, c'était autrement difficile. J'ai proposé à Séguy de " couper la poire en deux " : le gouvernement acceptait la réduction du ticket modérateur et s'engageait à organiser au Parlement un débat qui permettrait à la CGT de sauver la face. Il a accepté. » A cinq heures du matin, l'un après l'autre, Jacques Chirac et Georges Séguy retrouvent les négociateurs. Depuis minuit, Edouard Balladur a mis noir sur blanc ce qui résulte des discussions publiques, et qui est adopté comme le « constat Grenelle ». Le jeu s'achève en quelques minutes. Et Olivier Guichard, baron du gaullisme, peut conclure, à juste titre : « La carrière de Chirac s'est jouée en 1968. »

Etrange victoire tout de même : Georges Séguy, désavoué par sa base, ne peut tenir ses engagements ; la grève générale continue de plus belle. Il faudra attendre le retour tonitruant du général de Gaulle pour dénouer une crise qui dépasse tous les dirigeants de la classe politique et syndicale française. Jacques Chirac, au détour d'une anecdote, s'en souvient : « Un soir, j'avais quitté Matignon vers vingt-deux heures. Claqué. Rentré chez moi, je me couche et m'endors de suite. A 23 h 15, le téléphone sonne. C'était Georges Pompidou : " Chirac, venez immédiatement. Tout va très mal. " Il avait un coup de pompe. Le temps que j'arrive, il avait déjà récupéré. Les CRS démontaient des barricades sur le pont Saint-Michel. Il m'a demandé d'aller y faire un tour. »

Le secrétaire d'Etat à l'Emploi sera moins directement concerné par les derniers épisodes de ce mois : la « disparition » de De Gaulle à Baden-Baden, le déferlement des gaullistes sur les Champs-Elysées. Il a compris qu'un divorce inéluctable est sur le point de se déclarer entre le général de Gaulle et Georges Pompidou. Jacques Chirac a choisi son camp.

CHAPITRE VII

UN BEAU DUO

> « Entre Giscard et Chirac, il y avait incontestablement un double sentiment d'admiration. »
>
> JACQUES CALVET,
> P-DG d'Automobiles Peugeot.

Bien sûr, il respecte le grand homme. Bien sûr, il admire ce général qui a relevé une France déshonorée par la collaboration. N'empêche, le gaullisme de Jacques Chirac est accessoire peut-être, indirect sûrement. Il le vit par l'intermédiaire de « son grand homme à lui », le Premier ministre Georges Pompidou. Chirac lit la France à travers les yeux de Pompidou. Et les événements de mai n'ont pu que le renforcer dans cette certitude : si la Ve République a pu survivre, Georges Pompidou, sa solidité et sa rigueur y sont pour beaucoup. Aussi les réticences du président de la République à reconduire le chef du gouvernement dans ses fonctions le laissent-elles perplexe. Il se satisfait des explications fournies dans le sérail pompidolien : le Général craint l'influence de Georges Pompidou sur le mouvement gaulliste, il est incapable d'envisager l'heure de la succession et de désigner le personnage adéquat pour une telle période. Il veut se débarrasser de Pompidou.

Le 30 mai, pourtant, quelques heures après la manifestation des gaullistes sur les Champs-Elysées, le général de

Gaulle charge Georges Pompidou de former un nouveau gouvernement, le cinquième. Le président de la République est-il satisfait de ce choix qui ne surprend pas les Français ? Sans doute pas. Témoignage de Jacques Chaban-Delmas : « En 1968, le Général pensait me désigner comme Premier ministre. Il m'avait demandé de me préparer. Toutefois, Georges Pompidou avait remarquablement tenu le choc. Il ne fallait pas changer de Premier ministre et je m'en suis ouvert au Général. Il m'a fait comprendre que ce n'étaient pas mes oignons. » Ça l'est si peu que de Gaulle a également « branché » sur l'affaire son ministre des Affaires étrangères, Maurice Couve de Murville. Il songe d'ailleurs à cette solution depuis une quinzaine de mois. Il ne l'adoptera pas tout de suite.

Georges Pompidou se défend. Le métier de Premier ministre le fatigue. Du moins, il le prétend. Il n'y trouve plus d'intérêt. Son objectif : la présidence de la République, après le général de Gaulle. Mais, en parfait tacticien, Pompidou entend tirer bénéfice des événements de mai 68. Il pressent un raz de marée gaulliste à l'occasion des prochaines élections législatives anticipées. Pas question d'en perdre le profit ; il mènera lui-même campagne, avec l'appui des différents groupes parlementaires de la majorité. De Gaulle, par le biais d'un conflit avec Pompidou, n'a ni l'intention ni les moyens d'affronter « ses députés » au terme de quatre semaines aussi difficiles. Pierre Juillet exulte ; Jacques Chirac aussi. Aidés par un autre conseiller politique du Premier ministre, Jean-Luc Javal, ils ont convaincu les députés : soutien inconditionnel à Pompidou.

Revenu de son escapade allemande, à Baden-Baden, de Gaulle reçoit aussitôt Pompidou. Le Premier ministre propose sa démission. Refus. Il restera à une condition : des élections législatives. Accordé.

Georges Pompidou ne traîne pas : le lendemain, 31 mai, il annonce le nouveau gouvernement. Les journalistes distinguent un subtil équilibre entre les hommes de De

Gaulle et ceux de Pompidou. François-Xavier Ortoli est nommé à l'Education nationale, Raymond Marcellin au ministère de l'Intérieur ; ce sont de fervents pompidoliens. Contrepartie immédiate : René Capitant, figure de proue des gaullistes de gauche, devient garde des Sceaux. Il exècre Pompidou et ne le dissimule pas ; sur le perron de l'Elysée, avant le premier conseil, il lâche, cinglant : « J'avalerai la couleuvre Pompidou. Je ne dis pas que cela sera agréable, mais c'est mon devoir. »

L'important, en l'occurrence, ne réside pas dans ce décryptage qui amuse la cour politique. L'important, c'est l'arrivée de Maurice Couve de Murville au ministère des Finances. Les ultragaullistes assurent qu'il s'agit d'une exigence du Général. Pompidou, dans son livre *Pour rétablir une vérité*, certifie que cette idée fut sienne afin de mieux préparer son départ de Matignon. Au même moment, Jacques Chirac passe d'un secrétariat d'Etat à un autre : de l'Emploi, il arrive aux Finances — sous les ordres de Maurice Couve de Murville. Couve est-il le dauphin désigné par Pompidou ? Est-il au contraire son adversaire ? Ou encore, troisième scénario, sans doute le plus probable, est-il à la fois dauphin et adversaire du Premier ministre ? Curieuse rencontre que celle de ces deux personnages : Couve et Chirac ne se comprennent pas et cela n'aura d'ailleurs aucune conséquence. Moins d'un mois après sa formation, quelques semaines après les élections législatives triomphales — trois cent soixante sièges pour la majorité —, le 10 juillet 1968, le cinquième gouvernement Pompidou démissionne pour laisser la place au gouvernement Couve de Murville ! Malgré son triomphe à Ussel dès le premier tour, Chirac est convaincu qu'il est sur le point de perdre sa place de ministre : trop pompidolien. « Je pensais m'installer au Parlement et travailler auprès de Pompidou. »

Surprise : Couve propose le maintien de Chirac. Aux côtés de François-Xavier Ortoli, ministre de l'Economie. Deux pompidoliens à deux postes clefs. La situation économique et financière a rarement été aussi mauvaise depuis l'avènement de la Ve République. Couve veut se persuader qu'Ortoli, technicien émérite, et Chirac, politique accompli, mèneront à bien un début de redressement. Chirac hésite : « D'abord, j'ai refusé la proposition de Couve. Le Premier ministre a appelé Pompidou et lui a expliqué qu'il tenait à mon maintien. Georges Pompidou m'a demandé de rester, il m'a expliqué qu'une telle décision lui était utile. » Dix-huit années plus tard, il insiste : « Je suis resté au gouvernement Couve sur ordre exprès de Pompidou. »

Georges Pompidou s'installe dans un appartement, avenue de Latour-Maubourg, prêté par Raymond Marcellin. « Il était isolé au fond d'un couloir, dans trois petites pièces, se souvient Chirac. On ne le voyait que s'il vous appelait. »

Etrange situation : Chirac est-il l'œil de Pompidou au sein du gouvernement Couve ? Réponse sans ambiguïté : « Je ne cachais pas mes liens avec Pompidou. Je n'avais pas demandé à rester au gouvernement et on me prenait tel que j'étais. » Chaque soir Jacques Chirac, une fois ses affaires de bureau rangées, passe à Latour-Maubourg, le PC de Pompidou. Interminables conversations avec le staff du futur candidat à la présidence, personne ici n'en doute. Il écoute Pierre Juillet, Michel Jobert, Edouard Balladur et un personnage qui, à pas feutrés, arrive au firmament du « pompidolisme » : Marie-France Garaud. Chirac entretient de parfaits rapports avec Anne-Marie Dupuy et Simone Servais, organisatrices en chef du planning de Georges Pompidou. A Latour-Maubourg, chacun disserte sur la politique conduite par Couve, chacun remarque à quel point Pompidou était plus efficace, chacun s'interroge sur la curieuse attitude du Général à l'égard du patron. Bref, chacun attend l'échéance présidentielle.

Pendant ce temps, Chirac est aussi ministre. Il fait preuve d'un singulier sens de l'acrobatie pour conjuguer, et sans défaillance, une solidarité gouvernementale *sine qua non* avec une non moins indispensable fidélité envers Georges Pompidou. Dans cette situation duale, il n'éprouve aucun complexe. Il assiste aux conseils des ministres. Et après ? « Quand il y avait des choses à ne pas dire, je ne les révélais pas. Même à Pompidou. J'avais classifié les informations en trois catégories : d'abord, celles qui n'avaient pas d'importance pour lui ; ensuite, celles qui pouvaient en avoir mais que je recevais en qualité de membre du gouvernement : elles ne sortaient pas ; enfin, s'il s'était produit un événement capital touchant à sa personne ou à l'intérêt national, j'aurais certainement rompu le devoir de réserve. » La définition est limpide, la mise en application plus obscure et, pour le moins, difficile. Témoignage de Philippe Alexandre : « Un jour, en septembre, au cours d'un conseil des ministres, de Gaulle prononce quelques vives critiques de l'action du gouvernement au cours du mois de mai. Au bout de la table, Chirac sursaute comme s'il était personnellement visé. Quittant l'Elysée, il bondit boulevard de Latour-Maubourg pour avertir son " patron ". » Il n'est donc pas à l'aise et, sans conteste, son efficacité s'en ressent. Exemple : l'affaire de la dévaluation du franc en novembre 1968.

Au sein du gouvernement, deux écoles s'affrontent : Maurice Couve de Murville, comme Georges Pompidou, est convaincu qu'une dévaluation est inévitable ; le général de Gaulle s'oppose de toutes ses forces à une décision qui, à ses yeux, équivaut à capituler devant la République fédérale allemande. Le jour où le dossier est traité en conseil des ministres, il se livre à un tour de table, et les plus fins connaisseurs de la psychologie gaullienne se rendent vite compte que le Général a déjà tranché : pas de dévaluation. Il a préparé ce « coup » avec la complicité d'un ministre, Jean-Marcel Jeanneney, et d'un technocrate européen en poste à Bruxelles, responsable des affaires économiques et financières, Raymond Barre. Chirac ne se rend pas compte de la mise en scène du président de

ou les passions du pouvoir 113

la République. Quand la parole lui est donnée, le secrétaire d'Etat aux Finances plaide avec conviction en faveur de la dévaluation. Ses adversaires sourient : voilà Chirac le pompidolien en désaccord avec le Général. Un tel écart est surtout significatif d'une dissidence plus générale. François Mauriac, gaulliste s'il en est, écrit dans l'un de ses célèbres « Bloc-notes » : « Pompidou saura se rendre inoubliable. » Certaines fractions du gaullisme l'élimineraient volontiers. Chirac n'en doute plus.

Il a vieilli. Vite. S'il a jamais entretenu la moindre illusion sur le fair-play des mœurs politiques, ces quelques mois de l'automne-hiver 1968 suffisent à le convaincre, et de façon définitive, que la politique est un combat sans merci, sordide parfois. L'affaire Pompidou-Markovic est « lancée » en septembre. Dans une décharge publique des Yvelines, la police retrouve le corps d'un Yougoslave qui a pour identité Stefan Markovic. En temps normal, Markovic fait fonction de garde du corps d'Alain Delon. Un crime crapuleux. Un règlement de compte. Le rapport avec Georges Pompidou ? Apparemment aucun et le « dauphin » le plus probable du général de Gaulle ne s'intéresse à l'affaire que parce qu'il connaît, un peu, Alain Delon. Seulement, certains journaux apportent de nouvelles informations, de celles, croustillantes, qui « fabriquent » les gros, les vrais scandales : Markovic avait organisé des « parties fines » ; un ancien ministre du Général et sa femme y seraient mêlés. Paris bruisse de ces rumeurs qui le ravissent. On murmure le nom de Georges Pompidou, de son épouse Claude. Il en est le dernier informé, au lendemain des vacances de la Toussaint, par l'un de ses proches, Jean-Luc Javal.

L'ancien Premier ministre est convaincu de la duplicité de certains membres du gouvernement — le garde des Sceaux René Capitant par exemple — et de la lâcheté à son égard de Maurice Couve de Murville ; quant au Général, il le trouve pour le moins « prudent ». La blessure chez Pompidou est profonde. Il a la certitude d'avoir été trahi. Il en veut aux barons du gaullisme — ses « pairs » — de ne pas l'avoir prévenu, de ne pas l'avoir aidé. C'est du moins la conviction, étayée, de Michel Jobert : « Cette affaire allait établir entre Georges Pompidou et eux une distance qui ne s'est jamais dissipée. » Il leur en veut d'autant plus que, une fois le scandale rendu public, il voit dans la suite des événements une machination politique montée pour l'abattre. Michel Jobert, à l'époque chargé du dossier Markovic pour le compte de Georges Pompidou, confirme : « La face politique et ténébreuse de l'affaire Markovic tient, à ses débuts en 1968, en quelques mots : il s'agit d'éliminer définitivement Georges en tentant de le compromettre dans une affaire sordide. » Cette enquête Markovic a pour Jacques Chirac aussi d'importantes conséquences. « Je n'ai rien fait de particulier, assure-t-il. J'étais simplement là. » Georges Pompidou le confirme de façon éclatante dans son dernier livre, *Pour rétablir une vérité* : « Celui qui fut le plus fidèle, le plus ardent, qui m'aida vraiment, c'est Jacques Chirac. »

Aujourd'hui encore, celui-ci ne veut rien révéler. Il répète : « J'étais présent, c'est tout. Georges Pompidou était surtout touché en raison de la mise en cause de son épouse. » Comment a-t-il « aidé vraiment » Georges Pompidou ? Il y a bien sûr une anecdote : Chirac, ivre de colère, insulte son collègue Joël Le Theule, alors ministre de l'Information, à propos d'un flash de France-Inter selon lequel M. et Mme Pompidou allaient être entendus par le juge d'instruction André Patard, chargé de l'affaire Markovic. Mais cet éclat suffit-il à justifier une telle gratitude ? L'hypothèse la plus vraisemblable est que Jacques Chirac, membre du gouvernement et, à ce titre, bien informé, a rempli différentes missions confiées par l'ex-Premier ministre. Le travail était en effet réparti : Marie-France Garaud, qui avait travaillé au ministère de la Justice sous Jean Foyer, se chargeait de la partie judiciaire, Michel Jobert coordonnait le dossier et Chirac s'intéressait à des objectifs plus strictement politiques.

A compter de cette affaire Markovic, Jacques Chirac accroît son influence auprès de Pompidou. Sur les autres intimes il possède quelques avantages : la jeunesse, une carrière jusque-là limpide et sans tache aux yeux de Georges Pompidou. Et aussi, élément décisif, une véritable ambition politique. Les autres pompidoliens, ceux qui entourent le patron à Latour-Maubourg, sont le plus souvent des gens de l'ombre. A priori, ils n'ont pas pour ambition de rejoindre le petit peloton des stars de la politique : Pierre Juillet ne supporte pas la lumière ; Michel Jobert est trop empli de fantaisie pour résister longtemps au sérieux de la chose ; Edouard Balladur est un parfait conseiller, intelligent et discret, mais trop discret pour monter à l'assaut du mouvement gaulliste. Marie-France Garaud, elle, n'en est qu'à ses balbutiements politiques. Tout ce monde, à l'instar d'Olivier Guichard, commence à la remarquer : « Elle s'est installée à Latour-Maubourg. » Elle ne cessera plus de prendre poids, importance et pouvoir. Il reste donc Chirac. Et Pompidou mise sur lui. Les événements, les uns après les autres, continueront à le prouver. Commentaire d'Edouard Balladur : « Chirac était là et il était très bien. Il n'a commis aucune faute. » Un nouveau bon point décerné par un expert ès pompidolisme. Chirac est désormais associé à la réflexion politique de l'équipe Pompidou.

En ce début de l'année 1969, Georges Pompidou, qui n'a pas supporté l'attitude du général de Gaulle tout au long de l'affaire Markovic, fait acte de candidature à la succession. Les pompidoliens se préparent à une échéance qu'ils savent proche. Certes, ils mènent campagne pour le « oui » au référendum sur l'Europe que de Gaulle s'entête à organiser le 27 avril 1969 ; cela n'empêche pas Georges Pompidou d'expliquer sans cesse en quoi ce référendum est suicidaire. Certes, Jacques Chirac abat sa part de travail dans sa région en multipliant meetings et réunions électorales ; mais tout cela n'a plus aucune importance. Le référendum est un échec, le gaullisme se meurt et le pompidolisme s'apprête à gouverner la France. Jacques Chirac déjà pèse lourd, il figure en bonne place parmi les « barons » de Pompidou.

Consécration : Pompidou lui confie, à la veille de la campagne, la gestion de la caisse électorale. Plus de doute, Chirac est bel et bien l'homme sûr du candidat président. « J'en ai eu la charge parce que Georges Pompidou n'aurait pas supporté la moindre irrégularité. » La tâche est difficile. Le président du Sénat Alain Poher est également sur les rangs et les subsides qui échoient normalement au postulant de droite le mieux placé sont cette fois partagés en deux. Chirac a pour mission de séduire les bailleurs de fonds attitrés sans oublier de refuser certains versements douteux, les scandales immobiliers étant légion dans cette république gaullienne. Chirac répète souvent qu'il n'est pas homme d'argent ; il ne commet pourtant pas d'erreur. Et Alain Poher de s'extasier devant les trois milliards qu'aurait récoltés son adversaire. Les hommes de Pompidou sont d'une redoutable efficacité. S'installer à l'Elysée n'est pas fait non plus pour les perturber. Pierre Juillet moins que tout autre : il agit comme s'il arrivait chez lui. Une anecdote le montre. Au moment de quitter Latour-Maubourg, au lendemain de la victoire, il déclare à une secrétaire : « Ça me fait quelque chose de venir ici une dernière fois. Sans moi, Pompidou n'aurait jamais été président de la République. » Pas moins. Et si Chirac avait été là, ce « bon mot » l'aurait peut-être mieux éclairé sur la psychologie du surprenant Pierre Juillet.

Président de la République, Georges Pompidou dépose Jacques Chaban-Delmas à l'hôtel Matignon, et redonne à Valéry Giscard d'Estaing le ministère des Finances. Beaucoup lui ont déconseillé ce retour, pour de multiples raisons : Giscard, un moment, songeait à se présenter à ces présidentielles ; Giscard avait trahi de Gaulle au moment du référendum ; Giscard avait été naguère la cible préférée de Pompidou, le « cactus », c'était lui. Mais il bénéficie aussi d'atouts importants : son ralliement à Georges Pompidou s'est avéré décisif dans la lutte contre Poher, et son attitude, pendant l'affaire Markovic, fut parfaite. Place à Giscard. Flanqué de Jacques Chirac. Dans ce premier gouvernement Chaban-Delmas, le « protégé » du président n'est pas promu. Il conserve même titre, secrétaire d'Etat aux Finances, même rang — avec une mission capitale : surveiller VGE.

Que faire ? Comment agir ? Chirac a perçu l'irritation des députés gaullistes après la nomination de Giscard ; il sait également que VGE s'est engagé à une « absolue fidélité » envers Pompidou qui, pour sa part, aurait préféré le vieil Antoine Pinay Rue de Rivoli. Un véritable jeu de piste. En plus, Chirac doit se fabriquer une place auprès d'un ministre qui fait tout, qui dirige tout, qui aime travailler dans le secret. Un ministre qui n'a jamais pris l'habitude de collaborer avec un secrétaire d'Etat. Chirac se souvient : « Pour ma part, je n'ai jamais douté de ce que devaient être nos rapports. J'étais autonome, complètement, et je n'étais pas là, surtout pas, pour porter une valise, quel qu'en soit le propriétaire. Dès notre première rencontre, je me suis exprimé clairement : si ça ne va pas, vous me foutez dehors. »

Jacques Chirac est inquiet. Il n'est pas convaincu de pouvoir supporter longtemps les manières et le mode de vie de « son » ministre. Pour approcher Giscard il faut se plier à une mise en scène et, pour obtenir un rendez-vous, par exemple, passer par son directeur de cabinet, Jacques Calvet. Chirac n'a pas l'habitude : même Georges Pompidou ne lui impose pas un tel protocole.

Au fil des semaines, leurs relations s'apaisent. Chirac est surpris par le brio intellectuel de Giscard. Olivier Stirn témoigne : « Il me parlait souvent de VGE. En termes élogieux, du genre : cet homme remarquable gagne à être connu. » Retrouve-t-on dans ce contexte si particulier un Chirac influençable, influencé, soumis, tel que ses adversaires ne manquent jamais de le décrire ? Olivier Todd, dans son livre *la Marelle de Giscard,* fournit quelques détails. « Le 21 juin, veille de la formation du gouvernement, Giscard téléphone à Chirac : " Je sors de chez Chaban. Il m'a dit qu'à sa demande [faux, évidemment] Pompidou vous met au Budget. Je suis très satisfait de cette nomination. Si j'avais eu à choisir, c'est vous que j'aurais pris. " » Où l'on voit Giscard entamer son opération de séduction. Toujours Olivier Todd : « Giscard et Chirac trouvent donc un modus vivendi. Le secrétaire d'Etat ne mondanise pas, mais il va dans Paris répétant : " Quel dommage que Giscard ne soit pas UDR ! " » Catherine Nay, dans *la Double Méprise,* apporte un autre éclairage : « Certains collaborateurs [de Giscard] le rapportent : " Le secrétaire d'Etat était très petit garçon, très bluffé, complètement soumis devant VGE. " » Giscard et Chirac ont l'un et l'autre tiré des conclusions qui leur permettent de coexister sans affrontement ni déchirure.

Giscard n'a pas manqué de noter un fait : outre le secrétaire d'Etat à l'Information, porte-parole du gouvernement et à ce titre indispensable, Chirac est le seul « sous-ministre » admis, chaque mercredi, à la table du Conseil. Une exigence du président de la République. Chirac, pour sa part, a pris pour vérité le jugement de Georges Pompidou émis devant quelques députés UDR et rapporté par Philippe Alexandre : « Vous souffrez d'un complexe incompréhensible. Vous passez votre temps à accuser Giscard de tous les péchés et, dès qu'il est devant vous, vous voilà transformé en petit garçon. Moi, je constate que Giscard joue le jeu, loyalement. » Et Chirac conforte l'analyse et l'attitude de son « patron président ».

Sûr, le style de VGE, parfois, l'agace. Sûr, le mythe naissant d'un Chirac surpuissant auprès du président de la République ne peut pas laisser l'autre indifférent. Mais ils s'entendent. Tout en conservant l'un vis-à-vis de l'autre une distance de bon ton. Le témoignage de Jacques Calvet, est édifiant : « L'attelage, c'est incontestable, marchait bien. Entre eux, il y avait un double sentiment d'admiration. Chirac était fasciné par l'intelligence de Giscard, par sa vision politique, par sa compréhension des problèmes. Le ministre, lui, était sidéré, souvent, par la vitalité de Chirac, sa capacité à tomber puis à rebondir. » Chirac surveillant VGE ? Le très crédible Jacques Calvet ne relève même pas l'hypothèse d'une telle attitude : « D'abord, VGE n'a jamais mené un jeu contraire aux orientations données par Pompidou. Ensuite, il n'a jamais entretenu de secrets à l'égard de Chirac. Sur les points fondamentaux — l'agriculture, la défense nationale, la fiscalité et la modération des taux d'imposition —, ils étaient en accord. Enfin, et c'est l'essentiel, ils partageaient de nombreux points communs : l'un et l'autre avaient été marqués par la guerre d'Algérie. Leurs pères étaient chefs d'entreprise et leur éducation s'en était ressentie. » Tout est donc pour le mieux entre ministre et sous-ministre. Pas de nuages, ou peu. Toujours Jacques Calvet : « Ils se téléphonaient beaucoup. Ils avaient pris l'habitude de régler leurs problèmes de la sorte. » Et si Georges Pompidou avait suscité l'association dont il rêvait pour les lendemains politiques du pays ?

L'hypothèse n'est pas à écarter — même si aucun élément décisif ne permet de l'accréditer. Et puis Georges Pompidou n'est pas dupe : mieux que personne, il sait à quel point les tempéraments de Chirac et de Giscard sont antagonistes. Analyse, intelligente, de Jacques Calvet : « Giscard est un être extraordinairement sensible. Chirac est beaucoup plus extraverti. Leurs mots, leurs attitudes, ne sont pas les mêmes. Pour Chirac, l'avenir se déduit du présent. Pour Giscard, le présent se déduit de l'avenir. » De juillet 1969 à janvier 1971, pendant trente mois, Jacques Chirac et Valéry Giscard d'Estaing collaborent. Plutôt bien. Mais le secrétaire d'Etat au Budget ne s'en contente pas.

Son ambition politique le pousse à fréquenter avec assiduité l'une des composantes de l'Elysée sous Pompidou : le tandem Juillet-Garaud. « Je les retrouvais chaque soir », admet-il. Et ces rencontres prennent valeur de choix. C'est que Pierre Juillet et Marie-France Garaud livrent un véritable combat contre le Premier ministre, Jacques Chaban-Delmas. Que lui reprochent-ils ? De « conduire la France au socialisme », rien de moins. Pierre Juillet poursuit Jacques Chaban-Delmas d'une vindicte personnelle incompréhensible si l'on oublie son exclusion du cercle dirigeant du RPF. Il n'a jamais admis le choix de Georges Pompidou. Pas question, pour autant, de s'y opposer ouvertement, le président de la République ne l'aurait pas accepté. Alors, secondé de main de maître par Marie-France Garaud, il attaque Chaban-Delmas. Avec minutie et persévérance. Récit de l'ex-Premier ministre : « Georges Pompidou et moi-même avons fonctionné sur une double méprise. Le président de la République a cru, parce que je suis un bon garçon et aimable, que je serais un Premier ministre commode, et que je lui éviterais des difficultés avec le groupe gaulliste à l'Assemblée nationale. Il ne comprenait pas que je défendais un projet de société. Mais je n'avais pas mesuré à quel point était ancré en Georges Pompidou le refus de cette évolution de la société. J'ai entendu clairement rejeter toute idée de participation. Entre nous, il y avait accord profond dans tous les domaines... sauf l'évolution de la société. »

Jacques Chaban-Delmas n'a guère envie d'évoquer l'attitude de Pierre Juillet et de Marie-France Garaud. « Des histoires anciennes », assure-t-il. Puis il finit par reconnaître : « Le cabinet de Georges Pompidou était divisé en deux blocs : d'une part Michel Jobert et Edouard Balladur, de l'autre Pierre Juillet et Marie-France Garaud. Dès l'automne 1969, ces derniers n'ont cessé de me mettre des bâtons dans les roues. Principalement Pierre Juillet qui, au départ, était plus important que Mme Garaud. Presque chaque matin, ils appelaient le secrétaire général de l'UDR afin de mettre au point la tactique pour me gêner. Pierre Juillet s'est trouvé à l'origine de nombre de mes difficultés. Si j'en parle de façon aussi certaine, c'est qu'en 1971, au moment où il quittait pour quelque temps le service du président Pompidou, il est venu me le dire avec beaucoup de franchise. Je sais qu'ils n'ont cessé de me dénigrer par les procédés les plus divers. Mais que voulez-vous, je ne passais jamais par leur bureau avant d'aller voir le président. » Songe-t-il, en lâchant cette dernière pique, à Jacques Chirac, habitué, lui, au bureau Juillet-Garaud? Sans aucun doute.

S'il approuve les mesures anti-Chaban, Chirac n'est pas partie prenante aux manœuvres, trop occupé qu'il est par ses fonctions de secrétaire d'Etat au Budget, par Giscard et par les missions que lui confie Georges Pompidou. Quand l'épouse du président de la République met sur pied la fondation Claude-Pompidou, chargée des enfants handicapés et des vieillards, il en devient le trésorier. Le titre est certes modeste, mais ô combien symbolique. Quand Mme de Gaulle avait organisé la fondation Anne-de-Gaulle, Georges Pompidou avait assumé cette même tâche. Pompidou dauphin du Général. Chirac futur dauphin? « Je n'y croyais vraiment pas », assure-t-il. Pierre Juillet s'en charge pour lui. Il est convaincu d'inculquer au « jeune » Chirac la pensée et la méthodologie indispensables à un futur président de la République, celui qui succédera le jour venu à Georges Pompidou.

Pour l'heure, le Tout-Paris politique ne s'intéresse qu'au nouveau — et dernier — remaniement ministériel mené par Chaban. Et le Tout-Paris politique ne cesse de le répéter : dans ce nouveau gouvernement, Chirac héritera de l'Education nationale ou de l'Agriculture. Surprise, Jacques Chirac reçoit les Relations avec le Parlement.

CHAPITRE VIII

LE GOUT DE L'ECHEC

> « Sa nomination comme ministre des Relations avec le Parlement a suscité des remous. Un jeune loup pénétrait dans la bergerie de l'establishment. »
>
> Jacques Friedmann.

Ce sera un échec. Un vrai. Quand un ministre ne remplit pas la mission impartie par le président de la République, cela ne peut pas être autrement défini. En cette occasion, Jacques Chirac a déçu Georges Pompidou : de janvier 1971 à juillet 1972, dans le gouvernement toujours dirigé par Jacques Chaban-Delmas, il sera un exécrable ministre des Relations avec le Parlement. Un mauvais ministre imposé par l'Elysée contre la volonté du Premier ministre. Le baron Chaban-Delmas s'entendait à merveille avec cet autre baron, Roger Frey, « un des plus fins politiques de cette seconde partie du siècle », selon la définition du maire de Bordeaux. Et ne voilà-t-il pas que le président de la République, appuyé par Pierre Juillet et Marie-France Garaud, propulse à la tête des députés UDR et des autres membres de la majorité leur joker favori, le « sous-ministre » Chirac. A la place de Frey.

Cette nomination surprend les barons. Preuve que, depuis quelque temps, ils ne pressentent plus les évolutions du président de la République. Pompidou reste à leurs yeux une pièce rapportée sur l'échiquer gaulliste. Georges Pompidou leur en veut de l'exclure de la phratrie des « vieux » gaullistes. Il a beau faire, il n'a pas participé à la Résistance et cette tâche lui interdit le cercle des *happy few*. Devenu président de la République, Georges Pompidou ne se venge pas, non. Il modifie les coutumes. A la mort du Général, le 10 novembre 1970, Jacques Chaban-Delmas, Michel Debré, Olivier Guichard et Roger Frey, barons parmi les barons, se précipitent à l'Elysée. Il faut faire bloc et Pompidou, nul d'entre eux n'en doute plus, est devenu le seul chef. Il les retient à déjeuner, et les barons doivent accepter — contraints et forcés — un convive de plus : le secrétaire d'Etat Jacques Chirac.

Que signifie cette intrusion dans le cénacle ? Que Pompidou propulse Chirac vers un avenir prometteur, c'est évident. Mais avant tout, le président de la République expose, et ouvertement, par cette invitation, sa volonté de l'installer à la tête du mouvement gaulliste — c'est-à-dire de placer les députés UDR sous sa coupe. L'effet de surprise n'est donc pas total quand, deux mois plus tard, Chirac remplace Frey. Georges Pompidou, depuis l'affaire Markovic, n'a plus confiance dans l'organisation gaulliste. Il la prend donc en main par l'intermédiaire de Jacques Chirac, ministre, et de René Tomasini, secrétaire général de l'UDR. Une fois encore le rôle de Pierre Juillet aura été essentiel. Témoignage de Jacques Friedmann : « Avant d'accepter cette nouvelle fonction, Chirac a eu des heures de discussion avec Juillet. »

Dans sa psychose anti-Chaban, le conseiller du président avance des pions sûrs. Avec Chirac et Tomasini, il ne prend guère de risques : leur pompidolisme est inconditionnel. Et pourtant, cela ne suffit pas à assurer un succès éclatant. D'abord, et la logique le veut ainsi, Chirac et Tomasini ne manquent pas de s'opposer. Lequel prévaut sur l'autre ? Réponse du subtil Philippe Alexandre : « Tomasini a mis les choses au point avec le nouveau ministre, Jacques Chirac, chargé des affaires politiques. Naturellement, la discussion a été rude. Mais Tomasini a quand même accepté de collaborer avec son impétueux cadet. » Ce récit est sans aucun doute véridique, à un détail près : « J'ai tout de suite précisé, indique Jacques Chirac, que la caisse, c'était moi. »

Un secrétaire général privé des prérogatives de l'argent devient un instrument. Un instrument entre les mains d'un ministre, Jacques Chirac, et d'un conseiller du président, Pierre Juillet. Un instrument, c'est fait pour servir, et Juillet sait en jouer avec virtuosité. Quand Tomasini accuse les magistrats de « lâcheté » et Jacques Chaban-Delmas le Premier ministre de « faiblesse », il répond au désir de Pierre Juillet. A Chirac de réparer les dégâts. Dur métier.

Dur métier aussi que de « squeezer » systématiquement le chef du gouvernement. Dur métier que de ne pas tenir compte, ou le moins possible, des desiderata d'un chef du gouvernement qui, selon les canons du gaullisme, devrait faire fonction de leader incontesté de la majorité. Dur métier que de composer avec un leader de l'UDR, René Tomasini, certes ami mais trop souvent gaffeur. Et puis, « le Corse » n'a pas toujours bonne réputation : des imprudences financières, dit-on. D'où la décision de ne pas lui laisser la gestion des affaires. Conclusion de Jacques Chirac : « J'ai gardé un très mauvais souvenir de cette période. » L'aveu mérite une explication.

Cette fonction — ministre des Relations avec le Parlement —, est on ne peut plus particulière. « Au Parlement, il faut de la patience, explique Roger Frey, qui fut le prototype du bon ministre. Il faut savoir parler avec les députés de base et, surtout, il faut savoir les écouter. » Là, Georges Pompidou et Pierre Juillet ont commis une première erreur. Chirac, en effet, n'est guère patient ; les débats interminables l'énervent et les états d'âme du député moyen, souvent, l'indisposent. Il a beau répéter qu'il tient « un guichet ouvert » à la disposition des députés, les résultats ne sont pas probants. L'avis de Claude Labbé, l'inamovible président du groupe RPR à l'Assemblée nationale, est significatif : « Chirac n'a pas un goût prononcé pour la vie parlementaire, du moins dans son aspect parisien ; c'est curieux parce qu'il a le sens du contact politique à la base. Il l'a prouvé en Corrèze par exemple. » Sans doute Pompidou et Juillet ont-ils été obnubilés par la réussite corrézienne. Sur ses terres, Chirac est un député d'une rare efficacité. Mais à Paris ? Mais dans les couloirs du palais Bourbon ? Parvient-il alors à jouer de ses qualités ? Claude Labbé n'en est pas convaincu : « Pendant son ministère, il ressemblait à un homme pressé. Il donnait l'impression de perdre son temps parmi nous. Et le temps, c'est essentiel. Quand il était Premier ministre, Georges Pompidou ne manquait jamais de venir nous entretenir deux ou trois fois par semaine. » L'élève ne suit pas.

Et tous, unanimes, de reconnaître l'échec. Il suffit d'écouter les proches de Jacques Chirac pour s'en convaincre. Telle Anne-Marie Dupuy, aujourd'hui maire de Cannes, à l'époque collaboratrice écoutée du président de la République : « Les ronds de jambe n'étaient pas faits pour lui. » Un avis carré. Tel Jacques Friedmann, sous-directeur du cabinet en ces instants difficiles : « Sa nomination comme ministre des Relations avec le Parlement a suscité des remous. Un jeune loup pénétrait dans la bergerie de l'establishment. » Parce qu'il ne faut surtout pas écarter ce deuxième aspect. L'échec de Jacques Chirac s'explique en partie par son profil psychologique. Il n'entend pas, ne veut pas entendre, ne comprend pas, ne veut pas comprendre les mécanismes qui entraînent l'horlogerie parlementaire du groupe gaulliste. Il se refuse à ménager les petits barons de circonscriptions et les petits ducs du parti. Son propos se résume à seconder, à protéger Georges Pompidou. Sans doute cette volonté est-elle prioritaire ; elle n'est pas suffisante. Jacques Chirac est aux prises, pour la première fois, avec des responsabilités directement politiques. Il s'en sort mal.

L'enjeu est pourtant capital. *Le Canard enchaîné* ne s'y

trompe pas quand il titre : « S'il gagne, c'est la porte de Matignon qui lui est ouverte. » Les journalistes politiques de *l'Express* approuvent : « M. Chirac, s'il gagne, deviendra réellement le fils spirituel du président de la République. Il va s'y employer parce qu'il a du goût pour le succès. » Le succès n'est pas au rendez-vous en cette année 1971. La première session parlementaire est en effet ratée. Chirac est le responsable officiel de cet échec. Quand les présidents, tous gaullistes, des différentes commissions de l'Assemblée nationale s'en prennent avec une rare violence aux méthodes et aux conceptions du Premier ministre Jacques Chaban-Delmas, Chirac doit admettre, penaud, qu'il ne s'y attendait pas. Et pourtant, ce « coup » est monté par l'inévitable Pierre Juillet, qui cette fois n'a même pas pris la peine d'avertir son protégé. Pis, le conseiller de Georges Pompidou ne fait rien pour protéger Chirac. Manière de ne pas cogner trop exclusivement sur Chaban. Tant pis pour le « protégé ». Un protégé qui n'est pas même au courant de la manœuvre anti-Chaban laquelle se répercute contre lui. Décidément, une bien mauvaise passe.

Et cette mauvaise passe se poursuit. Pour affronter Georges Marchais à la télévision, le président de la République désigne Chirac : en principe une consécration médiatique. L'émission « A armes égales » est mauvaise. Les deux hommes « se rentrent dedans ». Sans talent. Avec agressivité. Dépourvus d'humour. La politique est bizarre : en quelques mois, Jacques Chirac découvre le tunnel. Il n'avait jamais connu cet été-là, celui des défaites successives, des impairs accumulés ; le *wonder boy* du pompidolisme n'est pas en forme. Et si, à l'Élysée, il s'entretient toujours aussi régulièrement avec Pierre Juillet et, de temps à autre, avec Michel Jobert, ces consultations psychologico-politiques ne suffisent pas à rétablir un équilibre interne devenu précaire.

Devant pareille situation, Chirac réplique par un surcroît de crispation. Il ne sait pas y faire. Est-il le ministre de

ou les passions du pouvoir 127

toute la majorité, giscardiens et centristes compris ? Est-il exclusivement le ministre des députés gaullistes ? Sans cesse, il balance d'une attitude à l'autre. Le 15 novembre 1971, il prend la parole à l'occasion des assises UDR de Strasbourg — la « grand-messe » gaulliste dans toute sa démesure. Les cars de militants déferlent sur l'Alsace ; les discours sont carrés : pas de place pour la nuance. Le ministre des Relations avec le Parlement ne fait pas exception à la règle. Il cogne.

Puisque se profilent, dans moins de deux ans, des élections législatives, il s'agit pour lui de faire trembler le député moyen. De lui faire comprendre à quel point il est indispensable de se mobiliser, exclusivement, autour du président — et du mouvement. Quant au Premier ministre, il est oublié. Plus UDR, plus « gaullophile » que Chirac en cette occasion, impossible à trouver. Discours choc, inspiré par Pierre Juillet ; phrases brutales et pas le temps de faire dans la subtilité : « Le bon fonctionnement des institutions suppose l'existence au sein de la majorité d'un parti détenant à lui seul la majorité absolue de l'Assemblée nationale. » L'UDR sur un piédestal et peu importe la répulsion que ces propos inspirent à Valéry Giscard d'Estaing et à Jacques Duhamel, chefs « centristes » du pompidolisme — des chefs qui, eux non plus, n'échappent pas au pugilat. Chirac, toujours, dans l'ambiance survoltée de Strasbourg : « Tous les autres, qu'ils appartiennent à l'opposition ou même à la majorité, ont, à un moment ou à un autre, collectivement ou individuellement, manqué à l'appel du général de Gaulle et du parti gaulliste. Il n'y a plus de place dans le monde pour la France de Mitterrand et de Jean-Jacques Servan-Schreiber. » Que ces choses-là sont bien assenées ! Martiales et sans réplique. De quoi ravir le militant de base. Mais Chirac ne s'égare-t-il pas ? Il n'y a plus que lui — et Pierre Juillet — pour croire en une France strictement gaullo-pompidolienne. Même le président de la République y a renoncé. Georges Pompidou ne doute pas que « l'ouverture » soit une nécessité. Le tandem Chirac-Juillet mène là une bataille d'arrière-garde.

Et puis vient l'erreur. La vraie. Le genre d'erreur qui mine, dans ses profondeurs, la classe politique. Une semaine après les assises de Strasbourg, Jacques Chirac, sur les ondes de Radio-Monte-Carlo, accorde une interview à deux journalistes politiques expérimentés, l'un et l'autre spécialistes du gaullisme, André Passeron, du *Monde,* et Pierre Sainderichin, aujourd'hui rédacteur en chef à *France-Soir,* à l'époque chroniqueur du quotidien régional *Sud-Ouest.* Une bombe ! L'objet du délit ? En voici des extraits : « Les partis politiques traditionnels [...] ne répondent et ne peuvent pas répondre, en raison même de leurs structures, au désir de participation et s'inscrivent comme des écrans entre les citoyens et le pouvoir politique. Je crois que la complicité croissante de la technique, de la technologie, l'évolution très importante des moyens audio-visuels en particulier, nous conduisent à rechercher impérativement une beaucoup plus grande participation des hommes et à éliminer tout écran entre eux et les dirigeants qui sont de plus en plus indispensables en raison même de cette évolution technique et de cette évolution des moyens d'intervention, pour ne pas tomber dans l'anarchie. C'est un problème qui suppose une réforme des structures politiques et qui permet de se poser la question de savoir si le régime parlementaire n'appartient pas au passé. Il y a une ambiguïté fondamentale du régime, au sens le plus large du terme. On peut se poser la question de savoir si le régime parlementaire est effectivement adapté aux besoins de la société future dans la mesure où l'on estime que ces besoins ont pour principale caractéristique la nécessité de participation. En ce qui nous concerne, nous ne sommes pas dans un régime de transition. » Voilà Chirac parti à l'assaut du parlementarisme. La garantie d'un nouvel échec.

Critiques tous azimuts. Valéry Giscard d'Estaing, ulcéré déjà par le discours ultra-UDR de Strasbourg, répète partout que son ancien secrétaire d'Etat a « raison perdu ». Le parti communiste éructe et Jacques Duclos, en personne, se charge du dossier. Il ne manque pas l'occasion d'associer Chirac à Mussolini. Le ministre du Parlement éprouvera par la suite les pires difficultés à se défaire de ce début d'image de marque.

Comment Chirac a-t-il pu se laisser embarquer dans une aussi mauvaise polémique ? Un débat dont il ne peut sortir que terni ? Il a beau répéter qu'il ne s'agissait que d' « une discussion philosophique sur l'évolution à long terme des sociétés industrielles », l' « affaire Parlement » est plus grave qu'il ne veut bien l'admettre. Erreur tactique, consensus quasi général qui se développe à son encontre, le ministre a subi la mauvaise influence de Pierre Juillet. Le conseiller du président a déliré, même s'il n'a jamais caché le peu d'estime qu'il accorde au Parlement. Les raisons de ce coup d'éclat ? Depuis quelque temps, il est en désaccord avec le président ; il boude à propos d'un éventuel référendum sur l'Europe et, dans ces occasions, Georges Pompidou ne fait pas le moindre geste pour apaiser son conseiller. Il sait : tôt ou tard, Juillet se calmera après un temps de retraite dans la Creuse. Cette fois, ledit Juillet canalise sa crise par une poussée d'antiparlementarisme, et Jacques Chirac en subit les conséquences.

Sinistre période. D'autant plus sinistre que la maladie commence à dévaster Georges Pompidou et que, de ce fait, l'édifice patiemment mis en place par le président, et autour de lui, se craquelle. Chirac, même s'il en subit déjà les contrecoups, ne s'en aperçoit pas encore. Il supporte mal cette tourmente politique. Georges Pompidou ne comprend pas Jacques Chaban-Delmas ; le Premier ministre est déçu par le président ; et Pierre Juillet tombe dans la névrose : abattre Chaban. Dans cette partie de billard sophistiquée, Chirac ne sait trop comment jouer. D'autant plus que, pour la première et unique fois, le ministre des Relations avec le Parlement est férocement attaqué par la presse, et surtout par *le Canard enchaîné* : il aurait profité de sa position pour obtenir des subsides en faveur d'un château qu'il a acquis à Bity, un lieu-dit proche de Sarran, un village de la Corrèze. L'affaire « château-Chirac » est lancée.

D'abord les faits : le 3 mars 1969, Jacques Chirac se porte acquéreur du château de Bity, l'ancienne demeure d'un mousquetaire du roi, Jean de la Selve de Bity. Le prix : 210 000 F. Une somme modique, même pour l'époque. Elle soulève une première polémique, accessoire il est vrai. Qu'un secrétaire d'Etat, député de la Corrèze, acquière une résidence dans « sa » région, voilà qui est courant ; qu'il s'agisse d'un château n'est pas des plus habiles dans une France où l'esprit républicain n'est pas un leurre. Certains prêtent à Georges Pompidou ce mot cruel : « Quand on veut faire de la politique, il ne faut pas avoir de château... Sauf s'il est dans la famille au moins depuis Louis XV. » Mais Chirac, par-delà la politique et les victoires, ne peut se débarrasser tout à fait d'un curieux comportement social : la petite noblesse et la grande bourgeoisie l'exaspèrent, mais quelques-uns de leurs charmes ne le laissent pas indifférent. Ces prétextes sont-ils suffisants pour « fabriquer » une affaire ?

En 1963, l'ancien ministre Charles Spinasse, personnage important au moment de la première victoire législative de Jacques Chirac, propose au sénateur socialiste Marcel Champeix, président du conseil général de Corrèze, d'obtenir le classement du château de Bity par le ministère de la Culture. Explication de Charles Spinasse, en 1976 : « Quand j'ai vu la manière dont le propriétaire le restaurait, j'ai été outré. Non seulement il collait du ciment partout, mais il avait peint les menuiseries en vert et en rouge. Sur le toit, il y avait de tout : des tuiles, de l'ardoise, des tôles ondulées et de la paille. Comme ce château était un bel exemple de l'architecture civile de la fin du XVIe siècle, j'ai proposé son classement. Un conseiller général du canton de Corrèze, le docteur Bénassy, a signé le vœu avec moi, et c'est le sénateur socialiste Marcel

ou les passions du pouvoir 131

Champeix qui a fait voter par le conseil général la demande de classement. On ne parlait pas alors de M. Chirac en Corrèze. » Ce témoignage est important dans la mesure où Chirac semble dédouané. Trop simple pour clore cette affaire du château de Bity.

Ici, quelques explications juridiques sont indispensables pour mieux comprendre. L'affaire Bity se décompose en trois phases : 1° Un vœu de classement, soumis par le sénateur Champeix, est adopté par le conseil général de la Corrèze en 1965 ; 2° Quatre années plus tard, en mars 1969, Jacques Chirac se porte acquéreur du château de Bity ; 3° Quelques semaines plus tard, en référence au souhait émis par le conseil général, le château est classé.

Dès lors, la question devient évidente : Jacques Chirac est-il intervenu pour obtenir ce classement ? Une longue et minutieuse enquête, à Paris, Brive et Tulle, ne permet pas de répondre par l'affirmative. Je n'ai trouvé aucun document, recueilli aucun témoignage qui permettrait, directement ou pas, de mettre en cause Jacques Chirac. « Je n'ai pas fait classer ce château, a-t-il maintes fois répété. Et j'ai refusé les subventions auxquelles j'avais droit. » En 1969, Jacques Chirac aurait pu percevoir 20 000 F, puis 40 000 F en 1970. L'affaire du château ne s'arrête pourtant pas là.

Le 10 janvier 1972, un inspecteur des impôts, anonyme, fait la déclaration suivante dans le mensuel *l'Expansion* : « Lequel de nous ne connaît pas le nom de ce ministre qui, depuis des années, très légalement, ne paie pas d'impôts parce qu'il déduit de ses revenus les frais de restauration de son château historique ? » C'est clair : Jacques Chirac est visé. D'abord, une constatation : il ne viole pas la loi. Chirac bénéficie d'une possibilité accordée par la circulaire du 28 mars 1967 « sur les avantages fiscaux accordés aux propriétaires de bâtiments qui font partie du patrimoine national ». Ensuite, une question : est-il, oui ou non, légitime qu'un ministre utilise les privilèges fiscaux mis à la disposition du citoyen « ordinaire » par une loi votée par le Parlement ? Chirac estime que non.

En 1971, il fait en effet savoir à l'administration fiscale qu'il renonce à toute exonération possible. Qu'importe : « Jacquou le croqueur », titre *le Canard enchaîné* mercredi 26 janvier 1972 et Claude Angéli, rédacteur en chef de l'hebdomadaire satirique, écrit un article au vitriol. Celui-ci est repris dans *L'Echo du Centre,* le journal communiste du Limousin et de la Corrèze. Chirac porte plainte pour diffamation. Il gagne le procès.

Que conclure ? Une chose, avant tout : que Jacques Chirac, s'il a une fois utilisé à son bénéfice tous les avantages de la fiscalité française, n'a pas triché. Toujours est-il que l'interrogation persiste : un homme politique peut-il se permettre d'avoir recours à ces facilités fiscales ? Ne doit-il pas être un « super-citoyen » ? Réponse de Jacques Chirac : « J'ai mal, très mal vécu cette histoire. Elle m'a touché, blessé. Et d'autant plus touché que personne ne pouvait rien me reprocher. »

La campagne se déclenche. Violente. Chirac encaisse. Mal. Et Philippe Alexandre, l'un des journalistes qui le connaissent le mieux, ne le dissimule pas : « Le stratège corrézien n'a pas l'habitude de ces bottes perfides. Il commet des maladresses, se justifie lourdement, mobilise ses amis. On découvre alors que le mousquetaire de M. Pompidou n'a pas encore la maîtrise des vieux bretteurs politiques. » L'affaire du château est d'autant plus passionnante qu'elle offre un nouvel éclairage : Chirac inquiet, Chirac ne supportant pas, ou mal, les attaques frontales, Chirac rasséréné parce que le sénateur socialiste Marcel Champeix ne cesse de prendre fait et cause en sa faveur. Souvenir de Chirac : « Le président Pompidou m'en a parlé, une fois. Il m'a dit : " Quand on est membre du gouvernement, on ne se met pas dans cette situation. " Je ne comprenais pas pourquoi dans la mesure où l'argent ne m'a jamais intéressé. » Le sénateur communiste Jacques

Duclos ne lâche pas sa proie. Quand il évoque Chirac, c'est désormais sous le nom de « Monsieur Château ». Réponse de Chirac, treize ans plus tard et d'un ton toujours désabusé : « Sur ce terrain, je ne pensais vraiment pas être attaqué. » Erreur tactique, faute de jugement. Tel est l'avis de Pierre Juillet. A Jacques Friedmann, le conseiller avoue : « Une bêtise, cette affaire du château ? Non. Ça lui retardera sa carrière de deux ans. » Qu'importe, il faut désormais sortir de cette impasse, à la fois politique et personnelle. Si l'affaire du château est en voie d'apaisement, le ministre des Relations avec le Parlement doit à tout prix changer de fonction. Au palais Bourbon, Chirac s'étiole, Chirac perd de son efficacité, Chirac court le risque de décevoir Pompidou. Alors ? Juillet guette la chute de Chaban et, en cet été 1972, le départ du Premier ministre est acquis. Le président de la République ne le supporte plus et le maire de Bordeaux s'étonne de ce qu'il appelle la dérive « droitière » de Georges Pompidou. Au jeu du chat et de la souris, Chaban ne peut que s'incliner. Sa défaite ravit Pierre Juillet, qui y a contribué de tout son talent, de toute sa hargne, et qui suscite la nomination de Pierre Messmer — car, horreur à ses yeux, le président songeait au ministre de l'Education nationale Olivier Guichard. Guichard, un des barons tant exécrés par Juillet ; Guichard, un proche de Chaban ; Guichard qui, selon Juillet, répète partout que Matignon, enfin, va lui revenir. C'est donc Messmer. Messmer, propulsé in extremis par la puissance et l'entregent de Pierre Juillet ; Messmer, le plus falot des Premiers ministres de la Ve République. Et s'il ne s'agissait, dans l'esprit de Georges Pompidou et Pierre Juillet, que d'une étape avant de propulser Jacques Chirac ?... C'est en tout cas la certitude d'Olivier Guichard : « Après Chaban, mieux valait Messmer que moi pour ouvrir la route à Chirac. »

CHAPITRE IX

MINISTRE OU DEMAGOGUE ?

> « Comme toute réussite exceptionnelle, l'ascension de Chirac n'a pas manqué de provoquer la jalousie de ceux qui l'avaient connu étudiant. »
>
> Alain Chevalier,
> P-DG du groupe Moët-Hennessy.

Pierre Juillet est ravi et il ne le cache pas. Au contraire. Le conseiller du président va jusqu'à sortir de sa réserve habituelle : il exulte et le Tout-Paris politique a l'occasion de s'en apercevoir. C'est qu'en ce début d'été 1972, le Premier ministre Jacques Chaban-Delmas a abandonné Matignon. Une victoire pour Juillet qui cette fois n'en doute plus : la formation du gouvernement ne se fera pas sans lui. Depuis quelques mois il joue avec maestria. Pour mieux signifier à Georges Pompidou sa croissante réprobation vis-à-vis de Chaban, il s'est retiré sur ses terres de la Creuse. Juillet boude ; Juillet espère que son heure reviendra. Il ne doute pas que le président le rappellera. N'a-t-il pas laissé dans la place une alliée de taille, la redoutable Marie-France Garaud ? « Quand Georges Pompidou souhaitait remplacer Juillet et demandait qu'on lui fît des propositions, Marie-France Garaud insistait : " Ne vous pressez pas, il va revenir ", raconte un témoin. Et il est revenu. » Georges Pompidou lui-même dira à Edouard

ou les passions du pouvoir

Balladur : « Juillet n'a pas toujours bon caractère, mais il est utile pour les relations avec les gaullistes. »
De ce retour, Jacques Chirac est enchanté. Dans les couloirs de l'Assemblée, quelques députés répètent, avec les accents de ceux qui sont dans la confidence, que « c'est sûr », Juillet aurait obtenu la nomination de son protégé à l'hôtel Matignon. Anne-Marie Dupuy, collaboratrice du président de la République, dément : « Georges Pompidou ne semblait pas encore atteint de plein fouet par la maladie. De la sorte, Juillet estimait avoir le temps. Chirac Premier ministre : cela devait arriver à la fin du septennat, pas avant. » Georges Pompidou nomme donc un chef de gouvernement passe-partout : Pierre Messmer. Et il confie à Jacques Chirac un portefeuille stratégique : celui de l'Agriculture. Il lui faut à tout prix effacer l'échec précédent. Le piètre ministre des Relations avec le Parlement doit devenir un interlocuteur parfait pour les paysans. A neuf mois de législatives qui s'annoncent délicates pour la majorité, pareille mission, en juillet 1972, dépasse le strict cadre de l'agriculture.

Chirac succède à Michel Cointat, un technicien sans charisme particulier. Et pour mieux signifier la différence, il commence par changer de titre. Le voilà « ministre de l'Agriculture et du Développement rural ». Histoire de bien montrer aux paysans qu'il entend « préserver les équilibres naturels », en clair, les petits paysans à la tête d'exploitations modestes. D'où, très vite, un soupçon tenace : Chirac se fiche du devenir de l'agriculture, il est là pour récupérer le vote des agriculteurs. « Je ferai tout pour que les jeunes paysans restent en plus grand nombre à la terre », assure-t-il. Du coup, les principaux syndicats s'intéressent à leur nouveau ministre.

Jacques Chirac veut séduire ses interlocuteurs. A tout prix. Et cela, il sait le faire. S'il ne maîtrise pas encore les dossiers agricoles, il s'y plonge avec une application acharnée. Et de multiplier les déclarations tonitruantes : « Que les agriculteurs ne puissent pas prendre de vacances est une ségrégation tout à fait intolérable. » Plus important encore, il ne tarde pas à définir une philosophie en parfaite concordance, comme à l'accoutumée, avec celle de Georges Pompidou : « Certains pourraient souhaiter une agriculture de type capitaliste, mais je la crois non adaptée à notre société. On pourrait également envisager une agriculture de type socialiste mais, là encore, je la crois peu conforme à l'esprit d'indépendance qui caractérise une part importante de notre population. Aussi je reste convaincu que l'exploitation agricole familiale est le type le mieux adapté à nos aspirations. Mon objectif est de maintenir notre économie agricole dans un cadre libéral, tout en favorisant les initiatives visant à adapter ce genre d'exploitation à une économie moderne. C'est là une option qui ne saurait être en aucun cas interprétée comme un simple slogan électoral mais bien comme un des objectifs de la société telle que je la conçois. » Importante déclaration de principe, parce qu'elle détermine le style et les actes futurs de Chirac. Aussitôt l'axe défini, il se lance dans une interminable série de rencontres avec les principaux dirigeants des syndicats agricoles. Plaire, voilà le maître mot. Michel Debatisse, président de la toute-puissante Fédération nationale des syndicats d'exploitants agricoles (FNSEA), succombe le premier. Et les observateurs s'en aperçoivent dès le 30 septembre 1972, trois mois après la nomination de Chirac. Sur la deuxième chaîne, le ministre est l'invité du magazine « Actuel 2 ». Quatre journalistes le harcèlent de questions techniques sur des problèmes complexes sans lui épargner cet inévitable soupçon de « démagogie électorale ». Chirac, agacé par la pugnacité de ses questionneurs, « s'en sort au mieux », selon le journal *le Monde*. Mais il est aidé par « le témoin surprise » de l'émission. Un « témoin » qui vante les mérites du ministre. Ce laudateur n'est autre que Michel Debatisse. Et le spécialiste agricole du *Monde* ne manque pas de souligner dès le lendemain que « M. Debatisse [...] a paru beaucoup plus compère que témoin. Satisfait du ministre, il a volé plusieurs fois à son secours »....

Cette lune de miel, pour le moins surprenante, trouve son explication dans une « conférence annuelle agricole » qui s'était tenue la veille, le 29 septembre. Pour une fois cette rencontre a satisfait les responsables syndicaux. Le Premier ministre Pierre Messmer — tradition oblige — la préside. L'affaire est vite conclue, les accords signés, et l'argent débloqué : 140 millions pour favoriser la modernisation, 100 millions pour l'installation des jeunes, 60 millions pour l'élevage et la création d'un office de la viande. L'harmonie règne, Jacques Chirac rougit sous le flot des compliments. D'abord, le tout-puissant Michel Debatisse : « Un syndicaliste ne s'avoue jamais satisfait. Mais je le ferai. Ce jour restera dans l'histoire de l'agriculture française. C'est un tournant de la politique agricole. » Ensuite, Pierre Collet, président des chambres d'agriculteurs, dans un style plus laconique : « C'est très positif. » Enfin, Louis Lauga, le président du Centre national des jeunes agriculteurs (CNJA) : « C'est le renversement de toute une politique. » Chirac croule sous les satisfecit. C'est qu'il a su faire preuve d'habileté.

Il impulse le dialogue, oui. Mais exclusivement avec les quatre principaux syndicats. Les autres organisations, plus dures, sont exclues de la partie. Pas question, par exemple, de s'entretenir avec le MODEF, d'inspiration communiste. Pas question non plus de se satisfaire du budget tel que son prédécesseur Michel Cointat l'avait préparé. A ce poste, Chirac, lui, se déguise en budgétivore qui scande : « Toujours plus ! » Qu'un conflit l'oppose à un quelconque ministre et il demande aussitôt l'arbitrage de Georges Pompidou. A tous les coups, il obtient satisfaction. Chirac excède nombre de ses collègues. Tant pis, les élections approchent, et il faut engranger les voix. Pompidou et Chirac s'en tiennent à cet axiome. Quand les producteurs de fruits et légumes déclarent solennellement qu'ils sont « satisfaits de l'action incessante et constamment positive de Jacques Chirac », le président et son ministre exultent. Quand le dénommé Marcel Bruel, président de la Confédération nationale de l'élevage, n'hésite pas à déclarer : « Jacques Chirac est le premier ministre de l'Elevage, le meilleur ministre de l'Agriculture depuis Sully », la majorité applaudit et respire. Ce ministre ne commet pas d'erreur tactique. Il ne se trompe pas de cible.

A l'horizon, les législatives. Chirac, à doses homéopathiques et sans sortir de son secteur, se transforme en ministre plus directement politique. Il se charge, lui aussi d'assener autant de coups que possible à l'union de la gauche. Et pour cela, il profite d'une conférence de presse à l'origine technique : « Dans le programme commun de la gauche, on ne trouve que trois petites pages sur l'agriculture. S'agit-il d'un manque d'imagination ou d'un manque d'intérêt ? Ces trois pages ne sont qu'une succession de formules assez vagues, assez lénifiantes et ne reposant sur aucune analyse économique... Enfin, le programme fait deux propositions qui ne séduisent pas : la création d'une sorte d'office de la terre qui serait sans doute la base de la réforme agraire souhaitée par le parti communiste, et on sait ce que cela veut dire, par ailleurs, le démantèlement de la politique agricole commune, et là aussi on reconnaît les exigences du PC profondément opposé à l'Europe. En conclusion, c'est un programme très léger, très démagogique, parfaitement contraire aux intérêts des agriculteurs et de la France. » Chirac cogne d'une main et, de l'autre, il annonce une kyrielle de décisions.

Les agriculteurs craquent. Ils « aiment » leur ministre. Il faut dire que Jacques Chirac ne ménage pas ses efforts : vingt mesures qui vont d'une loi sur l'agriculture de montagne à une réglementation de la pomme de terre, sans négliger cette réorganisation de l'élevage tant attendue. Il est sans aucun doute le ministre le plus activiste du premier gouvernement Messmer. Ce travail fébrile lui convient : « C'est vrai, j'étais heureux. Le président, le Premier ministre me laissaient travailler. J'avais l'impression agréable d'être utile, de faire avancer un dossier, d'aider des gens qui le méritaient. J'aimais cette approche du métier de ministre. » Du coup, il court, Chirac, il cavale. Insatiable, infatigable. Rien ne l'arrête, ni comice agricole, ni visite, ni réunion syndicale — rien. Pierre Juillet est satisfait, il ne s'est donc pas trompé. Sa « découverte » fait merveille à un poste stratégique. Et il tarabuste les responsables gaullistes avec un chiffre qu'il estime exemplaire d'une marche à suivre pour remporter les élections : au cours de l'année 1972, le revenu des agriculteurs aurait augmenté de 9 p. 100.

Des experts agricoles n'hésitent pourtant pas à dénoncer la politique conduite par Chirac. Que lui reprochent-ils ? « Sa démagogie, explique l'un d'eux. Il ne s'est jamais attaqué aux problèmes vitaux de l'agriculture. Il a pris des mesures ponctuelles pour plaire aux paysans. » François Mitterrand résumera ces critiques d'une formule sèche : « M. Chirac pratique une politique de l'esbroufe. » Dans *le Monde,* le journaliste Pierre-Marie Doutrelant rapporte dans le détail ces attaques sévères qui mettent en accusation l'essence de la politique agricole : « Jamais, c'est vrai, le revenu agricole n'a progressé depuis dix ans aussi fortement et aussi régulièrement qu'en 1971 et 1972... Jamais aucun gouvernement n'a fait autant pour la paysannerie depuis 1960. Jamais, depuis M. Pisani, un ministre de l'Agriculture n'est apparu aussi pressé d'agir et aussi efficace. Jamais la concertation entre les organisations paysannes et le gouvernement n'a été aussi radieuse. Il reste que [...] les syndicats agricoles vont manifester presque partout en France. Pour quel noir dessein ? La réponse est simple : quels qu'aient été les efforts méritoires du gouvernement, l'écart persiste entre les revenus de la plus grande partie des paysans et les ressources des autres Français. Problème universel, objectera-t-on, qu'aucun gouvernement du monde n'a encore vraiment résolu. Mais pour autant M. Chirac est-il dispensé d'avoir des projets ?... A son arrivée rue de Varenne, il paraissait acquis à cette cause nouvelle. N'était-ce point lui qui insistait alors pour que soit accolée au titre de ministre de l'Agriculture qu'on lui offrait la mention " et du Développement rural "? Le bilan sans programme [...] donne, hélas! à penser qu'il ne se soit agi là que d'une coquetterie de cour. »

Qu'importent les reproches, estiment la plupart des ministres, bientôt les élections. Cette litanie devient pesante. Même si Pierre Juillet refuse de s'y cantonner. Le conseiller politique du président de la République a une idée ; comme toujours, il n'en démordra pas. Puisque Jacques Chirac obtient de « bons résultats » à l'Agriculture, il doit franchir maintenant une nouvelle étape. Qu'il s'installe rue de Rivoli et devienne ministre de l'Economie et des Finances en lieu et place de Valéry Giscard d'Estaing ; ce dernier sera « exilé » au ministère des Affaires étrangères. Le plan est sans faille. A ceci près que Georges Pompidou le refuse. Malgré ce premier veto, Juillet ne renonce pas. Il attend le lendemain des élections pour revenir à la charge.

Le 4 mars 1973, les partis de droite conquièrent à nouveau la majorité : dix-huit sièges d'avance. C'est suffisant pour résister, sans brio, à la première percée importante du parti socialiste. Chirac s'est imposé en Corrèze dès le premier tour. La Corrèze désormais est sienne et elle le lui confirme d'échéance électorale en échéance électorale. Ses réseaux enserrent la région tout entière, les résultats sont là pour le certifier. Dès lors, Pierre Juillet, entêté au-delà de l'imaginable, repart à l'assaut : Chirac doit déménager vers un ministère plus important, plus prestigieux. Le président de la République ne cède pas. Toujours pas.

Juillet a pourtant multiplié les combinaisons. Sur le papier, il s'ingénie à transférer Valéry Giscard d'Estaing aux Affaires étrangères et à installer Chirac aux Finances. Pour consoler les giscardiens, il suggère à Georges Pompidou d'offrir la Santé à Michel Poniatowski. L'opération échoue : si Michel Poniatowski obtient bien un portefeuille dans le deuxième gouvernement Messmer, Valéry Giscard d'Estaing et Chirac conservent leurs fonctions initiales. Pis, le président de la République prend une décision qui heurte Juillet : Michel Jobert, jusque-là secrétaire général de l'Elysée, débarque au Quai d'Orsay. Or Michel Jobert et Pierre Juillet se détestent. Le conseiller politique tente alors une ultime démarche : que Jacques Chirac s'en aille au ministère de l'Intérieur. Nouveau refus : Georges Pompidou tient au « premier flic de France », Raymond Marcellin. Celui-là non plus ne supporte pas Juillet. Camouflet après camouflet, Juillet est fâché, il s'exile donc dans la Creuse. Cette fois, la bouderie durera neuf mois.

Jacques Chirac s'en retourne donc vers les paysans. Pas de doute, il a remporté son pari électoral : selon un sondage publié par *le Figaro agricole,* 48,2 p. 100 des agriculteurs ont voté en faveur de la majorité et 27,6 p. 100 pour les réformateurs ; 19,5 p. 100 seulement ont choisi l'union de la gauche. Si le rôle d'un ministre de l'Agriculture est de « fidéliser » les paysans au pouvoir, Chirac a gagné. Et maintenant ? Comment va-t-il conduire la seconde partie de sa fonction ? N'a-t-il pas réussi le plus facile, c'est-à-dire contenter ? Et surtout, comment négociera-t-il à Bruxelles, en pleine tourmente européenne ?

L'Europe agricole, en effet, se porte mal. Réunis en congrès à Saint-Malo, les délégués de la FNSEA demandent une augmentation de 15 p. 100 des prix européens de la viande et du lait. Chirac sait que les partenaires de la France n'accepteront pas. Tant pis. Présent à Saint-Malo, il prononce un discours enflammé : « Je n'accepterai pas un compromis qui ne soit conforme à nos exigences. » Quelques jours plus tard, le mercredi 18 avril 1973, les ministres de l'Agriculture se retrouvent à Bruxelles. A leur grande surprise, ses collègues, ébahis, découvrent un Chirac « ultra »... De négociateur, point. Il aboie plus qu'il ne discute. « Chez moi, se souvient-il, c'était une tactique. Il fallait avoir des exigences folles pour obtenir un peu. » Version confirmée par son collaborateur, François Heilbronner : « Il avait mis au point une méthode de négociation : jouer la fermeté et inquiéter les autres. Il était capable de partir dans des barouds injustifiables. Mais, de la sorte, il les déroutait. Il avait compris : pour être un bon négociateur, il faut que les partenaires vous prennent, à un moment où à un autre, pour un fou. »

Cette fois, le ministre français exagère. Sans doute a-t-il été aiguillonné par les agriculteurs français qui, la veille, défilaient dans les rues de Valenciennes au cri de : « Chirac, tiens bon ! » Alors, il tient bon, au risque de provoquer la rupture de la seule communauté européenne qui perdure, celle des agriculteurs. Il tient bon au point d'insulter — le verbe n'est pas excessif — ses partenaires : « Ce sont des Barbares. » Rien de moins. Il fonce, il frappe, il sabre — et n'obtient rien. Le ministre ouest-allemand Josef Ertl, un Bavarois de cent trois kilos, ne craque pas : il va jusqu'à proposer l'abandon de la politique des prix communs agricoles. Et, au passage, l'Allemand accable à son tour le Français : « Le ministre français est un caractériel. Je me demande s'il n'est pas temps que M. Chirac aille consulter un psychanalyste. » Comme à l'accoutumée, dans les moments difficiles, Chirac préfère s'en retourner vers Georges Pompidou, lui demander son avis. « Je me suis permis de lui téléphoner à Orvilliers, sa maison de campagne. Et sans ménagements, il m'a indiqué que c'était à moi de m'en sortir. » De retour à Paris après des « accords moyens » sur les prix, le ministre de l'Agriculture subit quelques remontrances de la part du président de la République. Aux yeux de Georges Pompidou, la défense des agriculteurs français ne mérite tout de même pas la remise en cause de l'unité européenne.

Chirac encaisse. Comme il encaisse une presse ouest-allemande déchaînée. « M. Chirac [...] a ramassé une veste. Il n'est pas parvenu à réaliser une promesse électorale faite à ses agriculteurs. » Les journalistes d'outre-Rhin n'ont pas tort : l'âge d'or du ministre de l'Agriculture est révolu. Chirac a instinctivement compris à quel point l'épilogue de l'année 1973 sera difficile dans le monde agricole. En dépit du soutien répété de la FNSEA. En dépit d'une formidable puissance de travail qui, elle, ne se dément pas. Au point que, au cours d'un dîner, Georges Pompidou aurait confié à ses convives : « Chirac en fait trop. » La rumeur du désaccord monte. Il faut l'arrêter. Chirac s'en charge lors d'une interview accordée à l'hebdomadaire *le Point* le 13 août 1973 : « Au cours d'un déjeuner récent et d'une conversation de trois heures, le président Pompidou ne m'a pas fait la moindre réflexion, bien au contraire, sur ma tactique à Bruxelles. » Dont acte.

Mais une rumeur chasse l'autre et l'heure n'est plus à la querelle. Déjà Jacques Chirac ne vit plus seulement au rythme des conférences marathons ou des prix agricoles : il ne peut plus ignorer la maladie de Georges Pompidou — et ses conséquences. Qu'importe, alors, si les éleveurs sont insatisfaits ; qu'importe si les négociations de Bruxelles continuent de s'enliser et si Chirac, excédé, accuse les Anglais de « mauvaise foi inouïe ». La France est sur le point de vivre une grave crise politique. Chirac et ses amis doivent s'y préparer.

Jacques Chirac n'admet toujours pas cette façon de raconter l'histoire. D'abord — et il le répétera jusqu'à aujourd'hui — il « n'a jamais voulu croire à la mort du président Pompidou ». Ensuite, il ne supporte aucune atteinte à son image d' « excellent » ministre de l'Agriculture. Enfin, le déferlement de difficultés agricoles va se révéler si incessant qu'il ne peut passer la main ; sinon, cela ressemblerait à une défaite. Chirac donc se coltine des dossiers inextricables ; des dossiers qui pèseront lourd quand les agriculteurs passeront dans l'isoloir. L' « année de l'élevage », par exemple, se termine mal. Dans certaines régions, la baisse à la production atteint jusqu'à 10 p. 100. Chirac subit, sans trop avoir les moyens de réagir. Il tient pourtant à conserver le prestige acquis grâce à sa politique passée. Du coup, il renforce ses contacts avec les syndicats, et les principaux leaders agricoles se donnent le mot : ménager le ministre, en dépit des soubresauts de plus en plus vigoureux de la base.

Dans un climat aussi tourmenté, la stabilité d'un ministre devient précaire. Quelques-uns — et y compris dans son camp politique — suggèrent que Chirac ne serait pas « un coureur de fond », qu'il serait exclusivement doué pour les « coups politiques ». Il suffira pourtant d'une bévue de Valéry Giscard d'Estaing pour rehausser un temps son prestige. En ce mois de novembre 1973, le ministre de l'Economie et des Finances prend d'autorité une série de mesures draconiennes afin de juguler l'inflation et la hausse ininterrompue des prix de détail ; puis, une fois ces décisions publiées dans le *Journal officiel*, il s'envole pour la Malaisie. Son programme n'est guère chargé. Il doit inaugurer la foire de Kuala Lumpur. Un prétexte pour mieux assouvir sa nouvelle passion : la chasse. Et voilà Giscard dans la savane pour une dizaine de jours. A-t-il prévu que les commerçants n'accepteraient pas cette limitation des prix et cette fixation autoritaire des marges bénéficiaires ? Sans aucun doute, mais il est excédé par les perpétuelles remontrances du président Pompidou : que le gouvernement cette fois se débrouille — sans lui.

Chirac hérite du dossier. Parce que les détaillants en fruits et légumes sont à la tête du mouvement ; parce que Georges Pompidou, furieux du comportement de son ministre des Finances, entend confier cette affaire à l'un de ses proches. « Ce n'était pas très fair-play pour Giscard, reconnaît Chirac. J'ai essayé d'y mettre les formes. » Une manière élégante de reconnaître que Giscard est dessaisi. Chirac joue — vite et bien — une partie délicate. Il a beau clamer qu'il négociera si, et seulement si, « la situation est redevenue normale », il négocie tout de suite. En l'absence de Giscard qui tire les tigres. *Le Monde* n'est pas le dernier à souligner ce détournement de dossier : « Bien que M. Chirac ne soit chargé d'aucune mission gouvernementale en matière de taxation, et doive, par définition, s'intéresser au seul problème des denrées agricoles, la discussion va porter nécessairement sur l'application de la réglementation qui a été à l'origine de la grève des détaillants. »

Exact. Quand Valéry Giscard d'Estaing revient de ses chasses malaisiennes, il apprend, furieux, que, depuis quelques jours déjà, les contrôles sur les prix des fruits et légumes ont été, selon la terminologie officielle, assouplis, et qu' « on » lui a organisé un rendez-vous avec les détaillants. « Ce fut mon premier conflit avec Giscard », concède Chirac. Il en sort vainqueur. Et réapparaît aussitôt l'habituelle rumeur qui amuse le Tout-Paris politique : Chirac vise les Finances, Chirac veut chasser Giscard de la Rue de Rivoli.

Pendant ce temps la situation de l'agriculture continue de se dégrader. Les cours du vin s'effondrent ; ceux du veau et du bœuf aussi. Une seule solution pour Chirac : exiger à Bruxelles une imposante augmentation des prix, 18 p. 100. Il sait qu'il ne l'obtiendra jamais et qu'à nouveau il va lui falloir entreprendre une bataille contre ses homologues européens. Epuisant. D'autant plus épuisant qu'il vit au rythme de la maladie du président de la République — et que Georges Pompidou est sur le point de mourir.

Cette mort — outre le drame personnel qu'elle représente pour Chirac et quelques autres — bouscule un calendrier politique minutieusement établi. En quelques mois, les Français vont découvrir un autre Chirac. Un Chirac à la fois inquiétant et passionnant : un « tueur » politique.

CHAPITRE X

LA CONJURATION

> « Non, je n'avais rien contre Jacques Chaban-Delmas. Mais j'étais ministre de l'intérieur et je savais qu'il allait perdre. »
>
> Jacques Chirac.

Ce mardi 2 avril 1974, des millions de téléspectateurs regardent « les Dossiers de l'écran ». Ils sont consacrés, ce soir-là, aux Juifs d'Union soviétique. A 20 h 58, le programme est interrompu par une bande-annonce : « Le président Georges Pompidou est mort. » Réaction de Jacques Chirac : « Je ne croyais pas qu'il était à ce point malade. » Pouvait-il autant se tromper ?

Depuis le milieu de l'année 1973, Georges Pompidou était menacé, malgré une rémission au début de 1974 ; ses rares apparitions publiques terrifiaient les Français. Constat de Jacques Chaban-Delmas : « Il était sinusoïdal du fait des médicaments qu'il prenait. » Commentaire de Valéry Giscard d'Estaing au journaliste Olivier Todd : « Je considère que les fonctions présidentielles sont totalement incompatibles avec une diminution physique et intellectuelle. » Chirac, lui, s'entêtait : il ne pouvait pas, il ne voulait pas voir. Les raisons de son aveuglement sont claires : elles sont à la fois sentimentales et politiques. Depuis plus de dix ans, il n'a jamais agi sans l'aval de Georges Pompidou. Sa fidélité est incontestable, son attachement aussi. Il préfère croire au miracle. Pompidou survivrait... parce qu'il ne devait pas mourir. S'il se trouve désemparé à la disparition de Georges Pompidou, c'est aussi parce que son avenir est modifié. Alors qu'il aurait dû devenir, à en croire de nombreux témoins, Premier ministre au cours des deux dernières années du septennat Pompidou, puis candidat à la présidence de la République en 1976, tout va maintenant basculer.

Pierre Juillet, pour sa part, n'a pas perdu le sens des réalités. Dès le mois de décembre 1973 — trois mois avant la mort de Georges Pompidou! —, il est revenu s'installer à l'Elysée. L'heure n'est plus à bouder ; il est urgent d'élaborer une nouvelle stratégie ; que Jacques Chirac quitte le ministère de l'Agriculture pour un portefeuille plus directement politique et qu'il occupe une fonction qui sera déterminante à l'heure de l'inéluctable élection présidentielle. Le 1er mars 1974, c'est chose faite. Pierre Messmer est nommé pour la troisième fois Premier ministre et Chirac « transféré ».

Cette reconduction témoigne avant tout du mauvais état des relations entre certains gaullistes et les pompidoliens ; Georges Pompidou n'a pas supporté les assises UDR qui s'étaient tenues le 17 novembre 1973 à Nantes. Les militants gaullistes y avaient réservé un accueil délirant à Jacques Chaban-Delmas, l'intronisant du coup au rang de successeur quasi officiel. Jacques Chirac avait tenté de répliquer au nom des pompidoliens — et sans succès — par un discours très dur contre Chaban. Les gaullistes, obnubilés par la succession de Georges Pompidou, observent le maire de Bordeaux comme un parfait candidat. Ce n'est pas l'avis de Pierre Juillet ni celui de Jacques Chirac. Quant à Georges Pompidou, il se tait : un président attaché aux valeurs de la république ne désigne pas son successeur. De-ci, de-là, il distille ses préférences, mais rien d'autre.

L'entourage, lui, ne se prive pas d'agir. Encore qu'il faille nuancer ; pendant que Pierre Juillet et Marie-France

Garaud s'agitent dans tous les sens, Edouard Balladur s'emploie exclusivement à la bonne marche de l'Elysée et au bon fonctionnement du gouvernement, sans se préoccuper du reste : « Il y a eu de nombreuses décisions capitales prises par le président, tel le flottement du franc décidé un samedi matin, entre le Premier ministre et le ministre des Finances. Personne d'autre n'était au courant », déclare-t-il. Pierre Juillet et Marie-France Garaud étaient à la chasse ; ils n'apprendront la mesure à la radio qu'après avoir abattu quelques pièces de gibier. Michel Jobert, sur le même sujet, ne rate jamais une occasion d'être acerbe : « Juillet avait une grande spécialité : affirmer avec aplomb que le président désirait quand le président ne désirait pas. » Et la fidèle Anne-Marie Dupuy n'est pas plus nuancée : « Marie-France Garaud me choquait. Elle tentait de s'approprier Pompidou. » Bataille de clan, mais le trio Chirac-Juillet-Garaud obtient des satisfecits : dans ce troisième gouvernement Messmer, Jacques Chirac est propulsé ministre de l'Intérieur, en lieu et place de l'éternel Raymond Marcellin, tant adulé jusque-là par Georges Pompidou.

Cette nomination est d'autant plus significative que, au contraire de son prédécesseur, Chirac n'est pas obnubilé par le maintien de l'ordre, par la fonction répressive inhérente à une telle charge. Il élimine la plupart des « grands flics » choisis par Marcellin, donnant ainsi d'emblée une couleur avant tout politique à sa fonction : le ministre de l'Intérieur transforme tout — hommes et structures — pour mieux préparer l'élection présidentielle. Aux côtés du surpuissant directeur de la police nationale, il impose un directeur de l'administration et un directeur des collectivités locales. Et quand il désigne six nouveaux préfets de région et neuf préfets de département, le message est clair : élections d'abord. Sans oublier la nomination de Jacques Chartron, un proche de Pierre Juillet, à la tête de la DST : élections avant tout. Personne, parmi les proches du président, ne veut envisager la mort de Georges Pompidou. Mais tout de même...

Chirac profite en outre de ce passage au ministère de l'Intérieur pour peaufiner son image de libéral bon teint. Depuis mai 68, la police selon Marcellin obsède, et parfois même terrifie, une partie des Français; en quelques semaines, Chirac met un frein à cette névrose galopante. Le pays n'est pas menacé par les gauchistes et Chirac le sait. Du coup, il supprime la plupart des écoutes téléphoniques et prône la symbiose entre policiers et population. « Je souhaite, déclare-t-il, que la sécurité publique fasse son travail avec le plus d'humanité possible. Je compte faire un effort pour rapprocher les policiers des citadins et faire en sorte qu'ils soient plus estimés. » Chirac n'agit pas à la manière d'un répressif.

Bien sûr, chacun passe son temps à l'interroger quant à d'éventuelles élections. Alors, pour couper court, il profite d'une interview à *France-Soir,* le 26 mars 1974 : « Rien ne me permet d'imaginer que les élections présidentielles ne se feront pas à leur échéance normale. » Dix jours plus tard, Georges Pompidou s'éteint.

Jacques Chirac aussitôt va offrir une démonstration de savoir-faire politique — aidé en cela par un formidable conseiller, l'inévitable Pierre Juillet. Quelques heures après l'annonce officielle de la disparition du président de la République, il arrive à Matignon et, avec quelques ministres, s'installe dans le bureau de Pierre Messmer. Selon différents témoins, Chirac est abattu, catastrophé. A Alain Peyrefitte, il affirme : « C'est un accident. Il n'aurait jamais dû mourir. » L'anecdote est rapportée par Catherine Nay. A tous, il répète cette même phrase. Et après ? Après, il s'agit de préparer l'avenir. Et dans ces heures sombres, l'avenir pour les gaullistes a nom Jacques Chaban-Delmas. A l'évidence, il sera le candidat de l'UDR. Autour de Pierre Messmer, à ce moment, personne ne conteste le maire de Bordeaux — excepté Chirac. Souvenir d'un témoin présent sur les lieux : « Nous discutions sur ce qu'il fallait faire. Dans un coin, Chirac téléphonait à Juillet. Comme le boxeur qui interroge son manager. » Et Chirac, autre détail encore rapporté par Catherine Nay, de se retourner vers Messmer : « Vous devez vous présenter. »

Ce qu'il veut faire ? Empêcher la victoire de François Mitterrand en évitant aussi l'élection de Chaban. Simone Veil confirme cette analyse : « Deux ou trois jours après la mort de Georges Pompidou, Marie-France Garaud m'a téléphoné et m'a proposé de venir boire un verre. Pierre Juillet était présent et l'un et l'autre ne croyaient pas aux chances de Chaban. Ils étaient irrités par la situation. Ils se voulaient les héritiers d'une France agraire, conservatrice, traditionnelle. Et ils étaient persuadés que Chaban ne parviendrait pas à maintenir cette France-là. » Du coup, pour conjurer l'hypothèse Chaban, les deux conseillers, en parfaite harmonie avec Chirac, se forgent une certitude : Chaban ne tiendra pas le choc face à Mitterrand, il sera battu et les gaullistes perdront leur pouvoir ; il faut donc à tout prix trouver un candidat de substitution et le conduire jusqu'à la victoire.

« Non, non, je n'avais rien contre Chaban, répète encore aujourd'hui Chirac. Certes, il ne représentait pas mon idéal d'homme d'Etat. Ce n'était pourtant pas cela le problème. J'étais ministre de l'Intérieur et je savais qu'il allait perdre. » Quelle attitude adopter ? Georges Pompidou n'est pas encore enterré et Jacques Chirac ne peut afficher une attitude trop offensive. Il est en deuil. Georges Pompidou n'est pas encore enterré mais Jacques Chirac n'est pas en mesure de rester inactif : Chaban est sur le point de se déclarer ; Giscard guette cet instant pour attaquer à son tour ; l'inévitable Edgar Faure répète partout que « lui aussi » songe à l'Elysée ; quant à l'ancien ministre Christian Fouchet, gaulliste de choc, il est officiellement sur les rangs. Quatre candidats pour une même majorité et Jacques Chirac entend en imposer un cinquième : le Premier ministre Pierre Messmer. S'il a des dons politiques, le ministre de l'Intérieur a cette fois l'occasion de les montrer.

Jeudi 4 avril 1974. Selon la volonté de Georges Pompidou, une messe est célébrée en l'église Saint-Louis-en-l'Isle. Chirac pleure, et Michel Jobert confirme à Catherine Nay qu'il « était comme une bête blessée ». Mais la peine n'a qu'un temps et le livre de prières refermé, Jacques Chirac, Pierre Juillet et Marie-France Garaud filent déjeuner rue de Rivoli à l'invitation de Giscard. Le ministre des Finances attend cette entrevue avec impatience ; il se souvient qu'en janvier 1973, au cours d'une conférence de presse, Chirac l'avait salué bas : « M. Giscard d'Estaing est un des rares hommes d'Etat actuels. » Il se souvient aussi que sept mois plus tard, en août 1973, l'hebdomadaire *le Point* avait révélé que si Georges Pompidou venait à disparaître, Chirac serait giscardien. Que Giscard veuille obtenir dans ce contexte l'appui de Chirac et de ses conseillers, rien de plus logique. « Moi, je voulais une garantie, assure Chirac : qu'il ne se présente pas au cas où Chaban accepterait de se retirer au profit de Messmer. La majorité avait besoin d'un candidat unique pour battre Mitterrand. » En fait, tout le monde promet. Tout le monde jure. Tout le monde ment.

Giscard, à juste titre, est convaincu que Chaban ne renoncera pas. Chirac, Juillet et Garaud partagent ce sentiment ; ils savent aussi à quel point Messmer n'a ni l'envie ni le talent nécessaires pour se lancer dans un tel combat. Il faut tout de même conduire l'opération Messmer jusqu'à son terme. Parce qu'elle affaiblira Chaban ; parce qu'elle permettra de négocier en position de force face à Giscard.

Le scénario s'accélère. Le film est sinistre, les acteurs — tous — jouent faux et la mise en scène est cousue de fil blanc. Quelques heures après la messe de Saint-Louis-en-l'Isle, Chaban annonce sa candidature. Chirac réagit fort mal, il parle d'« indécence ». Giscard, de son côté, fait savoir qu'il se prononcera au terme de la semaine, une fois passées les obsèques nationales de Georges Pompidou. Le clan Chirac apprécie d'autant plus cette attitude qu'elle lui laisse le temps d'insister tant et plus auprès de Messmer. Chirac, au cours de toutes les réunions des dignitaires gaullistes, répète la même antienne : « Chaban ne tiendra pas le coup contre Mitterrand. Messmer doit être le candidat unique. » Le ministre de l'Intérieur montre des sondages, exhibe des enquêtes réalisées par les renseignements généraux ; tous confirment son pronostic : Chaban sera défait. Etonnante concordance. Le maire de Bordeaux soupçonne le ministre de l'Intérieur. Ces chiffres seraient truqués et il n'est pas question pour lui de se retirer. Chaban n'a pas compris — pas encore — que ces coups répétés que lui porte Chirac font mal. Très mal. Parce que, petit à petit, l'unité du mouvement gaulliste explose.

Pierre Messmer n'en finit pas d'hésiter. Sans doute a-t-il compris, d'instinct, qu'un président encerclé par le trio Chirac-Juillet-Garaud n'exercera pas la réalité du pouvoir, que Chirac exigera le poste de Premier ministre et que, de la sorte, il sera maître de la situation. « Quand ils ont constaté que Messmer ne marcherait pas, ils sont allés chercher Giscard. » La formule, cinglante, est de Jacques Chaban-Delmas. Elle est exacte.

Chirac combat en effet Chaban avec férocité. Et cette attitude ne s'explique pas uniquement par des divergences politiques. Chirac vit dans le contexte psychologique créé par Pierre Juillet et Marie-France Garaud : ces deux-là veulent la peau de l'ex-Premier ministre. « Et je n'ai jamais pu me dépêtrer du capuchon qu'ils m'ont mis sur la tête », reconnaît le maire de Bordeaux. Quand par exemple Jacques Chirac annonce, au cours du premier conseil des ministres présidé par l' « intermédiaire » Alain Poher, que le premier tour de l'élection présidentielle n'aura pas lieu le 28 avril mais le 5 mai, personne autour de la table ne comprend à quel point cette décision est capitale. Elle offre huit jours de plus à Giscard pour remonter puis dépasser Chaban ; elle permet à Chirac de mieux faire exploser le mouvement gaulliste, de réunir autour de lui les quelques responsables et militants qui « marchent » dans cette entreprise de démolition du « compagnon » candidat.

Le premier round, décisif de part et d'autre, a lieu le dimanche 7 avril dans le cadre rétro de la maison des centraux à Paris. Les membres du comité central de l'UDR prennent fait et cause pour Chaban. Les gaullistes n'ont pas l'intention de perdre le pouvoir, et ce jour-là ils le font savoir ; ils le clament, haut et fort, aux cris de : « Chaban président ! » Les barons, Michel Debré et Olivier Guichard en tête, ont repris des couleurs. Ce n'est pas le « jeune » Chirac qui perturbera un ordonnancement aussi bien mené.

Eh bien si : Chirac prend la parole. Il répète que Chaban ne résistera pas à Mitterrand. Le choc. Sifflets et hurlements. Alain Peyrefitte se souvient : « Il n'a pas démordu de sa ligne : Mitterrand sera élu si, au second tour, son adversaire a pour identité Chaban. » Dans cette salle surchauffée, personne n'entend les arguments du ministre de l'Intérieur. Personne si ce n'est une figure du mouvement gaulliste, Charles Pasqua, qui à cette époque siège au bureau exécutif de l'UDR. L'ancien député du Var se range aux côtés de Chirac et il ne le cache pas. Un scandale de plus, un de ces incidents politiques qui amusent Pasqua, l'homme des coups durs : « Je suis l'un des deux membres du bureau à avoir voté contre Chaban. Il avait été imposé à la hussarde par Debré et Sanguinetti sans même s'appuyer sur une analyse politique. Les caciques du mouvement, j'en étais convaincu, étaient à mettre sur une cheminée. Ils ne représentaient pas l'avenir. Et moi, j'ai compris que Chirac était le seul à incarner la relève, qu'il était beaucoup plus imprégné de gaullisme que nous ne l'imaginions. Quand ils ont prononcé le mot exclusion, vous m'auriez entendu gueuler. » Chirac a conscience de ce danger. A ce moment, les maîtres de l'UDR veulent sa peau : « Je me souviens d'une étonnante réunion salle Colbert, la plus grande salle de l'Assemblée nationale. Le secrétaire général de l'UDR avait convoqué les députés et, ce qui n'avait jamais été fait, tous les sénateurs, les membres UDR du Conseil économique et social et, pour faire bon poids, d'anciens députés. Mal reçue, ma position ? Ça a été pire que cela, cela a été épouvantable. Je me suis trouvé dans une salle comble, avec des gens debout, tous hostiles, seul à défendre cette cause sous les huées générales. »

Chirac n'a pas le temps de s'offrir des états d'âme. Lundi, au tour de Valéry Giscard d'Estaing de se déclarer. Mardi, c'est Pierre Messmer qui accepte. Trop tard : Chaban, désigné par les instances gaullistes, se maintient. Commentaire d'Olivier Guichard : « Chirac, Juillet et Garaud avaient vraiment voulu monter cette opération Messmer. » Elle a échoué et Chirac doit se démener. Sur deux plans : aider Giscard et, élément essentiel, ne pas être exclu de l'UDR sous peine de voir son avenir politique, pour la première fois, en réel danger. Son attitude, jusqu'au premier tour des élections, sera déterminée par ce double enjeu. Et il parviendra à s'en sortir de façon habile. Explication de Marie-France Garaud à *l'Express :*

Une fois la succession de Georges Pompidou vraiment ouverte, il était clair que, face à l'union de la gauche, l'idéal était un candidat unique de la majorité. Il fallait, en effet, empêcher les communistes d'arriver au pouvoir grâce à l'élection de François Mitterrand [...]. Ce fut la raison de la candidature unique de Pierre Messmer et, contrairement à ce que l'on dit souvent, Pierre Messmer, qui avait conduit la bataille législative de 1973 dans des conditions combien difficiles contre les candidats du tout nouveau programme commun, avait de bonnes chances de l'emporter. M. Chaban-Delmas s'y est opposé. Je crois que ce fut une erreur. A partir du moment où Pierre Messmer était écarté, il est apparu que deux candidats allaient se présenter au nom de la majorité. Et qu'un candidat avait plus de chances que l'autre. Il fallait que ce candidat soit suffisamment en tête pour avoir une possibilité d'être élu au second tour...

De cette analyse découle logiquement le fameux appel des 43. Pendant trois jours, Jacques Chirac, aidé par deux proches collaborateurs du ministère de l'Intérieur, Jacques Toubon et Roger Romani, prend contact avec de nombreux députés pour leur faire signer cet appel :

La disparition brutale de Georges Pompidou place la France devant un choix fondamental : élire un chef de l'Etat et donc opter pour un type de société.
La tâche engagée doit être poursuivie. Or la pluralité des candidatures qui se manifestent de la part d'hommes qui, à des titres divers, ont participé à l'œuvre entreprise par le général de Gaulle et Georges Pompidou apparaît comme un phénomène peut-être explicable, mais profondément regrettable.

Les élus soussignés ont vivement souhaité une candidature d'union, afin de faire échec à la coalition socialo-communiste en respectant l'esprit de rassemblement de la Ve République.

C'est pourquoi ils ont soutenu de tout cœur les efforts de Pierre Messmer, Premier ministre et chef de la majorité, pour y parvenir.

Ils rendent hommage à son action.

Compte tenu de l'évolution récente de la situation, notamment de la dernière candidature enregistrée, et du fait que les délais impartis par la loi pour le dépôt des candidatures ne sont pas expirés, ils ont décidé de se réunir.

Ils appellent une dernière fois l'attention des candidats issus de la majorité sur les risques que présente cette situation que le pays ne comprend guère et admet mal.

Ils confirment les principes fondamentaux de la Ve République, pour lesquels ils ont combattu et auxquels ils sont inébranlablement attachés :

— Sur le plan extérieur : indépendance nationale, construction de l'Europe, solidarité avec tous les peuples ;

— Sur le plan intérieur : respect des institutions, sauvegarde de la liberté, progrès économique, répartition toujours meilleure des revenus et des responsabilités entre tous les Français.

Ils considèrent que la défense de ces principes est leur premier devoir.

En conséquence, ils arrêteront ensemble et en conscience une position concertée en faveur de la solution qui leur paraîtra le mieux assurer le respect de ces principes en faisant échec à toute candidature socialo-communiste, qui remettrait en cause l'avenir de la France et le bonheur des Français.

Que faut-il lire, entre ces lignes ? Que Chaban est responsable de la multiplicité des candidatures. Que les signataires gardent la liberté de choisir entre l'ancien Premier ministre et Giscard. Que Jacques Chirac a, de la sorte, écarté tout risque d'expulsion de l'UDR. Trois ministres l'ont en effet suivi, Jean Taittinger, Olivier Stirn et Jean-Philippe Lecat, ainsi que trente-neuf députés, gaullistes dans leur majorité. Mais en même temps le verdict, terrible, peut tomber : Chirac a trahi le mouvement gaulliste. Chirac est un traître.

Jacques Chaban-Delmas, le premier, est ulcéré : « Parmi les quarante-trois signataires, il y en a plus de la moitié à qui l'on a raconté que cet appel était fait pour m'aider. » Alain Peyrefitte n'est guère plus nuancé : « On ne trahit pas au milieu du gué. » Olivier Guichard est convaincu du tort immense causé par Chirac : « L'affaire des 43 a suscité une espèce de délitement. Beaucoup de gens ont été démobilisés. » Quant à Michel Jobert, il fait comme à son habitude dans le sarcasme : « Chirac est venu me voir à ce moment. Je lui ai conseillé d'attendre un peu, de s'imposer une certaine élégance. » Ce n'est pas la préoccupation du ministre de l'Intérieur. Lui, il se bat et la plupart des coups sont bons. Même si, à la veille de l'appel des 43, Anne-Marie Dupuy, à l'occasion d'un dîner avec les Chirac, s'interroge à voix haute : « Pompidou aurait-il préféré Giscard à Chaban ? » Chirac a répondu pour son compte : ce sera Giscard.

Michel Poniatowski a beau répéter : « Chirac est un tacticien du moment, Giscard, lui, est un stratège », le féal de VGE a vite fait de se rendre compte à quel point le ministre de l'Intérieur leur est utile. « Son appui fut même essentiel, reconnaît Poniatowski. Parce que, entre autres, il pouvait contrôler les préfets. » Huit d'entre eux, par exemple, reçoivent une sèche mise en garde : « Votre présence à la réunion de l'un des candidats est inadmissible. » La remontrance est signée Chirac, le candidat en question Chaban. La guerre se poursuit. Et elle s'active. Quand par exemple les journaux publient un sondage des renseignements généraux, en principe secret et favorable à Giscard, les amis de Jacques Chaban-Delmas soupçonnent aussitôt Chirac de ce mauvais coup. Et ils n'ont pas tort. Le Premier ministre Pierre Messmer est contraint de convoquer Chirac à Matignon pour lui adresser « des remontrances ». A la sortie, Chirac ne se démonte pas. Il admet qu'une fuite « malheureuse » a bien eu lieu. Mais il l'utilise pour mieux enfoncer Chaban et mieux soutenir Giscard sans jamais le citer : « Je ne vois pas en quoi cette fuite, que je déplore, est de nature à porter tort à qui que ce soit. Je dirai même qu'elle comporte un grand avantage dans la mesure où elle montre qu'au deuxième tour la partie est loin d'être jouée... » Manière de réaffirmer, une fois encore, qu'il faut soutenir Giscard, l'aider à creuser un écart maximal face à Chaban pour aborder le second tour contre François Mitterrand dans les meilleures conditions possibles. Chirac ne reviendra jamais sur cette conviction : « A partir du moment où il y avait un duel Giscard-Chaban, j'ai toujours répété que le premier obtiendrait au premier tour 30 p. 100, l'autre 15 p. 100 et le candidat de la gauche 45 p. 100. Le seul moyen de battre Mitterrand était de donner un plus à Giscard pour qu'il n'ait pas à surmonter un handicap trop élevé. Je pensais que, peut-être, je pouvais enlever un, deux ou trois points à Chaban. Et ça s'arrêtait là. » Pas du tout, cela s'amplifie. A tel point que Charles Pasqua prend la décision d'intervenir. Pour modérer Chirac dans sa croisade anti-Chaban : « Un soir, je l'ai accompagné jusqu'aux studios d'Europe 1. Je lui ai parlé clair : " Il faut que tu t'arrêtes maintenant. Sinon tu te grilles. Tu es la seule chance du mouvement gaulliste dans les années à venir. Alors silence jusqu'au soir du premier tour. " » Chirac se fait discret pendant quelques jours. Il peut se le permettre. Chaban est à terre. Chirac a démontré qu'il était aussi un sabreur en politique.

Il serait pourtant excessif d'expliquer la déroute de Jacques Chaban-Delmas par la seule animosité du ministre de l'Intérieur. Le maire de Bordeaux a avant tout échoué du fait de ses propres faiblesses, de son incapacité à suivre le rythme électoral imposé par Giscard à l'aise dans ce type d'exercice. « Ils n'ont pas cessé de me dénigrer par les procédés les plus divers », répète Chaban. Ils ? A l'évidence Chirac-Juillet-Garaud. Chaban ajoute : « Chirac s'est révélé un exécutant de haut rang et d'une grande efficacité. » Le candidat gaulliste se refuse à en démordre : s'il a échoué, la faute en incombe avant tout à Chirac. Cette opinion est partagée par les autres barons, tel Olivier Guichard : « Si le problème de Chirac avait été d'éviter la prise de pouvoir par les socialistes, il aurait compris qu'à cet égard c'est le soutien à Giscard qui était le plus dangereux. » Façon de rappeler que l'obsession essentielle du ministre de l'Intérieur était d'abattre Chaban. Avis confirmé par Roger Frey : « Déjà à cette époque, Chirac disposait d'une influence qu'aucun baron ne songeait à lui contester. S'il s'en était rendu compte, beaucoup de coups fourrés auraient pu être évités. »

Au-delà de l'animosité personnelle et politique, le ministre de l'Intérieur, en réalité, vise deux objectifs : prendre le contrôle du mouvement gaulliste et imposer quelques-unes de ses vues à un futur président, Giscard, que Pierre Juillet analyse comme « faible ». Chirac et ses deux stratèges sont par exemple convaincus qu'une victoire de Chaban irait de pair avec une mainmise totale sur l'UDR. Dans ce rassemblement-là, Chirac et les siens n'auraient plus de place, ils ne se font aucune illusion : Chaban leur ferait cher payer cette attitude, s'appuierait sur ses pairs, les barons, ferait d'Olivier Guichard son Premier ministre, et l'UDR serait maîtrisée par une main de fer, celle de l'omniprésent Roger Frey. Chirac ne serait rien, plus rien.

Alors Chirac, Juillet et Garaud inversent le jeu. Ils imposent une cadence effrénée que Chaban ne peut pas suivre. Ils se mettent au service de Giscard... Pierre Juillet entretient aussi un vague espoir : Chirac à Matignon. Car, du coup, le premier objectif serait atteint : le contrôle du parti gaulliste. Telle est la règle : le Premier ministre dispose de l'argent et il dirige le parti dont il est issu. Pierre Juillet s'entretient donc avec Giscard avant le premier tour. « La rencontre de l'eau et du feu », remarque Olivier Guichard. A juste titre. Mais que sort-il de cet entretien ? Impossible de le savoir. Toujours est-il que Giscard répète à qui veut l'entendre : « Vous serez surpris par le choix de mon Premier ministre. » Précision apportée par Michel Poniatowski, l'homme lige du futur président : « D'abord, il ne faut jamais oublier que Giscard avait besoin de l'apport Chirac. La décision psychologique de le nommer Premier ministre a été prise peu après l'appel des 43. » Et de très nombreuses négociations au domicile de Ponia.

Chirac, sans aucun doute, a obtenu des garanties. Et le résultat du premier tour, où Giscard devance largement Chaban, le conforte dans ses certitudes. Pour preuve cet étonnant dialogue au micro d'Europe 1 :

« Jacques Chirac, vous avez été silencieux avant le premier tour. Le serez-vous autant avant le second ?

— J'ai bien l'intention de faire campagne en faveur de Valéry Giscard d'Estaing. Sans aucune réserve.

— Sans être giscardien ?

— J'estime que Valéry Giscard d'Estaing a des qualités exceptionnelles et je me prononce pour lui avec enthousiasme.

— Valéry Giscard d'Estaing a fait allusion à vos qualités. Est-ce à dire que vous serez le prochain Premier ministre ?

— Je n'ai aucun sentiment sur ce point ni aucun commentaire à faire.
— Vous avez de bonnes chances.
— Je comprends mal votre insistance.
— Etes-vous fasciné par Valéry Giscard d'Estaing ?
— La fascination en politique n'est pas un élément déterminant. J'ai toujours admiré en Valéry Giscard d'Estaing qu'il soit le contraire d'un politicien. J'ai toujours rendu hommage à la manière dont il a conduit les affaires de la France. De ma part, c'est du réalisme. Croyez-moi, il fera un grand président. »

Chirac enregistre avec satisfaction les résultats du second tour : Giscard, 50,8 p. 100, Mitterrand, 42,9 p. 100. Son travail de sape s'est révélé d'une étonnante efficacité. Il a servi Valéry Giscard d'Estaing plus et mieux que personne ne l'avait imaginé. Déroutante admiration mutuelle. Chacun des deux personnages se penche avec sollicitude sur l'autre. Jeu de miroirs. Partie de séduction. En aucun cas, Giscard n'aurait choisi un Premier ministre plus âgé que lui : look oblige. « Et pourtant j'étais partisan d'installer Olivier Guichard à Matignon, assure Michel Poniatowski. Giscard m'a répondu qu'il ne pouvait pas préférer Guichard qui avait soutenu Chaban à Chirac qui s'était battu en sa faveur. » Logique. Comme est logique l'acceptation de Chirac. Il n'hésite pas devant la proposition officielle de Giscard. « Il a convoqué Chirac dans un hôtel particulier que j'habitais rue Victor-d'Aix, à Neuilly », raconte Poniatowski. La Ve République s'offre un couple quasi juvénile : Giscard, quarante-huit ans ; Chirac, quarante et un ans. « Je n'étais pas d'un enthousiasme débordant, assure aujourd'hui Chirac. Je ne voulais plus être membre du gouvernement. Mais j'ai accepté sur les instances pressantes de Pierre Juillet. A son sens, mon arrivée à Matignon était la seule façon de préserver l'UDR et le gaullisme. Il fallait que quelqu'un se mette entre l'UDR et le pouvoir giscardien qui espérait l'écraser. » Certains ricanent à la lecture des motivations de Chirac. La suite des

ou les passions du pouvoir 161

événements, pourtant, nous ramènera souvent à ces deux idées-forces.

Pierre Juillet, plus présent et plus actif que jamais, n'est pas pour autant décidé à quitter l'ombre qui sied tant au conseiller occulte. Il demeure auprès du nouveau Premier ministre. Rien d'autre. « Par mon intermédiaire, assure Michel Poniatowski, Giscard lui a proposé le ministère des Affaires étrangères. » Refus obstiné d'un poste prestigieux auquel Juillet ne pouvait pas rester insensible, lui qui est obnubilé par la mythologique grandeur de la France. « Moi, je suis convaincu qu'il espérait devenir le conseiller politique le plus influent de Giscard, affirme Jacques Friedmann. C'était cela son ambition. » Les pièces du puzzle se mettent donc en place pour une collaboration Giscard-Chirac chapeautée par Juillet. Les deux parties croient-elles véritablement à leurs chances de succès ? Sans aucun doute. Mais chacun est convaincu de dominer l'autre. L'avis du député Olivier Stirn, qui plus tard allait rompre avec son ami Chirac, est à cet égard prémonitoire : « Cette nomination a été une erreur. Si Chirac avait été fait ministre des Armées, il n'aurait pas protesté. Et il aurait été loyal parce que l'ambition d'aller encore plus haut aurait continué de le tenailler. » Au lendemain des élections, Chirac ne fait toujours pas l'unanimité.

« Il y avait à l'évidence des arguments contre, confirme Michel Poniatowski : Chirac n'était pas sûr au plan politique, Chirac était intelligent et ambitieux, Chirac s'appuyait sur l'UDR, le parti le plus important de la majorité. » Ponia va un peu trop vite en besogne. Chirac, en ce mois de mai 1974, a un handicap considérable, que le nouveau président de la République utilise avec virtuosité : la majorité des gaullistes, en ces heures délicates, le détestent. Oui, il est un traître. Oui, il a « fusillé » Chaban. Non, le troisième président de la Ve République n'est pas gaulliste. Pis, Giscard avait contribué à la chute du Général et Chirac porte une lourde responsabilité dans son succès cinq ans plus tard. « Je n'avais aucun problème de conscience, assure Chirac. J'étais resté fidèle à mes engagements et à mes convictions : empêcher socialistes et communistes d'arriver au pouvoir. » Soit. Mais comment supporte-t-il cette étiquette collée dans le dos : traître ? « Je n'avais pas d'états d'âme, confirme-t-il. Le mouvement gaulliste était en danger, je le savais. Il fallait à tout prix le moderniser, et ne pas le livrer en pâture. Cela fera peut-être sourire et c'est pourtant la vérité : j'ai accepté Matignon en partie pour sauver l'UDR. » Giscard raisonne de façon diamétralement opposée. Puisque Chirac est devenu « son » Premier ministre, il s'apprête — logique — à « giscardiser » l'UDR. Les germes du conflit sont là, nulle part ailleurs.

Le voilà donc Premier ministre. Plus tendu et plus nerveux que jamais. Pour tout homme politique, l'arrivée à Matignon ressemble à une consécration. Chirac ne la vit pas comme telle. La première partie de son existence politique s'achève sur un point d'orgue. En douze années d'efforts et de travail, il a réussi. « Ascension parfaite », peut-il lire en conclusion de tous les articles, reportages et analyses le concernant. Et pourtant, ces tableaux d'honneur ne lui suffisent toujours pas. « La nuit, je dors parfaitement bien. Ni cauchemar ni rêve. » Chirac force le trait. Chacun des événements rapportés jusqu'ici prouve à quel point le personnage lisse qu'il tente d'imposer est un ersatz de Chirac. Face à cette formidable machine médiatique qu'est Giscard, il lui reste à tenir le choc, à ne pas exploser. Pierre Juillet et Marie-France Garaud sont à ses côtés. Les voilà partis — tous les trois — à la conquête de la France. Matignon n'est qu'un marchepied.

CHAPITRE XI

LA MESALLIANCE

> « Chirac a perdu un père, Georges Pompidou. Il en aura toujours besoin d'un autre. Ce sera Valéry Giscard d'Estaing. »
>
> Confidence de Michel Poniatowski
> à la journaliste Michèle Cotta.

Valéry Giscard d'Estaing aime jouer avec les symboles. Il le prouvera tout au long de son septennat. Le jour même de son entrée à l'Elysée, le 27 mai 1974, il s'empresse de désigner Jacques Chirac comme Premier ministre. Une manière de signifier à toutes les composantes de « sa » majorité que ce choix est le sien et qu'il n'est pas disposé à entendre la plus insignifiante des critiques. « Nous n'avions pas le droit d'émettre la moindre réserve sur Chirac », se souvient Jean Serisé, l'un des principaux conseillers de Giscard. En ces prémices du septennat, le président de la République adore le Premier ministre. En ces prémices du septennat, le Premier ministre — quoi qu'il en dise aujourd'hui — est enthousiasmé par le rayonnement du président de la République. Une lune de miel. Chirac ne prête aucune attention aux critiques des gaullistes ; il n'entend pas la terrible condamnation énoncée par Olivier Guichard : « Accepter d'être à la tête du premier gouvernement Giscard était vraiment mal. »

Les gaullistes sont inquiets : Ils ont perdu le pouvoir et

ils craignent que « l'Etat UDR », cet Etat tant de fois dénoncé par le tout-puissant Michel Poniatowski, haut-parleur préféré de Giscard, ne soit sur le point d'être démantelé. Si au moins les gaullistes pouvaient compter sur un Premier ministre issu de leurs rangs... C'est le cas, mais ils n'ont pas confiance en Chirac. Il est celui qui a trahi « leur compagnon » Chaban. « Al Capone » : ce surnom qu'ils ont — selon Catherine Nay — attribué à Jacques Chirac en dit long. Lors du premier comité central de l'UDR qui suit les élections présidentielles, Chirac n'est pas convié à la tribune. Plus que de la défiance, presque de la haine. Valéry Giscard d'Estaing ne fait rien pour améliorer la situation. Aussitôt intronisé, il salue l'avènement d'une « ère nouvelle de la politique française ». Est-ce à dire que le gaullisme est enterré, et définitivement ? Si c'est le cas, le président de la République commet une invraisemblable erreur en se refusant à dissoudre l'Assemblée nationale pour procéder à de nouvelles élections législatives. Au palais Bourbon, l'UDR constitue le groupe parlementaire le plus important. « Oublier » le gaullisme sans attaquer directement le parti gaulliste, la tactique est étrange. Giscard, fidèle à sa promesse électorale de ne pas dissoudre, assume cette contradiction. Il tient parole, contre l'avis de ses proches. « Nous aurions pu dissoudre la Chambre, admet Jean Serisé. Giscard savait qu'il avait été élu par un pays à gauche. Il comptait sur Chirac pour lui assurer une majorité tranquille. » Fin tacticien, Giscard estime qu'il a « possédé » une première fois Chirac en obtenant son ralliement. Il manipulera donc à son aise un Premier ministre qu'il considère comme acquis à sa personne et à sa cause. « Giscard vivait dans un souvenir mythique, celui d'un temps passé où Chirac était " son " secrétaire d'Etat. A l'évidence, le choix de Chirac découlait de cette volonté de ne pas dissoudre l'Assemblée nationale. Mais, malgré tout, les intimes de Giscard étaient étonnés par cette désignation. Et puis nous avons compris : il considérait Chirac comme un homme à lui. » Ce témoignage du député-maire d'Auxerre Jean-Pierre Soisson porte en lui les germes d'un hiatus inéluctable. D'autant plus inéluctable que Pierre Juillet et Marie-France Garaud adoptent, à l'égard du président de la République, une attitude injustifiable parce que erronée : Giscard n'a pas de caractère et, à ce titre, il est manipulable. Jean-Pierre Soisson, rétrospectivement, se souvient : « Ni sur la ligne politique, ni sur le style, ni sur la façon de se comporter, il n'y avait d'accord possible. »

Mais en ce début de septennat, le président de la République et son Premier ministre n'ont plus tout à fait le sens des réalités politiques. Victoire excuse. Le lundi 27 mai 1974, chacun s'apprête à profiter de l'extraordinaire pouvoir qui lui échoit. Chirac est satisfait d'avoir conquis Matignon. Il est âgé de quarante et un ans et sa carrière politique est flamboyante. Croise-t-il Olivier Guichard dans les salons de l'Elysée avant la cérémonie d'investiture de Giscard qu'il se confie, qu'il lui explique quelques-uns de ses projets, oubliant — déjà — le cas Chaban. La vie continue, le combat politique se poursuit et lui, Jacques Chirac, est installé en première ligne. Triomphant, l'adjectif n'est pas exagéré.

Triomphant et oublieux. Oublieux d'un fait : ses propres amis, les gaullistes, ne lui font pas toujours crédit Pierre Juillet a beau assurer que l'UDR est déjà retournée, qu'elle se couchera bientôt devant Chirac, le premier éditorial du journal gaulliste *la Nation*, signé par Pierre Charpy, est édifiant : « C'est la vigilance que l'UDR pratiquera vis-à-vis du gouvernement de Jacques Chirac... La pratique de ce soutien inconditionnel [...] exige une grande unité de pensée et d'action. Elle est incompatible avec les petites manœuvres de couloir... D'autant que ce gouvernement va essuyer les plâtres de l' " ère nouvelle " annoncée par le président de la République. Si celui-ci est entré à l'Elysée en complet-veston, son Premier ministre ne sait pas dans quel état il sortira de l'hôtel Matignon. Aussi est-il juste de lui accorder le temps de montrer ses

intentions et de les démontrer par ses réalisations. »
L'UDR ne se jette pas aux pieds du Premier ministre.

Chirac est oublieux peut-être, mais il écrit. Aux députés gaullistes par exemple : « Je m'inspirerai, dans l'action à venir, des principes et des idéaux qui ont déterminé mon adhésion au groupe UDR, dès le premier jour de ma vie parlementaire... Fort de votre confiance, j'emploierai mon énergie à continuer l'œuvre entreprise il y a seize ans et que seules une volonté et une unité communes permettront de poursuivre dans l'esprit du gaullisme. » Les gaullistes font la moue et leur secrétaire général Alexandre Sanguinetti clôt le débat : « Le premier ministre n'est plus le chef naturel du mouvement. » Ce n'est pas l'avis de Valéry Giscard d'Estaing. Sinon, la nomination de Jacques Chirac n'aurait plus aucun sens. Parce que, dans son esprit, la marche à suivre est évidente : le président gouverne et Chirac s'occupe de l'UDR.

« Les futurs ministres ont déjeuné avec Giscard. Et c'est seulement après que Chirac a été averti de leur nomination. » Avec quelle élégance Marie-France Garaud précise les choses ! Chirac, d'emblée, ressemble à un Premier ministre zombie même s'il fait mine de ne pas s'en apercevoir. Le président, secondé par Michel Poniatowski, nouveau ministre de l'Intérieur, modèle le gouvernement. Il veut donner une femme et Chirac, par le biais de Marie-France Garaud, lui trouve une magistrate, Simone Veil, à qui sera confiée la Santé. Là s'arrête l'influence du chef du gouvernement. Pour le reste, il enregistre les nominations : Michel d'Ornano à l'Industrie, Christian Bonnet à l'Agriculture, le député-maire UDR de Troyes Robert Galley à l'Equipement, Jean-Pierre Fourcade à l'Economie, Jean Lecanuet à la Justice, Jean-Jacques Servan-Schreiber aux Réformes. Et pour le reste, des inconnus, Jacques Soufflet, le ministre de la Défense par exemple. Chirac remarque la qualité médiocre de la plupart des ministres. Il laisse faire. Giscard n'a-t-il pas déclaré dès le premier conseil qu'il « travaillerait directement avec ses ministres » ? Commentaire du *Point* : « Chirac n'a même pas songé à former son gouvernement. Ponia s'y employait. Il l'a activement, mais modestement secondé. »

Dès lors, Chirac se replie sur Matignon. Avec une obsession en tête : conquérir l'UDR et devenir le chef incontesté du parti gaulliste. Le Premier ministre, suivant les préceptes de Giscard, ne gouverne pas vraiment, il fait avant tout de la politique depuis une base stratégique parfaite, l'hôtel Matignon. Et là, impossible de ne pas insister sur l'influence exercée par Pierre Juillet et Marie-France Garaud. Si le premier n'existe pas officiellement, la seconde a bénéficié d'une discrète nomination : elle est devenue conseillère technique. Lui s'est installé dans un appartement de la rue Vaneau, à quelques pas de Chirac, elle occupe un vaste bureau, au rez-de-chaussée de Matignon. Juillet-Garaud : le couple fait à nouveau fantasmer le Tout-Paris politique. Ils « tiennent » le Premier ministre, murmure-t-on. Si Chirac montre une telle fringale politique, ils en sont responsables. Naïveté que cette rumeur. Chirac participe de plain-pied et de droit au Monopoly politique qui s'engage.

Giscard prive Chirac de la réalité du pouvoir. Le Premier ministre, en accord avec Juillet et Garaud, admet dans un premier temps cette expropriation. Jeux d'observation, difficiles et subtils : chacun attend le premier faux pas de l'autre ; chacun reste sur ses terres. Une manière comme une autre d'éviter les conflits ; les témoignages à cet égard sont nombreux. Alain Peyrefitte décrit cette belle et bonne entente : « Pendant les douze premiers mois, tout marche bien. Giscard est enchanté de son choix et il le dit. » Le puissant Michel Poniatowski, numéro 1 bis du gouvernement, confirme : « Pendant les dix premiers mois, il ne s'est rien passé de négatif. » Jolie formule, si finement insidieuse qu'elle laisse place à toutes les interprétations. Celle-ci, avant tout : il ne se passe rien de négatif parce que Chirac ne se comporte pas en Premier ministre. La thèse s'appuie, il est vrai, sur de sérieux arguments.

Chirac est un « jeune » Premier ministre. Le travail à Matignon est particulier : il s'agit d' « avaler » tous les dossiers, de faire des choix et d'en imposer le respect aux ministres. Cette gymnastique, ces incessantes épreuves de force, en tête à tête, ne lui sont pas naturelles. Quand il travaille en équipe, Chirac délègue, la suspicion permanente l'excède et les contrôles à répétition le prennent au dépourvu. Jacques Friedmann, nommé chargé de mission, raconte : « Il disait souvent au ministre : " Fais au mieux, tu as ma confiance. " Le ministre, un peu décontenancé, avait alors tendance à se précipiter à l'Élysée chez un des conseillers de Giscard. » Ce comportement est d'autant plus dommageable que le président incite les ministres au doublage permanent. Que faire ? Enfermé dans les salons de Matignon, Chirac souffre. Souvenir de Marie-France Garaud : « Le cabinet se réunissait chaque lundi matin. Chirac ne tenait pas en place. » Et voilà de retour l'accusation : Chirac l'agité. Inévitable et d'autant plus terrible qu'il s'agit cette fois d'un Chirac qui devrait diriger le gouvernement de la France.

Une fois encore, la réalité est plus nuancée. Lorsque le ministre des Finances, Jean-Pierre Fourcade, propose par exemple le plan de refroidissement pour combattre l'inflation, Jacques Chirac s'oppose au président de la République. Sans succès, mais qu'importe : au moins affirme-t-il son existence et sa personnalité. Et Marie-France Garaud a beau clamer, aujourd'hui, qu'il aurait dû combattre plus gaillardement, elle ne tient pas à l'époque, installée à Matignon, le même discours. Mieux que quiconque, elle sait à quel type de travail est astreint le Premier ministre sous la pression du Président : obtenir le soutien de l'UDR au gouvernement et rien d'autre. Dans cet exercice-là, Chirac s'avère d'une habileté sans égale ; ce n'est pourtant pas facile, à la tête d'un gouvernement ouvertement antigaulliste — une hostilité entretenue par Michel Poniatowski. « Tout ce que faisait Chirac était épié et répété à Giscard par Poniatowski », assure Jean-Pierre Soisson.

Qu'importe, Chirac choisit « son » objectif et il fera tout pour l'atteindre. L'objectif, c'est évidemment l'UDR. Mais pas de la façon dont le président l'entend. « Personne, en dehors de Giscard, n'a pu imaginer que j'allais giscardiser le parti gaulliste », confirme Chirac. Faux, de nombreux gaullistes étaient persuadés que Chirac s'apprêtait à les vendre. Chirac, lui, n'en démord pas : « J'ai toujours tenu le même discours à Giscard : les institutions veulent que le président de la République ait une majorité. Par conséquent, bien que mon crédit soit faible à l'UDR en ce moment, je vous l'amènerai sur un plateau. L'UDR vous soutiendra. J'ai aussitôt ajouté : naturellement, ce n'est pas pour lui couper la tête, c'est pour que vous donniez à l'UDR la place qui lui revient. » Une place ? Quelle place ? La première. Chirac joue une partie que Giscard n'entrevoit pas.

Encore lui reste-t-il à convaincre les gaullistes. C'est, paradoxe, le plus facile. Les gaullistes sont en effet déboussolés. Ils ont pris, au fil des ans, l'habitude du pouvoir ; ce pouvoir ils l'ont perdu et, dans un contexte si nouveau, ils sont disposés à être bons garçons. Quitte à se jeter dans les bras du nouveau pouvoir, mieux vaut choisir ceux de Chirac. Et puis le Premier ministre a la manière : les gaullistes, il les connaît, il sait comment les satisfaire, les flatter. « Ce sont des hommes droits, a l'habitude de dire Chirac. Dès lors qu'ils sont rassurés sur les principes essentiels, ils marchent. » Et il s'emploie à « les faire marcher ». Premier ministre depuis deux mois, il prend d'assaut les députés UDR réunis au théâtre municipal de Vélizy-Villacoublay ; il déjeune en leur compagnie, discute avec eux, plaisante sur le dos des centristes, ces « bêtes étranges » pour tout gaulliste qui se respecte. Si bien que le fil se renoue, insensiblement — aussi vite qu'il se distend avec Giscard, ce président à gadgets tant exécré par le député UDR moyen. Et Jacques Chirac de rappeler : « J'ai averti Giscard à de nombreuses reprises. " Il faut mener une politique qui permette à l'UDR de vous soutenir sans réserve. Cela suppose deux choses : que vous parliez au cœur des gaullistes, que vous les considériez, que vous ne touchiez à aucun de leurs grands thèmes. Pour le reste, faites tout ce que vous voulez. " » Le président fait mine d'entendre. « Il n'a jamais rien compris au mouvement gaulliste, assure Jérôme Monod, l'actuel P-DG de la Lyonnaise des Eaux, alors proche collaborateur de Chirac. Il s'est imaginé que l'UDR était assimilable par un ensemble centriste. »

C'est précisément ce que Chirac veut éviter. A tout prix. Les députés gaullistes se réunissent une fois encore à Cagnes-sur-Mer, en septembre 1974; il est là, confiant, solide : « Je vous promets cent cinquante députés aux prochaines élections législatives », clame-t-il. Et ils le croient. A la grande déception des barons. Ils sont allergiques à la domination qu'entend exercer Chirac. Ils finiront eux aussi par plier. Mais, pour l'heure, Chirac en est encore à la séduction. Quitte, parfois, à cogner sur la politique impulsée par le président de la République et qu'en principe, il conduit. Ainsi les députés UDR entendent-ils avec ravissement un Premier ministre vilipender la politique féministe, celle conduite par Françoise Giroud, « son » ministre. Le président accepte ces écarts : il a besoin de l'UDR.

Pour parfaire l'encerclement du président de la République, Jacques Chirac, Pierre Juillet et Marie-France Garaud sont convaincus qu'ils doivent officiellement contrôler l'UDR. Que Chirac en personne devienne secrétaire général de l'UDR en lieu et place d'Alexandre Sanguinetti. Ils savent pertinemment qu'un coup de force semblable transformerait la pratique politique de la Ve République. Jamais un Premier ministre n'a été en charge d'un parti de la majorité. N'est-il pas le chef de toute la majorité ? Chirac admet la remarque... Et il trouve la parade : « Jamais Poniatowski n'a admis que je dirige l'ensemble des formations de la majorité. Même quand Giscard rappelait que je devais être le " coordonnateur ", Poniatowski a tout fait pour saboter cette initiative. » Il lui faut donc se replier sur l'UDR. Et parachever cette idylle qui s'ébauche avec le mouvement gaulliste. Une erreur des barons en fournit l'occasion inespérée.

« Ils ont lancé une opération de déstabilisation contre Sanguinetti, raconte Charles Pasqua. Ils lui ont proposé une direction collégiale dont l'un d'entre eux — Olivier Guichard sans doute — serait le leader. » Pierre Juillet perçoit immédiatement le danger et le journaliste Georges Suffert l'explique à merveille dans *le Point* : « L'UDR ne peut avoir qu'un chef. Ou bien le Premier ministre sera, d'une manière ou d'une autre, le chef de l'UDR. Ou bien le chef de l'UDR tombera, un jour ou l'autre, le Premier ministre. » Conclusion : Chirac part à l'assaut. Le conseil national doit se tenir les samedi 14 et dimanche 15 décembre 1974 dans les salons de l'hôtel Concorde à Paris. Charles Pasqua, grand maître des fédérations gaullistes, assure qu'il disposera d'un nombre suffisant de mandats pour assurer la victoire du Premier ministre. Chirac fait savoir aux barons qu'il désire participer à leur dîner du jeudi 12 décembre, dans la salle à manger de Roger Frey, le président du Conseil constitutionnel. Les fenêtres donnent sur les jardins du Palais-Royal, Chirac ne se préoccupe pas du paysage. « Je les ai écoutés, raconte-t-il. Et j'ai vite compris que, même entre eux, ils n'étaient pas disposés à tirer l'UDR dans le même sens. Au café, je leur ai annoncé que je postulerais le dimanche au secrétariat général. » Stupeur. Aujourd'hui, Olivier Guichard assure ne pas se souvenir du coup d'éclat de Chirac : « Il ne nous a rien annoncé d'aussi précis au cours du dîner. » Roger Frey, lui, a meilleure mémoire. Il confirme le récit de Chirac. Ainsi que Michèle Cotta, alors journaliste à *l'Express*, reçue par Chirac quelques heures avant ce dîner, en compagnie de sa consœur Catherine Nay : « Chirac nous a affirmé : je vais prendre l'UDR et je fais toujours ce que je dis. »

Le président de la République consent-il à cette prise en main officielle de l'UDR ? La réponse de Charles Pasqua est sans ambiguïté : « Au même moment, Giscard s'apprêtait à partir pour les Antilles. Nous avons conclu qu'il était inutile de lui demander sa permission. » A Orly, le président confie à Chirac sa préoccupation devant les problèmes de l'UDR. Réponse du Premier ministre : « Ne vous en faites pas, j'y mettrai bon ordre. » Et un premier obstacle de contourné. Alexandre Sanguinetti refuse-t-il de passer la main et de céder son fauteuil au Premier ministre ? « Pierre Juillet l'a invité à dîner chez Lasserre, raconte Charles Pasqua. Je suis arrivé au milieu du repas. Et j'ai proposé une solution : que Sanguinetti soit nommé à Matignon. » Et un deuxième obstacle évité. Les hommes de Chirac sont efficaces. Le Premier ministre, lui, se construit en quelques jours, une stature d'homme politique national appuyé sur un vrai parti.

« Il va giscardiser l'UDR », crient les gaullistes purs et durs. Ils se trompent : il veut la chiraquiser, nuance capitale. Et cette détermination, le président de la République ne la comprend pas. Il est persuadé, lui aussi, que Chirac sacrifie l'UDR sur l'autel de l'Elysée. Olivier Stirn, qui l'accompagne aux Antilles, en témoigne : « J'étais à ses côtés quand il a appris l'élection de Chirac à la tête de l'UDR. Il a approuvé. » Seul Michel Poniatowski comprend la manœuvre : « J'étais à Metz, en voyage officiel dans une préfecture. Quand Chirac a fait son coup, il m'a appelé au téléphone. Il m'a assuré qu'il avait joint le président pour lui expliquer qu'il reprenait l'UDR en main. Il l'a contacté en effet. Après son élection. » Charles Pasqua confirme cette version : « Chirac a bien téléphoné à Giscard pour le lui annoncer. Il venait d'être élu : le président a répondu : " Vous avez peut-être raison. " » Chirac sait bluffer.

Quand le Premier ministre, flanqué de l'indispensable Charles Pasqua, arrive dans le salon de l'hôtel Concorde, il craint le pire : les insultes, les sifflets ; il redoute que les barons, ulcérés par son coup de force, ne tentent une ultime manœuvre. Et Charles Pasqua, in extremis, n'aurait-il pas perdu le contrôle des quelques mandats qui assureraient la majorité ? « En partant de Matignon, raconte Pasqua, je ne lui avais pas caché que nous aurions cinq minutes difficiles, que nous allions nous faire huer. » Il ne se trompe pas et Georges Suffert le raconte dans *le Point* : « La fin de la matinée et l'après-midi seront étouffants. Entre les pro- et les anti-Chirac, la tension est insupportable. Quelqu'un dira : " Même durant l'élection présidentielle, jamais nous n'avons été aussi près de nous couper en deux. " » Chirac a utilisé cette manière qui sied tant aux gaullistes : la force, puis le charme. Commentaire de Charles Pasqua : « A trois voix près, Chirac a obtenu le chiffre que j'avais prévu. J'ai même renoncé à utiliser d'autres pouvoirs que j'avais dans ma poche. » Même Jacques Chaban-Delmas n'a pas osé se rebeller.

Voilà donc Jacques Chirac, au début de cet hiver 1974, Premier ministre de la République et secrétaire général de l'UDR. Que de chemin parcouru en neuf mois. Simone Veil, alors ministre de la Santé et intime de Jacques Chirac, continue de s'en étonner : « Et dire qu'un jour, en ma présence, il s'était plaint que Giscard ne l'utilise pas mieux par rapport à l'UDR. » Eh bien, Chirac s'est approprié l'UDR. Il a superbement joué, les observateurs en conviennent et Alain Peyrefitte, pourtant hostile au Premier ministre, salue la manœuvre : « Dès qu'il s'est installé à Matignon, Chirac a compris qu'il n'existerait plus s'il n'était pas le chef des gaullistes. Avec beaucoup d'habileté, il a convaincu les députés UDR qu'il allait gouverner avec eux, qu'il était préférable d'éviter la dissolution et que, s'il se produisait d'inacceptables événements, lui, Chirac, quitterait le gouvernement. Dès lors, les gaullistes se sont sentis rassurés dans leur conscience. »

Pierre Juillet et Marie-France Garaud sont satisfaits. Mieux, ils sont épanouis. Leur stratégie débouche sur un triomphe, Chirac est fort et, par là même, eux aussi prennent encore du poids. Etrange république que celle-là, voulue par le général de Gaulle : officiellement, Pierre Juillet n'est rien, il n'existe pas. Jérôme Monod, nouveau directeur du cabinet du Premier ministre, avoue qu'il ne s'est « aperçu de la présence de Pierre Juillet qu'au bout de trois mois ». Et pourtant Juillet — « un homme impérieux », selon Monod — pèse de tout son poids dans les décisions et les actions de Chirac. Charles Pasqua dissèque à merveille le mécanisme : « J'ai commencé à travailler vraiment avec Chirac, Garaud et Juillet à la fin de 1974, après qu'il fut devenu secrétaire général de l'UDR. Aussitôt, j'ai été en charge de la machine UDR. Et nous nous sommes vus régulièrement, Chirac, Juillet, Garaud et moi. Trois ou quatre fois par semaine. En permanence, Pierre Juillet gardait le contact avec moi et, contrairement à la légende, il s'absentait peu. Nous avions de très longues conversations. Chacun donnait son avis, Juillet essayait de nous convaincre, Marie-France, elle, développait son esprit critique, sa verve caustique. Chirac, lui, écoutait beaucoup. » Le sénateur gaulliste a comme des regrets dans la voix. Belle période. Grande époque où un Premier ministre et son entourage, mine de rien, entreprennent de court-circuiter le président de la République. Redoutable entourage, qui réfléchit trois fois plus vite que celui de Giscard. « Marie-France Garaud ne déparait pas notre cavalerie », confirme Pasqua, avec admiration. « Juillet emportait souvent la décision », ajoute-t-il — avec déférence.

Les rapports entre Jacques Chirac et ses deux conseillers se comprennent mieux à partir de Matignon. Marie-France Garaud et omniprésente ; seule la politique la passionne, seules les manœuvres l'excitent. Elle est convaincue que Chirac est capable de mener à bien toutes les opérations dont elle rêve. Elle est fascinée par la puissance et la vitalité du jeune conseiller de Georges Pompidou devenu Premier ministre ; pour elle, rien d'impossible, et Jérôme Monod le confirme : « Elle détestait les fonctionnaires et, plus encore, les technocrates. Elle voulait bouger, perpétuellement, pour conquérir le pouvoir à sa façon. En clair, elle estimait que le travail gouvernemental détournait Chirac des actions purement politiques, l'écartait des choses importantes. » Pierre Juillet modère les ardeurs de sa comparse. Et, surtout, « Chirac n'était pas aussi malléable que Marie-France Garaud l'aurait souhaité », note Jérôme Monod. Le Premier ministre sait utiliser ses deux conseillers. Juillet et Garaud poussent toujours, loin et fort. Ils ne sont jamais aussi à l'aise que dans des situations tendues et conflictuelles. Chirac, calé dans son fauteuil de Premier ministre, fait le tri des initiatives. Il assure une fonction de modérateur. De telle sorte qu'une apparente harmonie continue de régner entre Matignon et l'Elysée. Jean-Pierre Soisson ne partage pas cette façon de voir. Il est persuadé que Marie-France prend le pouvoir, qu'elle cerne le Premier ministre : « Quand Mme Garaud s'est installée dans le grand bureau du rez-de-chaussée de Matignon, il s'est bel et bien agi d'un tournant. La géographie des lieux traduisait cette évidence : ses pouvoirs grandissaient. »

Il y a là erreur. Erreur sur les personnes, erreur sur les faits. Chirac n'écoute pas systématiquement Marie-France Garaud ; sur des affaires importantes il la désavoue. Il agit contre la volonté de la conseillère. Quand Valéry Giscard d'Estaing et son ministre de l'Economie Jean-Pierre Fourcade exigent une loi sur la taxation des plus-values, Chirac ne dissimule pas son opposition : il ne croit pas au bon rendement d'une telle initiative et il en mesure les inconvénients politiques au regard de la majorité de droite. Il le dit au président. En vain. Alors il soutiendra le projet devant l'Assemblée nationale. Comme un Premier ministre fidèle. « Son attitude a provoqué un drame, raconte Jérôme Monod. Il a défendu ce texte contre Marie-France. Elle était rouge de colère. » Les exemples de ce type abondent. Ils témoignent des acrobaties auxquelles se livre Jacques Chirac pour exercer sa fonction ; ils prouvent qu'il ne dispose des prérogatives de Premier ministre que lorsqu'il exécute les plans du président, et uniquement dans ces moments-là. Premier ministre de Giscard, il ne peut accepter de s'effacer à ce point ; Premier ministre tout de même, il ne se résout pas à désobéir au président, à ne pas le couvrir dans les moments difficiles. La tradition de la Ve République le veut et Chirac y est attaché.

Deux affaires de presse illustrent à merveille ce dualisme permanent. Depuis son installation à l'Elysée, le nouveau président entend se débarrasser du directeur général d'Europe 1, Maurice Siégel. Giscard est obnubilé par les nombreux et importants salaires du journaliste, indirectement versés par l'Etat via la SOFIRAD, un holding public qui contrôlait à l'époque le poste périphérique. « Cela l'obsédait réellement », remarque Denis Baudouin, l'un des conseillers de Chirac, à l'époque P-DG de la SOFIRAD. Et surtout, Giscard supporte mal la liberté de ton que Siégel exige de sa rédaction. Récit de Chirac : « Giscard a convoqué Baudouin deux fois de suite à propos de Siégel. Baudouin est alors venu me voir, il ne savait pas trop comment se comporter. Je lui ai dit de surtout ne rien faire. Quinze jours plus tard, je déjeune chez Taillevent avec la rédaction d'Europe 1. Quelques minutes auparavant, sur le perron de l'Elysée, à la sortie du conseil des ministres, je m'étais disputé avec le journaliste Gérard Carreyrou. Je suis arrivé au déjeuner fou furieux et je m'en suis ouvert à Siégel. Rien de grave, une colère instantanée. Mais je ne savais pas que la veille au soir, Giscard avait à nouveau convoqué Baudouin et exigé que Siégel soit chassé dans les quarante-huit heures. Ainsi fut fait. Réaction générale à Europe 1 : Chirac règle ses comptes après l'affaire Carreyrou. Toutes les apparences justifiaient cette conviction. »

Aujourd'hui Jacques Chirac assure qu'il n'a pas dissimulé sa désapprobation au président de la République. Mais qu'importe : dans les faits et dans l'esprit du public, Chirac est responsable, via le président de la République, du limogeage de Maurice Siégel. Il le sait et il l'admet, par exemple dans cette interview accordée au *Point* le 21 avril 1975, douze mois après sa nomination : « Le président [...] est, d'une certaine manière démocratique, le monarque puisqu'il a été oint par le peuple. Et il est seul. C'est pourquoi les éternelles supputations des journalistes sur les rapports président-Premier ministre n'ont pas la moindre signification... C'est Valéry Giscard d'Estaing qui est dépositaire des pouvoirs de la nation. » En privé, il n'oublie jamais d'ajouter : « Dans la mesure où il est le vrai chef de la majorité. » Il le dit. Et il y croit — à moitié seulement parce que ce président-là ne lui convient pas.

Quand, en cette même année 1975, Robert Hersant se porte acquéreur du *Figaro*, Jacques Chirac ne réagit pas davantage. « Je n'étais pas favorable à la transaction », assure-t-il aujourd'hui. Il est vrai que le Premier ministre était partisan d'un rachat du grand quotidien libéral pour un pool de banquiers. Récit de Chirac : « Le président s'y est opposé, il m'a prié de ne pas m'occuper de cette affaire. Giscard était à l'époque obsédé par le *Monde* et il voulait à tout prix lancer un quotidien du soir concurrent. Ce sera *J'informe*. J'ai été lui expliquer qu'il avait tort, que personne ne pouvait abattre une citadelle telle *le Monde*, même si elle ne vous est pas favorable. Il n'a rien voulu entendre. » Pas plus que Marie-France Garaud favorable — et avec vigueur — au rachat du *Figaro* par Robert Hersant.

Pour l'heure, le Premier ministre « fait avec » le président de la République. Les plus avisés parmi les proches de Chirac sont convaincus qu'il s'agit là d'une mésalliance, qu'elle ne saurait durer. Jérôme Monod, le nouveau directeur du cabinet, compte parmi ceux-là : « Je travaillais à Matignon depuis un mois et j'ai estimé indispensable de lui poser la question du départ. C'était en janvier 1975. Chirac était sans cesse doublé par des conseils restreints qui se tenaient à l'Elysée. La loi sur les plus-values par exemple a été imposée jusqu'au bout par l'Elysée. Les nominations elles aussi étaient du ressort quasi exclusif de l'Elysée. Deux mois plus tard, en mars, je me suis permis d'être plus affirmatif encore. Je lui ai dit qu'il fallait partir. »

Le conseil est moins que sot.

CHAPITRE XII

LA RUPTURE

> « Quand on est Premier ministre et qu'on démissionne, on ne démissionne pas pour des broutilles. Les grandes causes méritent de grands débats. »
>
> Pierre Juillet.

Comment faire ? Comment ne pas être laminé par un président de la République — et son entourage — qui, les faits le prouvent chaque jour, ne vous accorde pas sa confiance ? Jacques Chirac ne sait pas. Pis, il hésite et ce doute permanent finit par l'envahir tout entier. Il conçoit la politique comme une marche en avant, et Valéry Giscard d'Estaing a entrepris de le freiner. Marie-France Garaud n'en revient pas : elle attendait un président « mondain et déliquescent », selon la définition d'un important personnage du cabinet Chirac ; or la réalité est tout autre. Car si le président ne fait pas preuve en permanence d'une activité forcenée, son entourage ne laisse rien filer. Chirac, à l'instar de la plupart des Premiers ministres de la Ve République, est enserré dans l'étau présidentiel. L'exécutant Chirac est relégué au deuxième plan par les chevau-légers du « libéralisme avancé », ces giscardiens purs et durs qui ne le reconnaissent pas et ne le reconnaîtront jamais.

Seul dans son bureau, Chirac arrive parfois à se raisonner : non, il ne faut pas « lâcher » Giscard — pas tout de suite. Parce que cette fonction de Premier ministre lui permet de découvrir des horizons jusque-là inconnus, les affaires étrangères, par exemple. C'est vrai, Chirac prend plaisir à voyager, à rencontrer des hommes d'Etat, à s'intéresser aux jeux de la géopolitique. A Bagdad, il est conquis par Sadam Hussein, le chef d'Etat irakien ; cette amitié lui sera reprochée, souvent. Le Premier ministre est convaincu du rôle stratégique essentiel que l'Irak sera amené à jouer entre le golfe Persique et le Moyen-Orient. Il ne se trompe pas, même si cela peut le conduire à commettre des bévues surprenantes. Récit de Jacques Friedmann : « Un jour, Chirac m'a invité à passer un week-end " privé " avec Sadam Hussein, dans le Midi, aux Baux-de-Provence. J'ai aussitôt accepté et je lui ai demandé qui nous accompagnerait. Il avait convié son directeur adjoint de cabinet, François Heilbronner, et un ministre " qu'il aimait bien ", Simone Veil. J'ai dû lui expliquer que Sadam Hussein prendrait la composition de la délégation française comme une provocation, que Simone Veil, Heilbronner et moi-même étions juifs, qu'il devait tenir compte de cela. Il a été surpris, presque choqué, de mon attitude. » Chirac confirme : « Sur le moment, je n'ai pas compris Friedmann. Et puis j'ai dû convenir qu'il n'avait sans doute pas tort, puisque Simone Veil a réagi de la même façon. » L'épisode est plus important qu'il n'y paraît parce qu'il met en scène un Chirac d'une naïveté surprenante. Loin de tout sentiment antisémite, il ne l'imagine pas possible chez les autres. Le Premier ministre apprend les subtilités et les impondérables de l'histoire et de la diplomatie.

Qu'il soit plus à l'aise dans les arcanes de la vie politique tricolore ne fait aucun doute. Et plus que jamais, en ce début d'année 1975, il a besoin de cette habileté. Depuis quelques mois, l'UDR est sous sa coupe. Jacques Chaban-Delmas ne l'a toujours pas admis et, quand il rencontre le président de la République, il ne manque pas de lui faire savoir sa désapprobation. Il explique à Giscard qu'il a fait lui-même de Chirac le patron du mouvement gaulliste, que, plus tard, il le regrettera. Qu'importent ces récriminations : Chirac, déjà, en veut davantage. Que le président le dépossède des affaires de la France, soit ; il en est d'autant moins troublé qu'il défend une conception présidentialiste des institutions de la Ve République. Mais alors le président doit lui faire confiance pour conduire les partis de la majorité. Giscard y a d'autant plus d'intérêt que Chirac est convaincu de pouvoir remporter en 1976 les élections cantonales, et deux ans plus tard, les élections législatives. Pierre Juillet et Marie-France Garaud, première faille dans le trio, ne partagent pas cette certitude : l'essor de l'union de la gauche leur semble irréversible. Chirac combat ce pessimisme. Et il s'en ouvre à Giscard.

« Je lui ai suggéré de former, sous mon autorité, un comité de coordination de la majorité. » Le président ne répond pas. Ni oui ni non ; un état de flou. D'autant plus compréhensible que ses désaccords politiques avec le Premier ministre vont s'accroissant, et se résument dans une formule qu'il lâche au cours d'un conseil des ministres : « La France doit devenir un immense chantier de réformes. » Chirac ne suit pas. Ses racines pompidoliennes reprennent le dessus. Il ne comprend toujours pas ce goût effréné pour des réformes qui, selon lui, ne font pas partie des préoccupations profondes des Français. Correctif apporté par Simone Veil : « On a beaucoup dit et écrit que les réformes allaient à l'encontre de sa sensibilité. Je n'en suis pas sûre. Il m'a souvent répété : " Vous êtes la seule à avoir une fibre sociale. N'ayez pas peur de faire des choses. " Chirac est convaincu qu'il est suffisant de travailler sur le plan social pour en tirer profit sur le plan électoral. C'est la définition d'un populiste. » Le populiste Chirac ne peut pas s'entendre avec Giscard, l'aristocrate aux attitudes de grand bourgeois. « La méfiance a fini par s'installer de part et d'autre », convient Simone Veil.

Et comme une rengaine revient cette volonté de coordonner la majorité. Chirac ne veut pas, ne peut pas y renoncer. Son emprise doit dépasser le cadre de l'UDR, sous peine de n'être plus que le chef d'un seul parti de la majorité. Dès lors, le conflit devient inévitable. Michel Poniatowski, avec ou sans l'approbation du président, se charge de le déclencher. Il réunit les républicains indépendants dans la distinguée salle Pleyel à Paris et, pendant tout un week-end, le ministre de l'Intérieur ajuste de petites phrases venimeuses à l'encontre du partenaire gaulliste : « Nous serons bientôt le premier parti de France. Nous allons créer un véritable rassemblement populaire. » Le message destiné à l'UDR, et à Chirac, ne peut pas être plus explicite : les giscardiens ne supportent plus la prééminence gaulliste à l'Assemblée nationale, et pour la première fois ils l'expriment ouvertement. Michel Poniatowski toujours : « L'UDR ne doit pas espérer exercer un jour une pression quelconque sur le chef de l'Etat, qui est le seul vrai chef de la majorité. » Une déclaration de guerre en bonne et due forme, avec une idée fixe : lors de la prochaine législature, le parti gaulliste ne sera plus le parti majoritaire de la majorité. Pour mieux prouver sa détermination, Michel Poniatowski se fait élire président des républicains indépendants. Chirac s'est annexé le parti gaulliste, Poniatowski s'empare de l'appareil giscardien. Les éléments du drame sont en place.

Le ministre de l'Intérieur pourtant se fourvoie. Avec la bénédiction de Giscard, il entreprend un combat qu'il ne peut pas gagner. Les premiers échanges lui sont favorables. Quand le Président décide, le 31 janvier 1975, de remanier le gouvernement, Chirac n'est même pas consulté. Ecœuré, il se confie à Simone Veil : « Vous êtes le seul ministre qui ne m'ayez jamais contourné. — C'est un réflexe de magistrate », lui réplique-t-elle, malicieuse. « L'attitude de Giscard était curieuse, vraiment, remarque Simone Veil. Chirac savait installer une atmosphère chaleureuse dans le travail. Il écoutait ses ministres, il les soutenait. On se sentait appuyé. » Le ministre de la Santé a bonne mémoire. Elle garde une date en tête, celle du 26 novembre 1974. Ce jour où elle a dû affronter les parlementaires de la majorité. La plupart des députés gaullistes et giscardiens sont hostiles à la loi sur l'interruption volontaire de grossesse. Jacques Chirac défend le ministre et son projet bec et ongles : solidarité avant tout. Cette attitude est d'autant plus significative que Jacques Chirac reste discret quant à son attitude personnelle vis-à-vis de l'IVG. Y est-il favorable ? Y est-il opposé ? Il ne le dit pas. Et se contente de marquer par des gestes — et des paroles — son soutien à Simone Veil.

Jean-Pierre Fourcade, lui, ne se sent pas autant en phase avec « son » Premier ministre. Il exprime son désappointement. Le ministre de l'Economie et des Finances accorde, le 30 avril 1975, une interview au *Figaro*. Un massacre : « J'ai une plus grande expérience de la gestion que Jacques Chirac. Il n'a jamais dirigé personnellement une administration ou une entreprise, il s'est peu penché sur les problèmes internationaux. Il me fait donc confiance dans ces domaines. Nous avons des conceptions différentes de la société. Il est, au fond, beaucoup plus interventionniste et dirigiste que moi. C'est un homme qui a été très marqué par la sociologie de circonscription. » Fourcade croit-il que le président s'apprête à le nommer Premier ministre ? Estime-t-il qu'il peut attaquer un chef du gouvernement en apparence affaibli ? Chirac ne supporte pas. « Nous allions vers un million de chômeurs. L'inflation approchait 15 p. 100 et Fourcade me donnait des leçons à propos d'une politique économique que je n'approuvais pas... » Invraisemblable situation, où un ministre défie le Premier ministre. Tout cela n'a que trop duré : Chirac va mettre à bas la politique économique de Jean-Pierre Fourcade... et, par la même occasion, celle du président de la République. C'est que Giscard, lui aussi, hésite dans un domaine dont il s'était fait un royaume.

C'est avec délectation que Jean-Pierre Fourcade raconte sa version de ce bras de fer économico-politique. Son témoignage est d'autant plus précieux qu'il confirme la lutte engagée entre Giscard et Chirac : « En matière économique, il y a eu trois périodes caractéristiques : l'entente, qui a duré jusqu'à la fin de l'année 74. En janvier 75, j'ai expliqué à Giscard et à Chirac que nous avions un peu trop " serré " l'économie et que nous risquions d'avoir des ennuis sur le plan de la croissance et du chômage. Je me suis fait renvoyer dans mes foyers. Le président et le Premier ministre ont fini par adopter mes thèses en avril. Mais, à ce moment, Chirac avait changé d'avis : il poussait pour une relance plus franche ; Giscard, lui, continuait à freiner. Au mois de mai, sans rien demander à personne, Giscard a réintroduit le franc dans le serpent monétaire européen, au niveau de parité du départ. Il a pu le faire grâce à la reprise en main du crédit et au suréquilibre budgétaire. Cette décision signifiait qu'il n'y aurait pas de relance. Il était en effet absurde, une fois dans le serpent, de faire une politique de relance contraire à celle de nos partenaires et qui recréerait des difficultés de prix, de commerce extérieur et de balance des paiements : Chirac s'est alors battu contre cette politique. » Et le Premier ministre obtient satisfaction : au moins de juillet 1975, le président de la République lui concède un plan de relance.

L'événement est intéressant car il permet de détailler la perversité des rapports qui se sont installés entre les deux hommes. Le Premier ministre est à l'écoute de « ses » électeurs et les rapports des préfets, qui s'accumulent sur son bureau, vont tous dans le même sens : le chômage ne cesse de croître, les entreprises, cadenassées par le plan de refroidissement instauré par Jean-Pierre Fourcade, sont paralysées. Chirac s'en ouvre à Catherine Nay : « Avec huit cent mille chômeurs, nous avons atteint le seuil au-delà duquel le pays saute en l'air. Le plan Fourcade a assez duré. Il ne faut pas écouter les technocrates imbéciles qui veulent freiner les investissements. Les entreprises ont besoin d'une relance. » Chirac raisonne à la manière d'un gaulliste : pas question de laisser l'économique surpasser le politique, pas question d'obéir aux injonctions de ces inspecteurs des Finances calfeutrés rue de Rivoli. Tout cela, Chirac le dit à Giscard. Le président écoute et réplique par un lapidaire : « Dramatiser la situation, c'est décourager les Français. » Le Premier ministre est persuadé du contraire : dramatiser la situation, c'est mobiliser le pays.

Dans un tel contexte, Chirac insiste. Tant et plus. Il parle, argumente, écrit note après note. Le président cède. Faiblesse ? Pour partie, et Jean-Pierre Fourcade ne dissimule pas son mécontentement : « J'ai songé à démissionner », reconnaît le ministre des Finances. Giscard est avant tout sensible au tocsin agité par les préfets et que Chirac ne cesse de lui faire écouter. Analyse de l'inévitable Michel Poniatowski : « Après l'obtention de ce plan, les chiraquiens ont tiré une conclusion : puisque Valéry Giscard d'Estaing avait fini par accepter, c'est qu'il était une chiffe molle. » Deux faits au moins contredisent cette vision des événements. D'abord, Giscard consent au plan mais compte les sous : son Premier ministre demande trente milliards, il lui en accorde vingt-trois. Ensuite, dans son ardeur à paraître sur les écrans de télévision, Giscard, au retour des vacances, présente lui-même le plan aux Français, le prenant à son compte.

Chirac a marqué un point. Dès lors, le microcosme politique croit l'idylle renouée. Trop vite. Trop tôt. Chirac aussi, un court instant, rêve de s'entendre à nouveau avec le président de la République. Il donne même un gage à ses partenaires giscardiens : il abandonne le secrétariat général de l'UDR à un politicien sans envergure, André Bord, ex-secrétaire d'Etat aux Anciens Combattants. Personne n'est dupe. Chirac reste seul maître du mouvement gaulliste. Mais de la sorte, il peut présenter au président sa nouvelle exigence : devenir le chef officiel de toute la majorité.

« Chirac super-star », titre *le Point;* et l'hebdomadaire écrit, le 29 septembre 1975 : « Jacques Chirac a gagné son pari. Avec l'aval de Valéry Giscard d'Estaing, il va bientôt prendre en main sur le plan national [...] l'organisation de l'ensemble de la majorité pour la préparer aux prochaines échéances électorales... Seulement voilà : pour la première fois dans l'histoire de la Ve République, le rapport des forces au sein de la majorité est tel que le président apparaît politiquement presque aussi dépendant de la personne de son Premier ministre que le Premier ministre est institutionnellement dépendant du chef de l'Etat. » L'analyse est aussi juste que la proposition initiale est erronée. Chirac ne gagne pas son pari ; il n'est pas sacré coordonnateur de la majorité. « Giscard ne tient pas parole » : tel est l'avis des cadres UDR. La guéguerre est ouverte. Elle ne cessera plus jusqu'au jour de la démission.

Sans doute Chirac a-t-il commis l'erreur — impardonnable en cette occasion — de sous-estimer le président de la République. Giscard ne peut se résoudre à laisser « sa » majorité entre les mains du nouveau chef de ce parti gaulliste tant haï. Et l'accepterait-il qu'aussitôt il subirait les assauts de son entourage politique. Michel Poniatowski et Jean Lecanuet combattent pied à pied la prédominance de Chirac. L'Etat UDR reste à abattre, Chirac aussi. Lecanuet l'assure à Catherine Nay : « A président réformateur doit correspondre une majorité réformatrice. »

Au plan psychologique, Chirac est dérouté par ce président de la République virevoltant, par ce président girouette qui lui fait des promesses et s'empresse d'engager des actions contraires sous les regards enchantés de ses « super-ministres », Poniatowski et Lecanuet. Intéressant témoignage de Jacques Friedmann, présent à chaque événement crucial : « Jacques était un homme politique formé sous Pompidou, c'est-à-dire très respectueux de la primauté du président de la République. Pour lui, le Premier ministre couvre et protège le président. Mais la réciproque doit exister : le président ne peut pas admettre que les ministres contournent systématiquement le chef du gouvernement. Or, Giscard ne l'a pas aidé. Il n'a pas voulu affronter Ponia et Lecanuet. » Sous l'autorité de Giscard, Chirac ne trouve pas sa place. Il s'adresse à un metteur en scène qui, avec obstination, s'entête à ne pas lui donner des indications précises. La position de Premier ministre devient ainsi chaque jour plus intenable.

Intenable, oui. Et les exemples sont nombreux. Quand le président de la République, une nouvelle fois, modifie en janvier 1976 l'aspect et la structure de son gouvernement, le Premier ministre est tenu à l'écart, sans aucun égard : il séjourne en Corrèze, qu'il y reste. Il avait expliqué à Giscard que l'équipe était pléthorique. Le chef de l'Etat, par esprit de contradiction, l'agrandit encore. Jean Lecanuet ne cesse de combattre Chirac. Il est promu ministre d'Etat. Que de camouflets !

Dans son bureau de Matignon, Marie-France Garaud craque. La dame est furieuse. Elle ne supporte pas de devoir se plier aux impulsions de Giscard, et pousse Chirac à provoquer un clash. « Avant le ramaniement, lui explique-t-elle, les futurs ministres d'Etat ont déjeuné avec Giscard. Il n'a pas daigné vous convier à ces agapes. » Est-ce à dire que Mme Garaud conseille pour autant au Premier ministre de partir ? Pas sûr. Elle estime qu'il est encore possible de répliquer pied à pied aux provocations qui semblent tant amuser le président de la République. La nomination de Raymond Barre au ministère du Commerce extérieur n'est pas perçue comme l'une d'entre elles. A posteriori, Giscard assure que, dès ce moment, il avait décidé de promouvoir le professeur d'économie à Matignon. Chirac ne se méfie pas. Il apprécie Barre, « l'un des rares ministres qui ne me débordait pas », assure-t-il aujourd'hui. Il le consulte. Qu'importe, Chirac ne parvient pas toujours à maîtriser les initiatives de Giscard. Il se débat, il n'y arrive pas. « Il aurait fallu entraîner Giscard dans d'interminables procédures parlementaires, analyse Marie-France Garaud. Il aurait fallu retarder tout texte qui nous déplaisait. La loi sur les plus-values, par exemple, nous aurions dû la faire transiter tant et plus par les

ou les passions du pouvoir

commissions du Palais-Bourbon. La faire discuter article par article. »

Moins de deux ans après son conflit avec Jacques Chaban-Delmas, Chirac a sans doute peur d'être une nouvelle fois suspecté de trahison ? Ce n'est pourtant pas primordial. Sans doute Giscard ne l'a-t-il pas encore secoué assez fort pour le pousser à la révolte ouverte. Ensuite, une échéance électorale approche, les élections cantonales de mars 1976 — et l'odeur électorale attire Chirac.

Il a envie de se battre. Envie de prouver à ses partenaires giscardiens qu'il est encore possible de résister à la poussée socialiste. Il se trompe, mais qu'importe. Pour l'heure, il se livre au combat politique et cet état de tension lui convient. « Pendant la période giscardienne, Chirac était souvent cyclothymique », raconte son ami, l'homme d'affaires Jean-Luc Javal. Cyclothymique parce que mal à l'aise. Il ne trouve pas ses marques, ce métier de Premier ministre lui déplaît, et il s'en ouvre à ses rares intimes. Jacques Friedmann est de ceux-là : « Il n'a pas aimé cette période à Matignon. Assez rapidement, il s'y est senti mal à l'aise, comme il l'était aux Relations avec le Parlement. » Ce constat trace à la perfection la ligne de partage entre un président et son Premier ministre, il confirme à quel point leur relation dépend avant tout d'une connivence intellectuelle, de comportements psychologiques communs. Or Giscard et Chirac ne partagent rien.

Dès lors Chirac sait qu'il doit partir. Pierre Juillet et Marie-France Garaud hésitent quant à la tactique à employer. Il sait mais il n'est pas encore disposé à s'offrir les moyens de son départ. Evoque-t-il avec le président de la République — en janvier 1976 — une probable démission ? Certains chroniqueurs politiques l'affirment, et Chirac ne dément pas. Pourtant les cantonales le passionnent trop pour qu'il souhaite précipiter le mouvement. « Super-Chirac » entre en campagne.

Il parle, à la télévision et en meeting ; il se montre, dans les provinces et dans les cantons. La machine tourne bien.

A vide tout de même. Parce que la stratégie n'est pas définie ; parce que Chirac, quoi qu'il fasse et dise, s'interroge : Giscard, le lendemain, ne s'amusera-t-il pas à le désavouer ? « Je ne concevais pas la politique comme lui, admet-il. Dans une bataille électorale, l'équipe doit être unie. » Poniatowski et Lecanuet n'en conviennent pas, et le président, à ce propos, se tait. De quoi déstabiliser n'importe quel Premier ministre.

« Pour ça, je me suis battu. J'ai rarement dormi dans le même lit deux soirs de suite », raconte Chirac. Vains efforts. Les résultats sont, il est vrai, désastreux pour la majorité : en mars 1976, la gauche truste 55 p. 100 de suffrages dont le parti socialiste à lui seul engrange 28 p. 100. Chirac encaisse d'autant plus mal ce camouflet que son parti, l'UDR, est réduit à 10,7 p. 100. Peu importe qu'il soit élu dans le canton de Meymac ; un tel résultat allait de soi. Peu importe qu'il conforte ses positions à la tête du conseil général de la Corrèze ; le fauteuil lui était dû. L'analyse du scrutin, elle, est impitoyable : le président de la République est au plus mal, son Premier ministre aussi. « Au lendemain des cantonales, témoigne l'un des principaux conseillers politiques de Giscard, j'ai vu Chirac arriver à l'Elysée. Il était décomposé. Sa tête avait changé. Il était physiquement marqué. » C'est que Jacques Chirac n'a jamais subi la moindre défaite électorale. Jamais. Au contact de Georges Pompidou, il a acquis un sixième sens ; il a fait des élections son affaire. En ce printemps 1976, l'état de grâce n'est plus de mise. Mais quand donc va-t-il quitter Matignon pour rebondir ailleurs ? Il n'existe aucune autre solution.

Le moment n'est toujours pas venu. Parce que Pierre Juillet, d'un coup, transforme la donne. Chirac est atteint par la déroute électorale, soit, mais le président de la République plus encore. La bonne mine qu'il affiche à la table du Conseil des ministres ou au cours des audiences qu'il accorde, est une façade : Giscard est déboussolé. Que faire pour reprendre le contrôle du pays ? Un homme se propose de lui fournir une solution : Pierre Juillet. Quelle solution ? Une attitude gaulliste. Les deux hommes se rencontrent ; les deux hommes s'écoutent. « Après les cantonales, confirme Michel Poniatowski, Juillet a demandé et obtenu un rendez-vous avec Giscard. » Juillet est persuasif. Les Français adorent le drame. Ils adorent que le président de la République, d'un ton grave, les sermonne. Juillet suggère d'adopter cette attitude. Giscard approuve.

Une semaine après les élections cantonales, le 24 mars, il s'adresse au pays. Ton sinistre, costume lugubre, mains posées à plat sur la table, élocution lente : le style Juillet. Et une phrase, déterminante : « Je demande au Premier ministre de coordonner et d'animer l'action des partis de la majorité. » Juillet exulte. Le président de la République, enfin, prend conseil auprès de lui ; à l'instar de Georges Pompidou, Giscard tient compte de ses avis. Mieux, son « protégé », le Premier ministre, obtient enfin satisfaction : il dirige la majorité — toute la majorité. « Après ce discours, confirme Jacques Friedmann, Juillet nous répétait : " On a gagné " » Gagné au point qu'il accepte, pour la première fois, de s'installer officiellement à Matignon. Il est nommé « conseiller auprès du Premier ministre ».

Dès lors, Chirac est-il convaincu de pouvoir travailler de concert avec le président et les ministres ? En tout cas, il se prête au jeu et il avoue à Catherine Nay : « Aujourd'hui, je parle au nom de Giscard. Il n'en a pas toujours été ainsi. » Chirac se berce d'illusions. Les députés républicains indépendants sont réunis à Nice. Leur nouveau « chef », Jacques Chirac, les rejoint pour leur porter la bonne parole. Réaction de Jean-Pierre Soisson, alors giscardien pur et dur, aujourd'hui converti au barrisme : « Ce fut tout simplement épouvantable. Nous ne comprenions même pas ce qu'il voulait de nous. » Ce qu'il voulait ? Appliquer la tactique Juillet, c'est-à-dire faire de la politique, au sens le plus actif : mobiliser, secouer. Chaque mardi matin, Chirac réunit à Matignon les secrétaires généraux des différents partis et clubs de la majorité : un petit déjeuner pour préparer les initiatives à prendre. Ils ne se mettent d'accord sur rien. Un autre jour, les radicaux convoquent leurs instances dirigeantes. Chirac, l'ennemi abhorré, s'invite, parle. JJSS, lui, boude ; il ne se déplace pas ; le Premier ministre s'en moque. « J'y ai cru, avoue Chirac. Peu de temps. Très peu de temps. » Un important responsable gaulliste, anti-chiraquien notoire, raconte merveilleusement la quiproquo : « L'entourage du président était affolé par la subite influence de Juillet. Là-dessus, il s'est passé un événement inattendu : le voyage de Giscard en Alsace. Il est arrivé là-bas décontenancé, déprimé. Puis l'accueil de l'Alsace, les drapeaux, l'enthousiasme des gens l'ont requinqué. D'heure en heure, le président se transformait. Et le soir, à la préfecture, il a confié à quelques-uns : " Alors on m'a trompé. Moi aussi, je peux avoir le peuple. " Et il est revenu à Paris déterminé à savonner la planche du Premier ministre. »

Pendant ce « peu de temps », l'influence de Pierre Juillet sur Chirac est à son zénith. Anecdote rapportée par Michèle Cotta : « A Matignon, Chirac était installé au premier étage. Juillet occupait un bureau au rez-de-chaussée. Eh bien, c'est le Premier ministre qui descendait chez son conseiller et non pas le conseiller qui montait chez son patron. » Exemple symbolique. Seulement Pierre Juillet se trompe. Giscard est au moins aussi subtil que lui dans l'élaboration d'un canevas politique.

Et il pressent que Pierre Juillet s'égare. Le président de la République a certes accepté de le recevoir, de l'écouter, de mimer derrière les caméras quelques attitudes suggérées par le conseiller. Mais il n'a pas varié sur l'essentiel : marginaliser l'UDR. A l'un de ses proches, Valéry Giscard d'Estaing confie : « Je veux bien voir Juillet. Mais qu'il ne me parle plus politique. » Et un proche collaborateur du président enfonce le clou : « Pierre Juillet a-t-il une vérita-

ou les passions du pouvoir 191

ble idée de la France ? Je n'en sais toujours rien. Marie-France Garaud, elle au moins, gamberge plus. » Et puisque Pierre Juillet a espéré un moment retrouver son rôle d'influence auprès du président, c'est Jean Serisé, ex-collaborateur de Pierre Mendès France, que Giscard nomme officiellement à ce poste essentiel. Façon de mieux signifier à Juillet qu'il ne compte pas, qu'il ne pèse rien. Que Chirac travaille avec Juillet ; Giscard, lui, installe Serisé : « Je ne connaissais rien à la politique politicienne, avoue ce dernier avec une naïveté forcée. Quand j'ai pris cette place à l'Elysée, j'ai aussitôt demandé à voir Juillet. Et puis Marie-France Garaud. Et puis Jérôme Monod, le directeur du cabinet Chirac. Je vérifiais ce que chacun me disait. Au bout d'une semaine, j'avais compris : le Premier ministre était sur le point de partir. »

L'antagonisme Juillet-Serisé en est à ses prémices. Cette fois, l'homme de Giscard a raison : l'opération départ est en cours. Rien ni personne ne peut désormais empêcher Jacques Chirac de claquer la porte. Car telle est bien son intention : partir avec éclat. De la sorte, il rompt avec une tradition de la Ve République. Jusque-là, un Premier ministre était censé disparaître avec discrétion. Jacques Chaban-Delmas s'en était tenu à cette règle. Quand il avait divorcé d'avec Georges Pompidou, il ne s'était permis aucune déclaration tonitruante. « Ce n'était plus mon problème, explique Jacques Chirac. Je n'étais plus en conformité avec le président et je l'ai dit. Voilà. »

Le « voilà » va tout de même durer quelques mois encore. Parce qu'un départ, pour être spectaculaire à souhait, doit être préparé, fignolé. Valéry Giscard d'Estaing et ses conseillers n'y vont rien comprendre. Chirac joue bien et les exemples sont nombreux. Quand, par exemple, ce fameux impôt sur les plus-values arrive devant le Parlement, les députés UDR sont déchaînés. Ils ne veulent pas du texte et ils connaissent les réticences du Premier ministre ; Michel Poniatowski, rapporte *le Point*, est furieux : « Si Chirac n'est pas capable de tenir son parti en main, alors à quoi sert-il ? De plus, on ne force pas impunément la main du roi. » Le président des républicains indépendants a raison et le Premier ministre en convient. Explication de Jacques Chirac : « J'ai convaincu le groupe UDR de me suivre, de voter le texte. Je n'étais pas en mesure de leur fournir des explications cohérentes. Je leur ai simplement promis que, plus tard, ils verraient... » Comme à l'accoutumée, les députés gaullistes sont disciplinés. Ils votent. Chirac entend provoquer le clash au moment choisi par lui, à l'heure la plus opportune. Il s'agira d'un refus général et non pas d'une rebuffade à propos d'une initiative particulière du président.

Une telle attitude fait l'affaire de Pierre Juillet, Jérôme Monod et Marie-France Garaud : ils travaillent d'arrache-pied à la « sortie ». Ils sont certes agacés par une révélation de Georges Suffert dans *le Point* : Raymond Barre sera probablement le prochain chef du gouvernement, mais qu'importe ! « Il fallait se dégager puis faire sécession, affirme Jérôme Monod, reprendre sa liberté et créer un mouvement d'opinion. » La fondation du RPR en pointillé. Et le directeur du cabinet de Chirac ajoute : « Nous étions enfin heureux. Nous avions l'esprit enfin tranquillisé et un objectif déterminé : Partir. »

Le président, lui, n'a toujours pas compris. Giscard a envie de conserver Chirac. Jusqu'aux prochaines échéances législatives ; jusqu'en 1978. Témoignage de Michel Poniatowski : « Devant le président, j'ai établi plusieurs fois le constat de l'impossibilité de nos relations avec Chirac. Je lui ai conseillé de nommer un Premier ministre à profil économique et financier, que ce serait une bonne position d'attente jusqu'aux législatives. » Le spectre de Raymond Barre, une fois encore. Mais non, Giscard ne veut toujours pas. Il n'a pas renoncé à reconquérir le Premier ministre. Du coup, Jacques Chirac et son épouse sont conviés à passer le week-end de la

Pentecôte 1976 au fort de Brégançon, la résidence estivale du président de la République.

Séjour glacial. « Un souvenir épouvantable, admet Chirac. J'étais venu pour travailler ; le président, lui, était en vacances. A plusieurs reprises, j'ai eu envie de partir. Nous n'étions plus — mais plus du tout — branchés sur la même longueur d'onde. » Anecdote rapportée par *le Point* et qui prouve combien le Premier ministre est dépité : « A Brégançon, j'ai pu faire la sieste. Cela ne m'était pas arrivé depuis longtemps. » Pis, Giscard impose un protocole que le républicain Jacques Chirac ne supporte pas. A table, la famille du président est assise sur des fauteuils, tandis que le Premier ministre et son épouse disposent plus prosaïquement de chaises. « Je n'ai aucun commentaire à faire sur cette histoire », conclut Chirac. D'autres vont s'en charger. « Le Président est devenu fou. Il se prend pour le roi. » La rumeur court, la rumeur enfle. L'histoire des fauteuils est-elle véridique ? Qu'importe. Ces oppositions entre deux façons d'être comptent au moins autant que les divergences politiques. Chirac et les gaullistes n'ont pas davantage apprécié la petite phrase lâchée par Jean Lecanuet au congrès constitutif de son nouveau parti, le CDS : « Une alliance électorale privilégiée serait souhaitable entre réformateurs et républicains indépendants de manière qu'à un président réformiste corresponde une majorité réformatrice. » Chirac s'étrangle. Pierre Juillet s'étouffe. Et les députés UDR paniquent : seront-ils, oui ou non, sacrifiés sur l'autel des prochaines élections législatives ? A l'incompatibilité d'humeur s'amalgament des intérêts électoraux divergents. Voilà un cocktail bien explosif qu'un pieux mensonge devant les caméras d'Antenne 2 le 24 juin 1976 ne suffit pas à enrayer : « Mon maintien à la tête du gouvernement ? Cette question doit être posée au président de la République... J'ajoute qu'un homme politique ne démissionne pas... En tout état de cause, si la décision m'appartenait, je resterais à la tête du gouvernement... On ne gouverne pas avec des états d'âme. » Sans doute est-il nécessaire de mentir pour réussir un superbe coup.

Il joue. Avec une maestria que même François Mitterrand, maître tacticien du jeu politique français, n'aurait pas désavouée. Il joue et il bluffe. Avec un tel aplomb que le président de la République, réputé pour son flair politique, ne saisit pas la manœuvre : faire croire à un départ en douceur pour mieux provoquer un éclat le jour ultime. Certains ne manquent pas d'y voir les opérations diaboliques qui amusent tant Pierre Juillet et Marie-France Garaud. Vrai. Mais Jacques Chirac, comme il en a coutume dans ses rapports avec les deux conseillers, prend part aux décisions et se réserve l'exécution.

En cette fin du mois de juin 1976, les députés gaullistes sont abasourdis. Jamais Chirac ne s'est montré aussi « progiscardien » : le président veut, il applique ; le Premier ministre ne discute plus rien ; le Premier ministre approuve toutes les décisions. Les centristes, enfin, sont enchantés de ce comportement. « Le président fait un retour en force, clame un ponte du centrisme. Il menace Chirac, Chirac " s'écrase ". » Et les députés UDR sont contraints de s'interroger : Chirac est-il sur le point de flancher ? L'attrait de Matignon le pousse-t-il à nouveau dans les bras du président ? La vérité est plus tortueuse, moins excitante. Le 4 juillet, et par courrier, le Premier ministre Jacques Chirac fait savoir à Valéry Giscard d'Estaing qu'il est démissionnaire ; à VGE de déterminer la date précise de ce départ. Le chef de l'Etat a le temps, pour trois raisons au moins. D'abord, il a déjà choisi un successeur : ce sera Raymond Barre ; le départ de Chirac ne le dérange donc pas outre mesure. Ensuite, il ne désire surtout pas modifier le rythme de vie estival des Français : ils sont assoupis, qu'ils le restent. Enfin, Giscard est convaincu que Chirac s'éclipsera avec discrétion. La fin du mois d'août est propice à ce genre de départ en douceur. « Serisé a toujours eu trois longueurs de retard sur Pierre Juillet, remarque, dépité, un ex-ministre giscardien. Il ne comprenait rien à rien. Et il a entraîné Giscard dans ses errements. »

Chirac accepte la pause demandée par le président. Son départ n'en sera que plus tonitruant. Le 26 juillet, à la veille d'un voyage officiel au Japon — le dernier —, il éprouve la nécessité de rappeler ses intentions. Dans une seconde lettre, il expose dans les détails ses raisons, sans jamais dévoiler la façon dont il compte s'expliquer devant les Français : « Monsieur le Président, au cours de ces derniers mois, je me suis permis à plusieurs reprises de vous exposer les raisons politiques et économiques qui commandaient selon moi une reprise en main énergique du gouvernement afin de donner à son action, dans ces deux domaines, une impulsion vigoureuse et coordonnée. Cela suppose évidemment un renforcement sans équivoque de l'autorité du Premier ministre. J'ai cru comprendre que ce n'était ni votre sentiment ni votre intention. Dans ces conditions, je ne puis continuer à accomplir la tâche que vous m'avez confiée et j'ai l'honneur de vous remettre aujourd'hui ma démission. Cette décision sera effective au plus tard le mardi 3 août, c'est-à-dire dès mon retour du voyage officiel au Japon que vous m'avez demandé de ne pas décommander. »

Paris couine. Paris se répand en rumeurs, en confidences, toutes précises : Chirac s'en va. Chirac, lui, se tait, parce qu'il compte sur l'effet de surprise. Quand le lundi 23 août il met au point, dans le bureau du président de la République, les conditions pratiques de son départ, il ne peut s'empêcher de sourire. Ce même lundi l'hebdomadaire *le Point* publie un sondage, a posteriori amusant, son titre surtout : « Les électeurs de Valéry Giscard d'Estaing veulent garder Chirac ». Trop tard. Dans quarante-huit heures, au terme du conseil des ministres, Jacques Chirac ne fera plus partie du gouvernement de la France. Cela ne lui était pas arrivé depuis 1967 — une décennie.

Une mise en scène giscardienne. A la limite du ridicule. A dix heures du matin, le protocole est bousculé : Chirac rejoint seul la table du Conseil des ministres. Ainsi l'a désiré le président de la République. Il explique ses motivations, insiste sur l'impossibilité de travailler. Dix minutes après, le président de la République fait son entrée, se comporte comme si de rien n'était, disserte à propos de son dernier voyage au Gabon et vante les mérites de son chef d'Etat, Omar Bongo. Et pour conclure, Valéry Giscard d'Estaing a cette merveilleuse phrase toute de morgue : « Je crois, monsieur le Premier ministre, que vous avez quelque chose à dire ? »

Oui, mais l'ancien Premier ministre a choisi de s'expliquer ailleurs qu'à l'Elysée : devant les caméras de télévision, dans un salon de Matignon. Brève déclaration où chaque mot, chaque expression, dans sa solennité et sa dureté, a été mis au point dans le moindre détail : « Comme je ne dispose pas des moyens que j'estime nécessaires pour assurer efficacement les fonctions de Premier ministre, dans ces conditions j'ai décidé d'y mettre fin. » Il ne reste plus aux Français devant leur téléviseur qu'à se rendre à l'évidence : Giscard ne renvoie pas Chirac, c'est au contraire Chirac qui se sépare du président de la République. L'opération n'a pas d'autre but. Et Valéry Giscard d'Estaing qui n'a rien pressenti... « Chirac a disposé de deux ans pour monter ce coup, remarque son ami Jean-Luc Javal. Giscard lui donnait si peu de travail... » « Je pense que les phrases et le ton de son intervention avaient été rigoureusement préparés, révèle Jacques Friedmann. Comme j'étais favorable à une déclaration mesurée vis-à-vis de Giscard, Chirac, Juillet, Monod et Marie-France Garaud m'ont dissimulé qu'elle serait agressive. J'ai été voir Pierre Juillet et il m'a dit : " Dans la Ve République, on ne peut démissionner d'une telle fonction que sur une grande querelle. " »

Personne, parmi les initiés du groupe Chirac, n'est pourtant dupe : jamais un Premier ministre « gaulliste » n'a fait vaciller à ce point l'autorité et la place centrale, prépondérante, du président de la République. D'ailleurs,

Chirac « le pompidolien » a déjà vécu pareilles situations : quand Georges Pompidou a quitté le général de Gaulle, il l'a fait dans la discrétion ; quand Jacques Chaban-Delmas a rompu avec Georges Pompidou, la tension eut beau être extrême, le maire de Bordeaux s'est retiré sans mot dire. Les règles, cette fois, sont transgressées. Chirac quitte Matignon et s'installe au même rang que le président de la République : chef bis de la majorité et qui plus est, leader incontesté du parti politique le plus important. Les règles de fonctionnement de la Ve République s'en trouvent du même coup transformées. Comment Giscard a-t-il pu être à ce point aveuglé ? « Cette sortie de Matignon gomme l'affaire Chaban en 1974, assure Charles Pasqua. Les militants ont reconnu là un gaulliste, un vrai. » Et Jérôme Monod coupe court à toute interprétation politico-constitutionnelle : « On ne part pas devant un giscardien comme on part devant un gaulliste. »

« J'étais soulagé, confie Jacques Chirac. Il fallait désormais se mobiliser — et vite — pour éviter la victoire de l'union de la gauche en 1978 lors des législatives. » Cette déclaration est capitale pour la suite des événements, parce qu'elle confirme une première et importante divergence entre Chirac et Pierre Juillet. Confirmation de Jacques Friedmann : « A ce moment, Juillet songeait à un scénario de défaite. Il m'a assuré que VGE ne finirait pas son septennat. » Chirac préfère ignorer cette hypothèse-là. Il compte renforcer son empire au sein de la majorité, et rien d'autre pour l'heure. « A la veille de la passation des pouvoirs, raconte Jérôme Monod, j'ai dîné avec Chirac, Juillet et Garaud. Je leur ai annoncé que Raymond Barre voulait me garder avec lui. Chirac a été catégorique : " Pas question. " Il avait des projets. » Et ces projets, Marie-France Garaud les explique, trois ans plus tard, dans *l'Express* du 12 avril 1980 : « Le départ de Matignon s'inscrit dans une ligne politique : empêcher les communistes d'accéder au pouvoir à l'occasion des élections législatives de 1978... Le président de la République semblait vouloir minimiser d'avance l'importance des élections et de leurs résultats, quels qu'ils soient. La thèse du Premier ministre, en revanche, était qu'une victoire des socialo-communistes remettrait en question l'avenir de la France et que, au contraire, ces élections devaient et pouvaient être gagnées... Il fallait sensibiliser l'opinion publique, mobiliser le pays, attirer l'attention des hommes politiques sur l'enjeu des élections et redonner confiance dans la victoire... » Que d'ambitions pour un Premier ministre démissionnaire ! Un ex-Premier ministre qui s'offre le luxe d'un coup de force à l'encontre du président de la République. Un ex-Premier ministre qui ne part pas tête basse mais avec un puissant parti sous sa coupe. Et une question, toujours la même : le président et ses conseillers ont-ils perçu les conséquences de ce divorce ? La suite des événements prouvera que non.

Pour l'heure, le temps n'est pas à la prospective mais au bilan. La question est inévitable : Jacques Chirac a-t-il été un « bon » Premier ministre ? Apparemment, la réponse n'est pas unanime : nombreux sont les témoignages qui affirment que non, Marie-France Garaud, longtemps après leur rupture, ira en ce sens : « La décision de départ a été prise après la loi de programmation militaire. Pendant la phase de préparation, Jacques Chirac n'avait pas perçu à quel point Giscard le manipulait. En fin de compte, Chirac a été un mauvais Premier ministre. » Pierre Juillet, après avoir rompu avec Jacques Chirac, le confirme dans *l'Express :* « Venu sans avoir la gravité nécessaire au poste essentiel de Premier ministre, il a joué avec le pouvoir comme avec un beau bateau, faisant avec acharnement les cuivres, lavant le pont et courant, affairé, de la cale à la passerelle pour tout voir et tout toucher, sans s'apercevoir que le bateau tournait en rond... M. Chirac en eut assez de n'être pas le vrai Premier ministre et M. Giscard d'Estaing en eut assez de ne pas avoir de vrai Premier ministre. Naturellement, sans vouloir reconnaître que l'un et l'autre avaient tout fait pour qu'il en soit ainsi. »

Madame l'ancienne conseillère a le verbe acéré ; Monsieur l'ancien conseiller a la plume cruelle. La contradiction affleure parfois sous leur réquisitoire. Puisqu'ils répètent partout qu'ils eurent tant d'influence, et bénéfique, sur Jacques Chirac, pourquoi ont-ils été incapables de modifier son comportement à Matignon ? Marie-France Garaud raille volontiers les attitudes de Chirac au cours de cette période. Mais à quoi donc servait-elle ? Pourquoi cette hargne ? Ils ne sont toutefois pas les seuls à l'exprimer. Jean-Pierre Soisson, le député-maire UDF d'Auxerre, approuve : « Quand j'étais aux Universités, je n'ai pas reçu une instruction du Premier ministre. Je n'ai jamais réussi à passionner Chirac à propos de ce dossier. » Françoise Giroud confirme : « Il considérait la condition féminine comme une histoire d'intellectuel parisien. Il a évolué grâce aux remarques qui lui ont été faites par des femmes agricultrices en Corrèze. » Plus grave, Raymond Barre, aussi, accuse Chirac de lui avoir laissé une « situation catastrophique ». Cette fois, la réplique de Chirac est vive : « Raymond Barre a été l'un des rares ministres à entretenir des rapports constants avec moi. Il participait régulièrement à mes voyages à l'étranger et nous discutions en tête à tête. Je prenais ses avis. Il n'a jamais donné l'impression d'être choqué, heurté, en désaccord. Sinon, je suppose qu'il aurait démissionné. Il a réagi plus tard et d'une telle façon qu'il ne parvenait même pas à dissimuler ses arrière-pensées politiques. »

C'est que Chirac le partant défend, et avec âpreté, le bilan du Premier ministre Chirac. Rédigée par ses principaux conseillers économiques, une note confidentielle qui insiste sur les « bons » résultats, en est la preuve. Elle ouvre le champ à la future bataille Chirac-Barre.

Pour donner de la situation actuelle une image plus flatteuse, le Premier ministre Raymond Barre a cédé à la tentation de peindre en noir la situation qu'il avait trouvée il y a un an. Ainsi sont rendus plus méritoires les quelques bons résultats actuels et plus excusables les mauvais.

Certes il est normal que le Premier ministre ait à cœur de défendre sa politique. Mais d'autres que lui, hommes politiques ou journalistes, moins bien informés, vont plus loin encore dans la critique du passé. Ainsi peu à peu la vérité se déforme. Il convient aujourd'hui de la rétablir.

Ceci implique d'abord que l'on rappelle que la situation économique il y a un an n'était pas si mauvaise que certains le disent aujourd'hui. Elle était même plutôt meilleure que la situation actuelle.

C'est le cas du commerce extérieur. Sur les sept premiers mois de 1977, le déficit cumulé est de 9 milliards contre moins de 5 pour la période correspondante de 1976.

C'est le cas de la production industrielle. Elle croissait à l'époque (de juin 1975 à juin 1976) de plus de 10 p. 100 par an. Elle croît aujourd'hui (de juin 1976 à juin 1977) de 3,2 p. 100.

C'est le cas de l'emploi. Il y avait 808 000 demandeurs d'emploi contre plus de 1 million aujourd'hui.

Mais ceci implique aussi qu'on fasse justice de ces critiques trop complaisamment répandues selon lesquelles le gouvernement de Jacques Chirac aurait relancé l'inflation.

Première critique : « Quand M. Barre arrive à Matignon, l'inflation est en train de s'emballer. »

Les faits ne confirment pas cette appréciation.

Les chiffres montrent de façon irréfutable que la tendance n'était pas à l' « emballement » mais au contraire à la réduction de la hausse des prix.

Deuxième critique : « La tendance des prix était à la fin de l'été 1976 de l'ordre de 13 p. 100. »

Aucun des résultats constatés pendant que Jacques Chirac était Premier ministre n'approche, même de loin, ce chiffre de 13 p. 100.

Troisième critique : « Les indices élevés du premier semestre de 1977 sont la conséquence du passé. »

Certes la situation actuelle s'explique pour partie par les

ou les passions du pouvoir   201

habitudes inflationnistes acquises par les Français au cours des trente dernières années, par le goût de l'expansion économique facile qui a dominé le monde jusqu'à la crise de l'énergie de 1973, ou par les décisions économiques des gouvernements précédents.

Il est évident que toute période est influencée par la précédente. Mais ceci n'interdit pas au gouvernement d'améliorer la situation.

Ainsi Jacques Chirac dans sa première année de gouvernement avait-il pu ramener le taux d'inflation trimestriel de 4 à 2,4 p. 100, et finalement laisser à Raymond Barre une situation dans laquelle la hausse trimestrielle était de 2,1 p. 100. Ce dernier n'a pas eu la chance de pouvoir dans sa première année réduire la hausse des prix, qui reste pour les trois derniers mois connus (mai-juin-juillet) de 2,6 p. 100 (contre 2,1 p. 100 il y a un an).

Quatrième critique : « Le taux d'inflation en 1977 sera, malgré la hausse des prix alimentaires en début d'année, inférieur à celui de 1976. »

La hausse des prix depuis le 1er janvier est au 1er août de 5,9 p. 100. Si l'inflation revient sur les cinq derniers mois de l'année à 0,7 p. 100 par mois, on peut encore faire 9,7 p. 100 sur l'année, donc moins que les 9,9 p. 100 officiels de 1976. Il faut souhaiter absolument que ce résultat, qui reste possible, soit atteint. C'est l'intérêt évident du pays.

Mais on notera cependant, par souci de la vérité historique, que ce ne serait alors que par un jeu comptable à cheval sur deux exercices que l'inflation pourrait apparaître en 1977 inférieure à celle de 1976.

En effet, deux opérations budgétaires ayant pour effet l'une de majorer les prix (taxation de l'essence) et l'autre de les minorer (baisse de la TVA) ont été faites, l'une à la fin de 1976 et l'autre au début de 1977. Cette imputation sur deux exercices distincts fausse complètement la comparaison des années. On le voit si l'on compare les deux années sans tenir compte de ces deux opérations ou bien en les supposant faites simultanément, soit en 1976, soit en 1977.

Ainsi les chiffres et les faits font-ils justice de cette campagne insidieuse de critiques qui cherche à faire de Jacques Chirac un fauteur d'inflation : *la seule vérité incontestable est qu'il a trouvé l'inflation à un taux de 4 p. 100 par trimestre et qu'il l'a laissée à M. Barre à 2,1 p. 100 par trimestre.*

Ajoutons enfin que la conduite de la politique économique du pays pour sortir la France de la crise est une tâche difficile. Elle l'a été pour Jacques Chirac. Elle l'est aujourd'hui pour Raymond Barre. Mais ce n'est pas en peignant en noir l'action de son prédécesseur qu'on grandira l'action de l'actuel Premier ministre.

« A Matignon, Chirac était un homme qui faisait son apprentissage », assure en guise de conclusion provisoire le si pondéré Jacques Monod. Le Chirac d'après Matignon va se confirmer politicien accompli et opérationnel. En quête d'exploits.

CHAPITRE XIII

LE TEMPS DES CONQUETES
ACTE I

> « Quelques jours avant le départ de Matignon, Pierre Juillet avait écrit : " Je crois qu'un grand rassemblement fera l'affaire. " Il avait tout prévu. »
>
> Marie-France Garaud.

Etrange blocage : après deux ans de collaboration, le président de la République ne comprend toujours pas la stratégie Chirac ; pas plus qu'il ne prend la mesure du personnage Chirac. Incroyable cécité qui, entre autres erreurs, explique tant de déboires à venir.

Certes, Valéry Giscard d'Estaing n'a pas apprécié la sortie spectaculaire de son ex-Premier ministre. Mais il l'interprète comme l'ultime salve, le dernier hoquet d'un homme politique à la dérive. Il s'en ouvre à quelques barons gaullistes comme Olivier Guichard ou Jacques Chaban-Delmas. Après une piètre analyse de la rupture, le président est convaincu que Chirac, dans les mois à venir, observera une trêve afin de mettre au point une hypothétique stratégie ; et il est si mal entouré — ou si peu à l'écoute de ses conseillers — qu'il s'en persuade lui-même : Chirac, un moment au moins, se tiendra à l'écart des remous. Pendant ce temps, Giscard veut attaquer. Il ne doute pas qu'une fois Chirac sur la touche, une partie de l'UDR le rejoindra et que certains députés gaullistes le rallieront. Le mouvement gaulliste sera de la sorte « giscardisé ». Le souhait émis au début du septennat sera ainsi exaucé. Que d'erreurs !

Témoin ce dialogue, aujourd'hui surréaliste, rapporté par Jean Bothorel dans son livre *le Pharaon*. Le P-DG du Crédit Lyonnais, Claude Pierre-Brossolette, ancien secrétaire général de l'Elysée, croise le président au cours d'une partie de chasse, quelques semaines après la nomination de Raymond Barre. Claude Pierre-Brossolette : « Chirac est un jeune ambitieux. Il a fait la preuve de son dynamisme. Soyez vigilant. Il sera ce que vous avez été par rapport au Général et à Pompidou. » Le président de la République, quasi méprisant : « Vous ne comprenez rien. Il ne fait pas le poids. » Chirac est enterré.

Le président de la République a en outre la dent dure. En privé comme en public. Quand il intronise le nouveau Premier ministre, Giscard précise à l'intention de son cabinet, et sur quel ton, qu' « il revient à Raymond Barre, et à lui seul, de diriger et de coordonner l'action de tous les ministres ». Le Premier ministre est ainsi sacré chef du gouvernement. Chirac n'avait jamais obtenu pour de vrai pareille consécration. Mieux, quelques semaines plus tard, le président ajoute que « le gouvernement s'attaque enfin aux vrais problèmes ». Un « enfin » qui suffit à marquer le dédain croissant de Giscard à l'égard de l' « ex »...

Tous ces événements n'ont guère d'importance pour les chiraquiens. Ils n'ont pas d'états d'âme ; Giscard les excède, sans plus. Pierre Juillet, Marie-France Garaud, Jérôme Monod, Jacques Friedmann et Charles Pasqua ont quitté Paris la veille de la démission. Ils se sont retranchés au fond de la Creuse, à Puy-Jadeau dans la maison de Juillet, pour mettre au point, dans les plus infimes détails, un plan de bataille. Aucune expression n'est plus appropriée à l'extraordinaire Kriegspiel politique qu'ils sont sur le point de lancer.

« En cette fin d'été 1976, la situation était en apparence catastrophique, analyse Jérôme Monod. La majorité était écrasée, la gauche unie, le franc en chute libre. Et rue de Lille au siège de l'UDR, les vieux apparatchiks se réveillaient. » Quelques-uns, à l'UDR aussi, rêvent de revanche sur Chirac. « Nous étions décidés à faire quelque chose, poursuit Charles Pasqua. Dans un premier temps, nous nous sommes demandé s'il fallait, oui ou non, laisser tomber l'UDR. La réponse fut unanime : on ne se débarrasse pas comme cela d'un mouvement qui a pris une telle part à l'histoire du pays. On ne s'en débarrasse pas, non, on le transforme. » Comment ? Marie-France Garaud fournit une première partie de la réponse : « Quelques jours avant le départ de Matignon, Pierre Juillet avait écrit : " Je crois qu'un grand rassemblement fera l'affaire. " Il avait tout prévu. »

Transformer l'UDR en un grand rassemblement. Pierre Juillet, cette fois, est persuadé de tenir sa revanche sur l'histoire : les chefs du RPF, à la Libération, n'avaient pas reconnu ses mérites et sa valeur ; ces chefs avaient échoué et conduit de Gaulle à l'exil intérieur. Eh bien, il contribuera à la construction d'un autre Rassemblement qui transformera la vie politique du pays. Il le confirmera plus tard, dans un article publié par *le Monde*, le 11 juin 1980 : « J'ai [...] autant et peut-être plus que d'autres des responsabilités dans la fondation, l'action et les combats du RPR [...]. Le RPR a été créé dans la tradition gaulliste et dans la continuité des mouvements qui l'avaient précédé, mais aussi dans un esprit de renouveau, pour faire face à la poussée de l'union de la gauche vers le pouvoir et pour suppléer le manque de réaction à cette pression. Le Rassemblement correspondait à un besoin et il fut accueilli dans l'enthousiasme... » Formidable ambition, démesurée peut-être, que celle de ce petit groupe. Jérôme Monod, aujourd'hui leader dans l'industrie française, justifie pareille démarche : « Nous étions réunions, vraiment, par quelques points forts : le gaullisme, le refus de l'Europe des marchands pour mieux construire l'Europe politique, l'ivresse de construire un nouveau parti qui allait au-delà de la droite et de la gauche. »

A Paris, pendant ce temps, Jacques Chirac s'en tient au protocole ; le vendredi 27 août 1976, il reçoit Raymond Barre à l'hôtel Matignon. Formules consacrées sans autre intérêt qu'une civilité de bon aloi : « Je pars sans amertume et ma tristesse est atténuée parce que c'est vous, pour qui j'ai de l'estime et de l'amitié. » Chirac précise tout de même au Premier ministre « qu'il est difficile de s'entendre avec le président ». Ce ne sont là que détails. L'essentiel se passe à cinq cents kilomètres de l'hôtel Matignon, dans une bâtisse cossue de la Creuse. D'ici quarante-huit heures, Chirac rejoindra ses compagnons.

« A Puy-Jadeau, dit Charles Pasqua, nous avons élaboré la stratégie générale. » Elle ressemble à s'y méprendre, cette stratégie, à une mise en scène gaullienne dont l'objectif serait de faire monter la tension, de préparer responsables, militants et électeurs à un électrochoc politique. « Nous avons fixé le mécanisme jusqu'à la fin de l'année 76, précise Jérôme Monod. Rien n'a été laissé au hasard. » Première étape, une déclaration de principe faite le 13 septembre, sans intérêt particulier — si ce n'est la dernière phrase : « Pour ce faire, je prendrai prochainement les initiatives nécessaires. » Les initiatives nécessaires ? Quarante-huit heures plus tard — deuxième étape —, Chirac publie un « message aux compagnons » dans *la Lettre de la nation,* le journal de l'UDR. Le souffle gaulliste revisité, plume à la main, par l'infatigable Pierre Juillet :

« Une fois de plus, mes compagnons, nous allons engager un combat décisif. Une fois de plus nous allons le faire ensemble. Dans les dix-huit mois qui viennent notre pays jouera son destin lors des élections législatives. Chaque Français doit savoir qu'à ces élections se décidera, peut-être pour de longues années, le sort de notre société. Chaque Français doit savoir que ce qui est en cause c'est la permanence de nos institutions, la sauvegarde de nos libertés et le fondement même de notre dignité. Chaque Français doit savoir qu'il est vain d'espérer une division de nos adversaires. Les dirigeants socialo-communistes feront tout ce

ou les passions du pouvoir

qui est en leur pouvoir pour gagner. Et bien nous aussi avec toutes les forces dont nous disposons.

Quant à moi, ayant renoncé en toute lucidité et en toute clarté à mes fonctions de Premier ministre, je veux me consacrer à la bataille politique. Aujourd'hui, je vous demande d'oublier les querelles et les divisions en ne considérant que l'essentiel. Je vous invite à défendre avec détermination les valeurs et les vertus qui sont notre fierté et qui font la grandeur de notre peuple. J'appelle à l'union de toutes les forces qui luttent pour la démocratie, la justice et le progrès social. A mon tour, je vous le dis, c'est l'heure du rassemblement et du renouveau. »

Rassemblement et renouveau : cette fois la panique se propage parmi les alliés giscardiens. A n'en plus douter, Chirac prépare un mauvais coup. « J'avais retrouvé plaisir à travailler, confie-t-il. Nous préparions de grandes choses, j'en étais convaincu. »

Encore faut-il contrecarrer cette tentative des giscardiens de ranger Chirac à la droite de la droite. Les chaînes de télévision, soigneusement « giscardisées », s'y emploient. Encore faut-il empêcher Roger Frey, Olivier Guichard et Jacques Chaban-Delmas — trois barons parmi les barons — de retourner l'UDR. Encore faut-il convaincre l'opinion publique que Chirac a pour objectif, même si cela n'est pas — ou peu — apparent, de renforcer la majorité et de la faire triompher lors des législatives de 1978... En dépit du président, parfois contre lui. Encore faut-il... Que d'improbabilités et d'épreuves de force ! Ils sont pourtant sûrs d'eux, les « chiraquiens », examinant d'un œil narquois les sondages de plus en plus défavorables au président, se gaussant de ces giscardiens qui conservent l'espoir de rallier à leur panache quelques socialistes qui se méfieraient encore de l'union de la gauche. Ils sont sûrs d'eux, certes. Mais pour atteindre quels objectifs ? « Giscard ne nous craignait pas encore, insiste Chirac, et nous n'avions pas l'intention de l'abattre. J'étais convaincu que la victoire de la majorité passait, inéluctablement, par un renforcement du parti gaulliste. » La troisième étape se profile : elle doit conduire à la naissance du RPR.

Un incident précipite le mouvement et l'accélère. Récit de Charles Pasqua : « Raymond Barre avait été invité, fin septembre 1976, aux journées parlementaires de l'UDR à Rocamadour. Il est traditionnel que le Premier ministre assiste aux journées parlementaires d'un des groupes de la majorité. Mais quelques jours après le départ tonitruant de Jacques Chirac, c'était un peu gros. Nous avons voulu marquer un coup d'arrêt. » Un mois après le départ de Matignon, les chiraquiens ont encore l'épiderme sensible. L'apparition du Premier ministre sur une tribune gaulliste les exaspère. Ils pressentent qu'une partie de séduction est sur le point de s'engager et ils entendent y mettre un terme sans plus attendre. « C'est vrai, confirme Charles Pasqua, nous ne savions pas trop quoi faire avec les députés UDR, comment nous assurer leur soutien. Nous songions même à leur demander une adhésion individuelle au futur rassemblement. Ainsi, chacun d'entre eux aurait fait acte d'allégeance à Chirac. » En résumé, les chiraquiens sont inquiets. Il leur faut prendre — et vite — le contrôle des parlementaires.

A Rocamadour, le secrétaire général de l'UDR reçoit une lettre signée Chirac... et sans aucun doute écrite par Pierre Juillet. Rocamadour sous le choc des mots : « Je pense que le moment est venu de faire participer l'ensemble de nos cadres militants et adhérents à un débat démocratique en vue de l'élargissement nécessaire et de la transformation indispensable du mouvement gaulliste. Ainsi ensemble nous préparerons le rassemblement de toutes celles et de tous ceux qui veulent la victoire de la démocratie, de la dignité et du progrès social. C'est pourquoi je vous demande de proposer aux instances de notre mouvement la convocation d'assises nationales extraordinaires dans les meilleurs délais. » Rocamadour trépigne. Jacques Chirac, à distance, communique ses ordres à des députés qui ont une préoccupation exclusive : seront-ils, oui ou non, en mesure de conserver leur mandat lors des prochaines élections législatives ? Les députés UDR sont disposés à s'offrir — s'offrir au plus offrant.

Raymond Barre leur fournit une ligne de conduite pour le moins simpliste : « Le gouvernement gouverne et la majorité le soutient, elle ne doit plus porter son cœur en écharpe. » La formule est certes élégante mais elle ne convient pas à Claude Labbé, le chef de file des députés UDR : « Vous êtes un vrai Premier ministre... Mais vous n'êtes pas notre chef politique. » Olivier Guichard, ministre de la Justice, chargé au sein du gouvernement Barre de coordonner la majorité, propose, lui, la « *cohésion par la discipline* », suggérant de la sorte qu'une victoire électorale passe par la fidélité au président de la République ; il ne soulève pas l'enthousiasme. Les députés gaullistes attendent. Ils attendent Chirac. « Ce sont de braves gens. Ils veulent un chef, et voilà tout. » Cette définition, dans la bouche d'un académicien français, est sans doute cruelle. Mais exacte.

Les antichiraquiens de l'UDR n'entretiennent plus aucune illusion : Chirac est sur le point de revenir. « Nous le connaissions suffisamment bien pour savoir qu'après avoir mordu dans la barbaque gaulliste (*sic*) Chirac ne la lâcherait plus » : ce proche des barons n'est pas amer, lucide tout au plus. Quarante-huit heures après les journées parlementaires de Rocamadour, Chirac entre à son tour en scène. Dans un contexte qui l'enchante : celui d'un meeting ; dans une région qui le porte : la Corrèze. Le choix d'Egletons, une petite ville dépendant de « sa » circonscription, n'est pas innocent. Mieux, il a vertu de symbole : Chirac part à la reconquête du pays depuis « ses » terres... En aucun cas le meeting n'aurait pu avoir pour cadre une autre région. « Le gymnase d'Egletons était glacial, se souvient Lydie Gerbaud, l'attachée de presse de Jacques Chirac. La construction n'était pas achevée, il n'y avait pas de fenêtres. » Aucune importance. Depuis longtemps, Chirac est un « pro » des meetings, il sait comment

« chauffer » une salle. La psychologie d'une foule compacte de militants « accro » n'a plus de secrets pour lui : « J'ai déclaré il y a quelque temps en m'adressant aux élus de notre mouvement : " Je vous conduirai à la victoire en 78. " Ma volonté et ma conviction n'ont pas changé. Mon rôle au milieu de vous est de montrer le chemin et je vais le faire. Après tout, si l'honneur et le risque m'en reviennent, c'est que d'autres plus anciens n'ont pas cru devoir ou n'ont pas pu en prendre la charge. [Et au passage, un coup de griffe aux barons]... Le grand rassemblement auquel je vous convie, qui devra allier la défense des valeurs essentielles du gaullisme aux aspirations d'un véritable travaillisme à la française, et qui permettra à la majorité de se renforcer pour continuer son œuvre, vous allez devoir en délibérer lors des assises extraordinaires de l'UDR. »

Voilà. L'essentiel est clamé. Aujourd'hui, la référence au « travaillisme à la française » fait sourire, l'idéologie libérale a tout aspiré. En ce dimanche 3 octobre 1976, Chirac installe le troisième étage de la fusée RPR : il jure fidélité au président de la République tout en s'offrant le moyen de combattre plus efficacement la politique de Valéry Giscard d'Estaing. Inextricable contradiction, comme le prouvera la suite des événements.

Puisqu'il faut parachever ce qui est déjà devenu l' « appel d'Egletons » — référence gaulliste, quand tu les tiens —, le docteur Belcour, suppléant de Jacques Chirac à l'Assemblée nationale, abandonne son mandat de député de la troisième circonscription de Corrèze pour permettre à l'ancien Premier ministre d'y retourner. Le 14 novembre, Chirac est élu. Victoire facile, au premier tour ; travail de routine. « J'ai procédé comme à l'habitude, précise-t-il. J'ai visité les cent dix-huit communes de la circonscription. » Soit, mais ses préoccupations pour l'heure, ne sont pas corréziennes. Il s'agit avant tout de poursuivre le plan d'édification du RPR. Et jamais la situation n'a été aussi favorable.

Le président de la République, insensible à des sondages encore dégradés, écrit et publie un ouvrage théorique et idéologique, *Démocratie française*. Il est rare qu'un chef d'Etat en activité se livre à ce genre d'exercice. Giscard est convaincu qu'il profitera de l'occasion pour balayer le terrain politique et ramener à lui une masse d'électeurs jusque-là rétifs. Les chiffres des élections partielles, pourtant, ne lui donnent pas raison : si à Paris, dans le 5e arrondissement, l'ultra-chiraquien Jean Tibéri est élu au premier tour, dans les Yvelines, en Gironde, dans l'Allier et dans le Rhône, quatre fidèles du président doivent en passer par l'épreuve d'un second tour ultra-serré. D'autres giscardiens sont défaits. « Les courants étaient porteurs pour le RPR », admet Jacques Chirac.

Du coup, l'ambition des chiraquiens s'amplifie. Un mouvement oui, mais pas n'importe lequel. A Egletons, Jacques Chirac ne l'a pas dissimulé : « Ne vous y trompez pas, il faudra perdre certaines de nos habitudes, changer nos mentalités, renoncer à la facilité de nous retrouver confortablement entre nous pour parler du passé. Il sera un peu pénible, un peu déroutant d'accueillir de nouveaux venus, parfois d'anciens adversaires, mais le bien de la France est à ce prix. » Tenir grandes ouvertes les portes du mouvement néo-gaulliste : l'objectif est défini, il ne sera pas atteint. « Pierre Juillet, se souvient Jérôme Monod, avait par exemple l'ambition de rassembler tous les anciens présidents du Conseil de la IVe République. » Seul l'inévitable Edgar Faure répondra présent. Qu'importe ce premier hiatus ; la bataille, elle, s'engage. Sur d'étranges bases : soutenir invariablement Valéry Giscard d'Estaing... sans le soutenir jamais tout à fait. Et pour mener à bien cet exercice de haute voltige, une condition indispensable : se retrouver à la tête d'un parti puissant. De la sorte, le président de la République sera placé, à perpétuité, sous la menace de Chirac.

Les barons ont vite fait de comprendre le piège dans lequel Chirac et Juillet sont sur le point de les enfermer.

Quelques jours avant les assises fondatrices du RPR, Olivier Guichard exprime son « scepticisme devant l'utilité d'une nouvelle dénomination ». Manière discrète et polie de laisser entendre à quel point Chirac et son équipe l'agacent. Le rapport de forces lui est par trop défavorable pour que le ministre de Valéry Giscard d'Estaing entreprenne quoi que ce soit à l'encontre du futur RPR. Plus prudent encore, Jacques Chaban-Delmas va jusqu'à voter la motion qui permet de convoquer des assises extraordinaires. Le maire de Bordeaux, pour la forme et pour marquer sa défiance à l'égard de Chirac, se permet quand même de développer trois réserves : « Il ne faut pas entrer trop tôt dans une véritable campagne électorale ; il faut éviter les dangers d'une personnalisation excessive ; il faut bien mesurer les difficultés à réussir un rassemblement. » Pierre Juillet a le droit de se réjouir : son vieil ennemi Chaban reconnaît l'autorité de Chirac. Le reste importe peu.

Les militants, eux, lui sont acquis depuis longtemps et les barons finissent par renoncer. « S'il n'y avait que Chirac, soupire l'un d'eux, ce serait bien. Mais il y a les autres. » Les autres ? Pierre Juillet, Marie-France Garaud et Charles Pasqua — la garde noire, les trois diables susceptibles de circonvenir le leader propulsé au firmament du mouvement gaulliste. « Nous nous entendions bien, reconnaît Jacques Chirac. Nous nous entendions bien parce que les rôles étaient clairement définis. Tous ensemble, nous établissions la stratégie et à ce stade, il est vrai, les analyses de Pierre Juillet étaient importantes. Ensuite, nous traduisions ces décisions sur la scène politique. Chacun s'y employait dans son domaine. » La répartition est limpide : Chirac, au premier rang, affronte le pays ; Marie-France Garaud a pour mission de faire passer le message dans les médias ; Charles Pasqua se charge du parti gaulliste, de son contrôle, de son fonctionnement, au bénéfice exclusif de Chirac. La dynamique, dans tous les cas de figure, profite toujours au même : Jacques Chirac. Juillet et Garaud sont sans aucun doute avides de pouvoir, mais celui-ci ne peut être qu'indirect et dépend de la réussite d'un homme : Chirac.

« Le président de la République m'a convoqué. Je me suis donc rendu à l'Elysée. » Aujourd'hui, Jacques Chirac résume de la sorte, et avec un rien d'insistance sur le verbe convoquer, cette entrevue du 4 novembre 1976, quelques semaines avant la fondation du RPR. A l'époque, il était moins détendu. C'est qu'il n'est pas simple — sinon impossible — de convaincre Valéry Giscard d'Estaing. Le postulat n'a pas varié : oui, je vous aiderai à gagner les prochaines législatives, oui, mon futur rassemblement n'hésitera pas à prendre ses distances avec le gouvernement quand il l'estimera indispensable. A l'Elysée, dans les ministères, les proches du président de la République ne se remettent pas d'un tel aplomb, de ce soutien ultra-conditionnel. « Un rassemblement ne se décrète pas », répète partout Michel Poniatowski qui annonce de la sorte l'inéluctable avortement du RPR. Les proches du président ne supportent pas non plus la superbe avec laquelle Chirac est revenu à l'Assemblée nationale. Le député de la Corrèze n'a-t-il pas eu l'audace, à en croire les observateurs les plus avisés, de dévisager, les yeux dans les yeux, ceux qui n'ont pas éprouvé le besoin de venir le saluer ? Les giscardiens entendent réagir contre ce Chirac toujours provocateur, ce Chirac qui entraîne la dégiscardisation de la majorité, ce Chirac qui ne rompt pas face au président. Michel Poniatowski monte à l'assaut.

Le 15 novembre 1976, le ministre de l'Intérieur tonitrue au micro d'Ivan Levaï sur Europe 1 : « Les formations de la majorité vont procéder à un ensemble de regroupements, et nous allons voir, d'une part, le rassemblement que propose M. Chirac se développer et, d'autre part, le rassemblement qui va se faire autour de *Démocratie française,* le livre du président de la République. Ce rassemblement, qui sera entre autres animé par Raymond Barre constituera la formation politique la plus importante de France. » Diable, un parti giscardien ! « Ça, ils ne savent pas faire », ricane Charles Pasqua. Cette nouvelle initiative des giscardiens conforte la démarche de Chirac : bloc contre bloc. Un bloc animé par Giscard, l'autre par le chef gaulliste, et voilà le président ravalé au même rang que son ancien Premier ministre. L'Elysée a vite fait de reculer, de désavouer Poniatowski l'imprudent. Raymond Barre s'en charge en personne : « Si je devais prendre des initiatives de cette nature, l'annonce en serait faite par moi et par personne d'autre. Je ne suis pas au courant. » Qu'importe ce pas de clerc, la démarche demeure : au bloc chiraquien résistera le bloc giscardien. Quelle consécration pour un ex-Premier ministre dont le président, au sortir de l'été, prédisait la mort politique ! Dès lors, les motifs de conflit entre chiraquiens et giscardiens se multiplient : l'Europe, les questions monétaires, la défense. Tous les prétextes sont bons.

Charles Pasqua n'a que faire de ces affrontements politico-idéologiques ; il n'a pas d'états d'âme, il n'entretient aucun doute d'aucune sorte. Pasqua est chargé d'organiser, le 5 décembre 1976, les assises extraordinaires du mouvement gaulliste, et cela il sait le faire : location de la grande halle du Parc des Expositions à la porte de Versailles, cinquante mille militants qui déboulent de tous les départements au cri unanime et unique de : « Chirac Président ! » Giscard en frémit d'indignation. Le système Pasqua est au point. « Tout cela ressemble à un meeting qui se serait déroulé à Nuremberg dans les années 30 », se plaint pourtant un fidèle de Jacques Chirac, maire d'une ville sur la Côte d'Azur. Aucune importance, les chiraquiens balaient sur leur passage les dernières réticences, les ultimes résistances. Jacques Chaban-Delmas répète qu'il n'admet pas que le mouvement gaulliste soit coiffé par un président, Chirac en l'occurrence, mais sans plus. Olivier Guichard, ministre de Giscard, finit même par se rallier du bout des lèvres et sous les sifflets. Les observateurs remarquent qu'aucune référence n'est faite ni au président de la République ni à la majorité. Ils s'interrogent sur les réactions à venir de Valéry Giscard d'Estaing et de ses fidèles.

C'est que le discours de Jacques Chirac, en ce jour de naissance, est d'abord musclé : « La prétendue alternative que nous propose le programme socialo-communiste est dangereuse. Elle est inefficace. Elle est illusoire. Elle est la plus mauvaise réponse au débat sur les libertés. » La suite ressemble déjà à une ode au libéralisme : « Il faut développer le goût d'entreprendre, il faut retrouver la liberté d'entreprendre, de sorte que celui qui veut créer une unité économique à l'échelle humaine ne se heurte pas à une multitude d'obstacles accumulés par un corps social bloqué et timoré. » Et tout cela se termine par l'inévitable vibrato gaulliste : « L'appel que je lance à mon tour n'est que l'écho de l'éternel appel des nations qui ne veulent pas mourir. C'est au peuple de France que je m'adresse. » Cinquante mille militants craquent : comment résister au choc de tels mots ? Chirac sera interrompu quatre-vingt-dix-sept fois, à coups d'applaudissements. Les gaullistes se pâment et Chaban doit admettre d'un ton las : « Je reste au RPR parce que c'est là qu'il y a le plus de compagnons. » Charles Pasqua frétille de plaisir : la machine RPR fonctionne. Dès la première heure, comme un rouleau compresseur. Michel Poniatowski ne supporte pas. Normal.

A l'heure où les militants gaullistes acclament Chirac, le ministre de l'Intérieur ordonne aux forces de police de faire évacuer les locaux du *Parisien libéré* occupés depuis 1975 par des salariés de l'entreprise. Pourquoi une telle intervention en ce 5 décembre et pas un autre jour ? « De la sorte, Barre et Poniatowski savaient que les journaux ne paraîtraient pas le lendemain, assure Lydie Gerbaud, la " Madame Presse " du RPR. Ils espéraient écraser le retentissement de notre création. » Claude Labbé, le président des députés gaullistes, est plus carré encore : « une manœuvre méprisable ». Quant à Olivier Guichard, prévenu dans la nuit du samedi au dimanche, il ne peut rien faire pour éviter l'incident. Par mesure de rétorsion, le ministre de la Justice oublie de prononcer le nom de Raymond Barre dans son discours porte de Versailles. Et Jacques Chirac, excédé par la manœuvre des giscardiens, ne tient pas compte de la lettre que le Premier ministre lui a fait parvenir pour expliquer cette décision. « Il nous avait promis de ne rien entreprendre, assure le président du nouveau RPR. Le gouvernement n'a pas tenu parole. » Le climat continue de se détériorer entre partenaires de la majorité.

Par-delà ces péripéties, Jacques Chirac estime que l'essentiel est atteint : un grand parti, un puissant moyen de combat politique, un chef. L'ouverture souhaitée par Pierre Juillet ? Un échec. Seul le fasciste François Brigneau, éditorialiste au journal *Minute,* fait mine de se rallier : « Si Marchais tend sa main aux gaullistes de gauche, je ne vois pas pourquoi je ne tendrais pas la mienne aux gaullistes de droite. » L'ébauche de flirt n'ira pas plus loin. La masse militante, disposée à suivre, suffit. Et Chirac, mieux que personne, sait la mobiliser, l'utiliser, obtenir un véritable travail sur le terrain. « Quand j'ai dirigé le parti gaulliste, assure Alain Peyrefitte, j'ai été frappé par l'obéissance et stupéfié par l'extraordinaire discipline. Chirac a compris l'état d'esprit, le ressort et le fonctionnement du mouvement gaulliste. Il avait envie d'en devenir le chef, il en avait le tempérament et il en avait besoin. Il a même le physique de l'emploi, un physique qui enchante le militant moyen. » L'analyse d'Alain Peyrefitte est fondée, dans la mesure où Chirac n'a commis aucune erreur stratégique dans sa prise du mouvement gaulliste.

Puisque les gaullistes sont si sensibles aux images, Chirac décide de déménager et d'installer le RPR au sommet de la tour Montparnasse. Modernité toute. Première surprise, Chirac nomme Jérôme Monod secrétaire général du mouvement. Que vient donc faire ce supertechnocrate, dernier directeur de cabinet du Premier ministre Chirac, à la tête du parti gaulliste ? L'organiser, le structurer, engranger cinq cent mille adhérents d'ici 1978, d'ici aux élections législatives. D'abord, Monod refuse. « Pour le convaincre, raconte Jacques Friedmann, Chirac n'a pas hésité à aller voir sa femme. » Voilà un trait de caractère : Jacques Chirac supporte mal que ses amis ne le suivent pas, quelles que soient les circonstances. Il a besoin de « son » entourage, il ne peut travailler et fonctionner qu'en confiance. Jérôme Monod appartient à ce petit groupe et il finit par céder : « Ma nomination à ce poste est certainement une idée de Pierre Juillet et de Marie-France Garaud. Ils voulaient installer au secrétariat général un non-politique qui ne leur causerait pas d'ennuis. » Une erreur d'analyse mais, pour l'heure, Jérôme Monod n'en est pas encore aux affrontements avec les deux conseillers. Le secrétaire général organise, et il s'entoure : Yves Guéna est nommé délégué politique ; Anne-Marie Dupuy, ancienne collaboratrice de Georges Pompidou, devient secrétaire générale adjointe. Personne n'est dupe : si Jérôme Monod la propulse à ce poste important, c'est qu'elle déteste Marie-France Garaud et ne l'a jamais dissimulé. L'inévitable Charles Pasqua est présent. Monod peut s'amuser, se délecter des analyses élyséennes. On lui rapporte que le président se réjouit de sa nomination. Il estime que l'ancien patron de l'Aménagement du territoire tempérera les ardeurs de Chirac. Erreur, une fois de plus : Jérôme Monod est antigiscardien virulent.

« Giscard ? Il a toujours eu un train politique de retard sur Chirac. » Le député UDF, aujourd'hui fervent supporter de Raymond Barre, est méchant. Son diagnostic est pourtant fondé : pendant cette période de trois mois qui a permis la construction du RPR, le président de la République ne perce pas le traquenard qui lui est tendu. Chirac a certes promis fidélité à la majorité et, mieux, il s'est engagé à la renforcer ; mais il conduit l'opération pour son propre compte.

Il ne s'agit là que du premier acte. Le second sera plus extraordinaire et plus invraisemblable encore : Jacques Chirac va à nouveau défier, puis « planter » Valéry Giscard d'Estaing.

CHAPITRE XIV

LE TEMPS DES CONQUETES
ACTE II

> « Je vais quitter prochainement le gouvernement. — Devenez maire de Paris. Ce serait une excellente solution. »
>
> JACQUES CHIRAC à SIMONE VEIL,
> été 1976.

Depuis son élection à la présidence de la République, Valéry Giscard d'Estaing n'a jamais varié sur un point au moins : en mars 1977, les Parisiens éliront le maire de leur ville au suffrage universel. « Donner son maire à Paris allait de soi quand on se veut le père fondateur de la " société libérale avancée " », écrit Jean Bothorel dans *le Pharaon*. Le 31 décembre 1975, le Parlement a entériné le nouveau statut de la capitale. Le Premier ministre Jacques Chirac n'y est guère favorable : en bon gaulliste centralisateur et jaloux du pouvoir de l'Etat, il craint qu'un maire de la capitale, de par sa stature nationale, voire internationale, ne se transforme en adversaire potentiel du président de la République. Un sacrilège que Giscard ne prend pas en compte. A l'automne 1976, le président de la République est sur le point de commettre la plus énorme bévue politique de son septennat. Pour l'entier bénéfice de Jacques Chirac.

« Quand j'étais Premier ministre, je m'étais mis d'accord avec le président de la République sur la candidature du sénateur Pierre-Christian Taittinger. A cet effet, nous l'avions fait entrer au gouvernement en janvier 1976, comme secrétaire d'Etat auprès du ministre de l'Intérieur. » Ce témoignage de Jacques Chirac est confirmé de toute part. A priori, la personnalité de Pierre-Christian Taittinger — et c'est pour cette raison même qu'il a été désigné — ne dérange personne au sein de la majorité. Au Sénat, l'homme du champagne est inscrit au sein du groupe gaulliste ; prudent, il conserve, dans une autre poche, une carte d'affiliation aux républicains indépendants. Il sera un maire sans saveur. Cela convient à Jacques Chirac.

Au fil du temps, la candidature du sénateur finit par perdre de sa consistance. Il n'a pas une envie effrénée de se battre, de faire campagne pour « giscardiser Paris » — car tel est l'objectif du président de la République. Chirac s'en rend si bien compte qu'il cherche des « jokers ». Il finit par en trouver un : Simone Veil. Pourquoi son amie, parfait ministre du président de la République, ne deviendrait-elle pas le premier maire de Paris ? Giscard ne dédaigne jamais le symbole. Cette élection-là en serait un, et de taille. Témoignage de Simone Veil, confirmé aujourd'hui, à mots couverts, par Jacques Chirac : « Au mois de juillet 1976, nous nous sommes retrouvés pour un week-end à Brégançon, dans une villa louée par Mme Pompidou. Chirac m'a parlé de la mairie de Paris. Je me souviens de son propos : " Je vais quitter prochainement le gouvernement. Devenez maire. Ce serait une excellente solution. " » L'avis n'est partagé ni par le président de la République, ni par son Premier ministre, Raymond Barre, ni par son ministre de l'Intérieur et conseiller personnel, Michel Poniatowski.

Raymond Barre supporte mal Simone Veil ; il ne rate aucune occasion pour mettre son intelligence et sa compétence en doute. Giscard et Poniatowski, eux, défendent un autre objectif : satelliser Paris à la planète giscardienne. Le président part d'un simple constat : en 1974, lors du second tour des élections présidentielles, il a obtenu 56,9 p. 100

des voix dans la capitale. Une liste qui bénéficierait de son soutien retrouverait ce score. Paris deviendrait de la sorte la ville du président. « VGE voulait quelqu'un de nettement giscardien, reconnaît Michel Poniatowski. Il désirait une victoire écrasante. Et dès juillet 1976, il a pris la décision d'écarter Taittinger ».

Michel Poniatowski minore son rôle dans l'affaire de l'Hôtel de Ville. Plus étrange encore, il désavoue — pour partie — l'attitude de Valéry Giscard d'Estaing : « En mettant la main sur Paris, il fallait éviter toute provocation à l'encontre des gaullistes. Taittinger était le candidat de l'arrangement et du compromis. Lorsque Chirac a démissionné, j'ai continué de prôner la solution Taittinger. » Or la plupart des témoins affirment le contraire ; ils accusent le ministre de l'Intérieur d'avoir « poussé » Giscard, d'avoir passé son temps à mettre de l'huile sur le brasier majoritaire. Et Chirac, lui aussi, est convaincu du rôle néfaste joué par Michel Poniatowski : « C'est le premier qui ait remis en cause le compromis Taittinger. La situation s'est encore davantage dégradée quand j'ai appris que le président refusait un autre accord : les gaullistes devaient avoir un tiers des sièges du conseil municipal et Giscard voulait maintenant des primaires dans tous les arrondissements de Paris. Il expliquait partout que la capitale n'avait jamais été gaulliste ou pompidolienne, qu'elle était exclusivement présidentialiste. A partir de cette analyse, nos élus devaient être battus dans tous les bureaux de vote et nous allions disparaître de Paris. Cette volonté d'éliminer tous les gaullistes m'a fait sortir de mes gonds. C'était plus que je ne pouvais en supporter. » Et plus que le président de la République n'est capable de concevoir puis de concrétiser sur le terrain électoral.

Valéry Giscard d'Estaing et ses conseillers — Michel Poniatowski et Jean Serisé, en l'occurrence — négligent l'implantation des élus gaullistes dans la ville. Ils oublient — trop vite — vingt années de travail sur les trottoirs, dans les marchés, à serrer les mains des commerçants, à offrir des colis de Noël aux vieux. « Paris, c'est le truc des gaullistes », confie Simone Veil à Jean Bothorel. Et elle a raison. Plus étonnant encore, le président de la République facilite le jeu politique de Jacques Chirac. Il se comporte comme s'il ignorait que les élus gaullistes de Paris, plutôt hostiles à l'ex-Premier ministre, ne reconnaissent pas tout à fait son autorité sur le mouvement gaulliste, et que, en agissant de la sorte, il les rapproche de Jacques Chirac. Erreur politique de taille, erreur politique d'autant plus incompréhensible que le président a su prouver, à maintes reprises, ses qualités de stratège. « Il a été mal conseillé, assure Jacques Chirac. Son cabinet était formé de remarquables technocrates, mais pas de politiques. Très vite, ils ont cherché à lui plaire plutôt qu'à le servir. Je le lui ai dit, souvent, par oral et par écrit. »

Le président monte une provocation à double détente. Il laisse entendre que l'un de ses fidèles, Jacques Dominati, pourrait devenir « le » candidat. Aussitôt, les gaullistes « craquent » : Dominati est la quintessence de ce qu'ils exècrent le plus : la trahison. Gaulliste, il a déserté les rangs pour rejoindre Valéry Giscard d'Estaing au début des années 60. Témoignage d'Olivier Guichard : « Dans le gouvernement Barre, j'avais été chargé de coordonner la majorité. Comme il était de mon devoir, j'ai eu des conversations avec les députés gaullistes de Paris à propos de ce futur maire. Ils voulaient à tout prix éviter Dominati. Je leur ai demandé s'ils accepteraient un autre candidat. Ils m'ont répondu : " N'importe qui d'autre. " J'ai donc cherché. » L'intervention d'Olivier Guichard ne perturbe guère Jacques Dominati. Les gaullistes, croit-il, sont en mauvaise posture. Raison de plus pour leur cogner dessus, et puisque le président approuve... « Dominati n'a cessé de le pousser en ce sens », confirme Michel Poniatowski qui, de la sorte, essaie de faire comprendre qu'il n'a aucune responsabilité dans une défaite aux innombrables conséquences. Côté

ou les passions du pouvoir

gaulliste, Christian de La Malène, rapporteur général du budget de la ville de Paris, monte en première ligne. Il est disposé à affronter Jacques Dominati.

En réalité, il ne s'agit là que d'une bataille de seconds couteaux, les prémices d'un affrontement plus sérieux. Le président de la République s'est servi, avec habileté croit-il, de Jacques Dominati, sans avoir jamais songé à cette candidature avec sérieux. L'hypothèse Dominati avait pour but unique d'exciter les gaullistes. Mission remplie. Non, le président a envie d'un giscardien historique, d'un pair de « sa » République. Ils ne sont que deux à réunir ces qualités : Michel Poniatowski et Michel d'Ornano. « Giscard voulait que j'y aille moi-même, confirme le premier, j'ai refusé. » Le 2 novembre 1976, le président de la République invite à sa table Michel Poniatowski, Michel d'Ornano, Christian Bonnet, Jean-Pierre Fourcade et Roger Chinaud — le gratin du giscardisme. Il annonce que d'Ornano va se présenter à Paris et qu'il abandonne Deauville et la côte normande à son épouse. Réaction mitigée de Michel d'Ornano, rapportée par Jean Bothorel : « C'est un beau cadeau... N'est-il pas empoisonné ? Je n'étais pas demandeur. » Le président ne prête aucune attention à ces réserves. « Son » candidat passera et Paris deviendra, par d'Ornano interposé, « sa » ville — comme l'Auvergne est « sa » région.

L'affaire est donc réglée. Personne, en dehors des cinq convives de l'Elysée, ne le sait, et le pauvre Olivier Guichard s'épuise en vain à chercher un candidat de compromis. Il songe à son vieil ami Roger Frey, président du Conseil constitutionnel et baron gaulliste parmi les plus prestigieux : « Les chiraquiens n'en ont pas voulu, révèle-t-il, et je n'ai pas insisté auprès de Giscard. » Pour l'heure, Jacques Chirac ne bouge toujours pas. Olivier Guichard, au chevet d'une majorité à l'agonie, se tourne à son tour vers Simone Veil, l'idée lui ayant été soufflée par le député gaulliste Jacques Marette. « J'ai eu un contact personnel avec Simone Veil, raconte Olivier Guichard. Elle était d'accord. Quand j'en ai parlé à Giscard, il m'a affirmé qu'elle ne voulait pas. J'ai été obligé de lui faire remarquer que ce n'était pas vrai, que je l'avais rencontrée la veille et qu'elle m'avait dit le contraire. A cet instant, j'ai pressenti qu'une opération d'Ornano se montait et j'ai mieux compris les réserves de Poniatowski à l'encontre de Simone Veil. » Olivier Guichard, paisible comme à l'accoutumée, a démonté la stratégie des giscardiens. Un mensonge a suffi pour cela. L'ancien secrétaire du général de Gaulle sait être parfois cruel, sans même élever la voix : « Giscard m'a fait un grand numéro sur les chances de l'UDF dans la capitale. Il a pris exemple sur les 65 p. 100 qu'il avait obtenus, en 1974, dans le 5e arrondissement. Il comptait sur un report parfait des voix. Devant mes réticences, il a conclu sur un " Vous ne comprenez rien. " » Monsieur le coordonnateur de la majorité se trouvait ainsi rappelé à plus de mesure et à une giscardophilie accrue.

Simone Veil est furieuse — furieuse parce que grugée. Elle a gardé en mémoire le souhait émis par Jacques Chirac l'été précédent, mais l'ex-Premier ministre n'a plus aucun pouvoir décisionnaire. Cette fois, ce sont des proches du Président de la République qui l'ont sollicitée. Récit de Simone Veil : « A Orly, où nous accompagnions le président qui partait en voyage officiel, dans un couloir qui conduit au salon officiel, Olivier Guichard, Michel Poniatowski et Jean Serisé m'en ont parlé. Dans les termes suivants : " Que diriez-vous d'être maire ? " J'ai répondu que je voulais tout de même en parler avec mon mari. Et puis un mercredi matin, quelques minutes avant le conseil des ministres, un ministre me téléphone : " Pourquoi avez-vous refusé ? " Je lui ai fait remarquer que je n'avais pas pu refuser puisque jamais la proposition ne m'avait été faite de façon officielle. Pendant le conseil, la même scène se répète avec Jean Lecanuet. Dès cet instant, j'ai voulu avoir une explication franche avec Raymond Barre. Et le jour des questions orales à l'Assemblée nationale, je lui ai précisé que je n'avais pas refusé puisque cela ne m'avait pas été demandé. Il a eu une réponse cinglante : " On ne vous l'a jamais proposé parce qu'il n'en a jamais été question. " » Simone Veil est à tel point ulcérée de la conduite du président de la République et de son Premier ministre que, pratique inhabituelle, elle consigne tous les faits et paroles de cette affaire dans un cahier. « Giscard voulait quelqu'un à lui, résume-t-elle. D'Ornano avait le faste nécessaire. Il portait déjà un nom de boulevard. » A ce compte, il est vrai que Michel Poniatowski aurait pu, lui aussi, faire l'affaire.

C'est donc Michel d'Ornano. Malgré les salves d'avertissement tirées par les députés gaullistes de Paris, le président de la République n'entend rien. Le mercredi 10 novembre 1976, le chef de l'Etat révèle ses intentions aux ministres. Jean Bothorel rapporte la scène : « Olivier Guichard ne bronche pas. Les autres ministres gaullistes suivent son exemple. Raymond Barre conclut : " Monsieur le ministre de l'Industrie conduira la liste d'union de la majorité à Paris. " » De l'art d'accumuler les bévues politiques...

Deux jours plus tard, le vendredi 12 novembre, Valéry Giscard d'Estaing reçoit avec solennité Michel d'Ornano. A la sortie, le député-maire de Deauville se déclare. Une gaffe supplémentaire que cette annonce sur le perron de l'Elysée. Comme si le futur maire de Paris était venu chercher un sacrement présidentiel. Comme si la sanctification par Giscard était plus importante que le vote des Parisiens — un vote qui irait de soi, un vote giscardien. Les députés gaullistes de Paris annoncent aussitôt la candidature de Christian de La Malène. Tout cela est déjà obsolète : en ce mois de janvier 1977, Jacques Chirac est sur le point d'entrer en scène.

« Si le maire est giscardien, affirme Charles Pasqua, nous perdrons par la suite nos sièges de députés. Pas question. » Comment faire ? Comment réagir pour contrer l'attaque frontale du président de la République et de ses lieutenants contre Paris bastion gaulliste ? Récit de Marie-France

Garaud : « Au cours d'un dîner à trois, avec mon mari, Xavier Marchetti — journaliste du *Figaro* — a lancé une idée : pourquoi Jacques Chirac ne serait-il pas lui-même candidat ? » Presque une boutade. Sauf pour Marie-France Garaud, qui mesure sans tarder les bénéfices immenses d'une telle hypothèse : un bastion RPR inexpugnable pour se mesurer à Giscard ; une reprise en main des élus gaullistes de Paris qui, à l'instar de leur candidat Christian de La Malène, n'ont guère d'atomes crochus avec les chiraquiens ; une nouvelle victoire qui, après l'édification du RPR, confirmerait aux Français l'ambition de Jacques Chirac.

A compter de ce moment, les versions divergent. Selon Marie-France Garaud, l'objectif mairie de Paris n'enthousiasme pas Pierre Juillet. « Il craignait que Chirac ne s'enferme à l'Hôtel de Ville », dit-elle. Ledit Pierre Juillet aurait au contraire immédiatement perçu cet intérêt selon Jacques Chirac qui garantit : « C'est une bonne chose pour vous, n'a-t-il cessé de me répéter. » La divergence, sur ce point précis, est d'importance. Car elle signifie, si la version de Marie-France Garaud est la bonne, qu'à compter de 1977 la conseillère a pris le dessus sur Pierre Juillet, qu'elle impose ses vues. Et les conséquences de cette « prise de pouvoir » s'avéreront, pour la suite, essentielles.

La décision est donc prise : il sera candidat. Michel d'Ornano et le président de la République auraient pu le comprendre dès le 8 janvier 1977 : Jean Bothorel rapporte en effet que, ce jour-là, Marie-France Garaud fait annuler par un tiers — sans doute Robert Hersant — un dîner avec le candidat giscardien, un dîner où devaient être établies les bases d'un compromis ; c'est la preuve que les chiraquiens ont mis au point une nouvelle tactique. Les élus gaullistes de Paris sont convoqués à la tour Montparnasse. Ils s'inclinent sans difficulté aucune, comprenant que leur survie dans la capitale passe par le président du RPR. Témoignage de Jacques Chirac : « Je leur ai expliqué que la bataille principale allait avoir lieu à Paris et que ma place était parmi les miens. Au premier rang ».

Il faut ensuite détecter le moment opportun pour se déclarer. Chirac patiente depuis plus d'un mois, et l'attente lui pèse. Le président de la République en personne se charge de lui fournir l'occasion souhaitée : le 17 janvier, il s'adresse aux Français par le biais d'une conférence de presse dans la salle des fêtes de l'Elysée. Quatre jours auparavant, Chirac a pris soin de lancer un ultime avertissement au chef de l'Etat : « On n'engage pas le président de la République par un bavardage de perron... Un maire n'est pas désigné par le pouvoir exécutif, mais élu par les conseillers municipaux... Il est inadmissible de désigner des membres du gouvernement contre des parlementaires qui soutiennent ce gouvernement. » Giscard n'a rien entendu. Rien. Aucune autre attitude ne ferait mieux l'affaire de Chirac. Le président lui ouvre grande la porte à la candidature.

En ce lundi 17 janvier donc, Valéry Giscard d'Estaing apparaît tel qu'en lui-même. Dans une situation politique pour le moins difficile, il ne perd rien de sa superbe et de son assurance. Il annonce qu'il restera à son poste quelles que soient les circonstances, même si l'union de la gauche emporte les prochaines élections législatives : « J'accomplirai bien entendu la totalité de mon mandat de sept ans. »

Les principaux éditorialistes politiques se déchaînent ; le charme du président n'opère plus. Pour le plus grand bénéfice de Jacques Chirac. « C'est un spectacle rare que de voir un président abandonner une à une, et comme de gaieté de cœur, les armures et carapaces de pouvoir dont ses prédécesseurs étaient vêtus, écrit André Chambraud dans *le Point*. Le voilà qui admet soudain que la stratégie politique qu'il mène depuis deux ans est un échec. » Quelle sévérité ! Jean d'Ormesson, dans un autre registre, ne le ménage pas davantage dans *le Figaro* : « Il y a un miracle Giscard d'Estaing, une sorte d'effet au sens physique du mot : plus la situation se dégrade, plus le chef de l'Etat apparaît habile, sûr de lui et confiant. » A Jean Bothorel de résumer la manière Giscard : « Les Français piaffent, les syndicats manifestent, les leaders politiques gesticulent, Giscard demeure. Insensible, lointain, pharaonique. Jamais plus qu'à cette conférence de presse il ne s'est révélé tel qu'en lui-même, plein de cette distance dédaigneuse, de cette élégance tranquille. Confronté à une accumulation de difficultés, il les écarte. C'est sa façon de les dominer. »

De toutes ces analyses, Chirac se fiche. De la conférence tout entière, il ne retient qu'un passage, celui qui lui permet de se déclarer candidat au fauteuil de maire : « Il faut sortir de la conception d'une uniformité qui se déchire pour passer à une autre conception qui est celle d'un pluralisme qui s'organise, a assuré Giscard. Si la majorité a la capacité de renouvellement et d'organisation qui lui permet d'agir ainsi, elle accroît jusqu'à un point décisif ses chances de l'emporter. » Le mot essentiel est lâché : pluralisme. Il symbolisera, lui, Chirac, le pluralisme de la majorité face à Michel d'Ornano.

Quelques instants suffisent pour élaborer la stratégie. Il faut d'abord avertir Raymond Barre, Premier ministre et chef de la majorité. Ensuite, il faudra faire connaître la décision avec le maximum d'éclat.

L'opération est minutée. Le mercredi 19 janvier à 18 h 30 — l'heure est d'importance, car il faut tout boucler d'ici vingt heures, d'ici le moment des journaux télévisés —, Jacques Chirac s'installe en face du Premier ministre. Après les politesses d'usage, le président du RPR monologue. « Je lui ai expliqué les raisons de ma candidature, je lui ai affirmé que les gaullistes n'avaient aucune raison d'accepter la provocation d'Ornano, que les erreurs tactiques de l'Elysée pouvaient offrir Paris à la gauche. Raymond Barre a été surpris. » Estomaqué serait plus juste. A ce point troublé qu'il convoque aussitôt après ses plus proches collaborateurs pour leur raconter la dernière incartade de Jacques Chirac. Raymond Barre n'a d'ailleurs pas pris la peine de répliquer. Pas plus qu'il n'a pris celle de raccompagner son visiteur. Les deux hommes sont fâchés. Le tête-à-tête n'a pas duré plus d'un quart d'heure.

Deuxième étape, avertir les journalistes de la presse écrite, auxquels Marie-France Garaud a donné rendez-vous place du Palais-Bourbon dans l'un des bureaux de Jacques Chirac. Celui-ci leur lit un communiqué mis au point par Jérôme Monod et Pierre Juillet. Un passage important : « A Paris, l'heure n'est plus aux négociations de couloir ni aux compromis de parti... En conséquence, j'ai décidé de me présenter à Paris. » En aparté, Chirac — sans trop y croire — plaide sa bonne foi, la concordance de son action avec les plus récentes déclarations de Giscard : « Quoi de plus naturel que des primaires ? Pourquoi me fait-on un procès personnel ? De quel droit ? » Personne n'est dupe, tout le monde sourit. Chirac avance.

19 h 45 : Chirac apostrophe les journalistes de TF 1 venus enregistrer sa déclaration, qui doit être diffusée au journal de vingt heures : « Je souhaite qu'elle passe intégralement. Faites ce que vous pouvez. » A l'écran, le très giscardien Patrice Duhamel ne parvient pas à dissimuler son trouble. Il est vrai que le nouveau candidat n'a pas travaillé dans la nuance. Plutôt dans le style appel au peuple de Paris. Un exemple : « Je viens dans la capitale de la France parce que dans notre histoire, depuis la Révolution de 1789, chaque fois que Paris est tombé, la France a été vaincue. » La patte Juillet.

20 h 15 : après avoir regardé la télévision en compagnie de Marie-France Garaud, Chirac file à la tour Montparnasse — dans la Mini-Austin de Mme la conseillère. Il ne lui reste plus plus qu'à avertir, avec solennité cette fois, députés et élus gaullistes de la capitale. L'opération s'est déroulée sans à-coups. Olivier Stirn, secrétaire d'Etat aux DOM-TOM, annonce qu'il quitte le RPR sur-le-champ. Chirac en est blessé : Stirn est un ami proche et on sait qu'il ne supporte pas les lâchages de ses intimes.

« Nous étions heureux, reconnaît Chirac. Heureux de réussir, à nouveau, une grande chose. Heureux — avouons-le — d'affronter une bataille électorale qui, au départ, était incertaine. » Les chiraquiens, en ces instants, font corps. Qui est concerné, au premier chef, par cette prise de l'Hôtel de Ville ? Avant tout, Pierre Juillet, Marie-France Garaud et Jérôme Monod. Et là encore, les surprises ne vont pas manquer. Qui se montrera le plus guerrier, le plus incisif des trois ? Jérôme Monod — Monod le super-énarque, l'as des technocrates, censé « pondérer » Chirac et le conduire à davantage de modération à l'égard du président.

Les giscardiens, eux, ne désespèrent pas de négocier. Comme si cela est encore de mise. Comme si Chirac peut revenir en arrière et se désister pour quiconque. C'est mal le connaître, c'est mal mesurer sa détermination et celle de son entourage. Il compte utiliser toutes les brèches ouvertes par le président pour parachever l'édification d'une véritable forteresse qui lui permettra un jour, peut-être, de devenir le successeur. Et dans un pareil contexte, devant une telle volonté, les réactions de l'Elysée et de Matignon sont faites de mesure, de discrétion. Chirac s'attend à une tempête, il a droit à quelques reproches.

« Je lui ai exprimé mon inquiétude que cette initiative ne provoque une grave division de la majorité et n'aboutisse à des résultats contraires à ceux qu'il entendait poursuivre. » Invraisemblable réplique que celle de Raymond Barre. Elle donne quitus à Jacques Chirac de son « honnêteté » majoritaire. De quoi décomplexer quelques électeurs supplémentaires inquiets des soubresauts majoritaires. Vieille habitude giscardienne que de dédramatiser une situation qui par essence est devenue dramatique. Mais tout cela est dicté par un vague espoir : obtenir le renoncement de Chirac. Au prix d'un retrait de Michel d'Ornano si besoin. Dans cette affaire, l'homme de Deauville joue le rôle du cocu — une manière de payer sa dette à un président qui l'a fait. D'Ornano se tait, il attend ; Roger Chinaud attaque à sa place. Selon ce député giscardien, Chirac n'est rien d'autre qu'un « agité ». Jean Lecanuet confirme : « Bien loin de renforcer la majorité [...] l'initiative de M. Chirac risque de donner une chance à la gauche... » Et Valéry Giscard d'Estaing, en voyage officiel en Arabie Saoudite, conclut devant la communauté française de Riyad : « Quand, comme vous, on voit la place de la France dans le monde, on ne peut que s'attrister des divisions, des rivalités personnelles dont la France offre trop souvent le triste spectacle. » Reste à recoller, si possible, les morceaux majoritaires. Un collaborateur du président confie au *Point* : « On a beau tout faire [...], rien ne peut l'empêcher de penser à Chirac. Il en est profondément bouleversé. » Raymond Barre est chargé de « manager » ce bouleversement.

Il s'en charge sur le mode épistolaire, avec en mémoire cette réflexion d'un ministre faite à André Chambraud du *Point* : « Si Chirac était raisonnable, il se retirerait sans doute, en même temps que d'Ornano. Mais voilà, est-il raisonnable ? » Le Premier ministre fait mine de le croire. Dans une première lettre, Raymond Barre invite Jacques Chirac à Matignon. Il entend trouver avec lui une « solution d'union ». Pas gêné, le président du RPR fait porter sa réponse par Jérôme Monod : il n'éprouve pas la nécessité de se déplacer lui-même. Le refus de tout compromis. « Je suis un candidat d'union », certifie Chirac, avant d'ajouter, pour rester poli : « Seules des raisons graves et impérieuses me feraient retirer ma candidature. » Le Premier ministre, qui adore feindre la naïveté, se plaint. Il ne serait pas de ce « monde-là ». Tristesse qu'il confie à Jean Bothorel : « Je découvre un peu plus chaque jour ce qu'est la véritable politique politicienne. » Et le « professeur » Barre de se fâcher un peu plus encore contre le « politicien » Chirac. Nouvelle lettre, sévère cette fois. Des mots pour exciter : « Votre attitude est celle d'un défi au président de la République et d'une ignorance délibérée du gouvernement. » Chirac n'apprécie pas et le rythme du courrier s'accélère : « Oui, c'est un défi, pas au président, mais à l'opposition. » Manière de répliquer à Raymond Barre mais aussi de collecter quelques voix au passage. Manière de répéter une ultime fois qu'il ne cède pas, qu'il ne renonce pas à une bataille politique entamée. « Ce ne serait pas digne », insiste-t-on dans son entourage. « L'aventure Chirac ne fait que commencer » : Serge July, le directeur de *Libération*, l'affirme dans son éditorial du 24 janvier 1977 — avant de corriger, prudent : « Il n'est pas exclu qu'elle tourne court. » July n'écarte pas l'hypothèse d'une défaite dans cette course à la mairie.

Sans doute ne tient-il pas assez compte de la psychologie Chirac. A son horizon, un objectif unique : faire campagne, désarçonner Michel d'Ornano. Les doutes idéologiques, tactiques ou personnels ne l'effleurent pas en ces moments. Il est tout entier concentré sur son but. Dans ces instants resurgit toujours ce fameux soupçon de manipulation par des conseillers occultes et sans vergogne. Témoignage d'un gaulliste alors influent, aujourd'hui en rupture de chiraquisme : « Avant chaque passage à la télé ou à la radio, Juillet et Garaud le briefaient : " Jacques, vous n'avez que ces deux choses-là à dire. " Et lui, il sortait les deux messages avec une force extraordinaire. »

En campagne donc. « A cheval ! » a l'habitude de s'exclamer Chirac. « Nous avons subi une gigantesque opération d'intox, assure-t-il. Tous les sondages étaient mauvais. A tel point que nous avons douté de leur crédibilité. Nous avions aussi beaucoup de mal à passer dans les télés et sur les radios. J'ai donc fait une campagne sur le terrain. » A ce jeu-là, Chirac est *le* champion : aucun autre homme politique n'est en mesure de le suivre dans sa ronde des trottoirs. « Nous avons passé trois mois dans les rues, témoigne son attachée de presse, Lydie Gerbaud. Tous les cafetiers, tous les commerçants, des milliers de Parisiens l'ont rencontré, croisé, touché. Il a conquis les voix les unes après les autres. »

Dans la coulisse, les chiraquiens se chargent de compliquer l'existence de Michel d'Ornano. Le ministre giscardien compte se présenter dans le 17e arrondissement à la place de Bernard Lafay, soixante-treize ans, éternel élu de la capitale. Le 13 février 1977, Bernard Lafay meurt. La place est-elle pour autant réservée à d'Ornano ? Pas du tout. Philippe Lafay, annonce sa propre candidature. Première déclaration du fils-successeur : « Je ne tiendrai compte que des instructions laissées par mon père et des conseils que voudra bien me donner Jacques Chirac, en qui son ami Bernard Lafay avait une entière confiance. » Pierre Juillet et Marie-France Garaud sont passés par là. D'Ornano est contraint de se replier dans le 18ᵉ arrondissement, un secteur plus difficile que le 17ᵉ.

Comme d'habitude, certains s'empressent d'accourir à la rescousse d'un possible vainqueur. Les barons sont de ceux-là. A quelques jours du scrutin, Olivier Guichard demande au Premier ministre Raymond Barre la neutralité du gouvernement dans l'affrontement Chirac-d'Ornano. Les trois autres ministres RPR, Robert Boulin, Hervé Bourges et Robert Galley, approuvent cette exigence. Un complet retournement que Michel Debré avait, le premier, souligné au micro d'Ivan Levaï : « La politique ne se fait pas en chambre. Pour Paris, ou bien le maire est un adversaire du gouvernement et alors quelle force il a, ou alors c'est un ami du gouvernement, et quel rival il devient... Jacques Chirac a pris sa décision. Il sera maire de Paris. »

La politique ne se fait pas en chambre. Michel d'Ornano le mesure-t-il tout à fait ? Sans doute pas. Comment vit-il le passage des villas de Deauville aux taudis de la Goutte-d'Or ? Mal. Chirac le sait et il le mouche sur Europe 1 : « Cette candidature avait un inconvénient. Par le caractère un peu aristocratique de ses listes et la famille qu'elle représentait, elle n'était pas de nature à rassembler les suffrages populaires. » Le candidat giscardien ne parvient pas à suivre le rythme. Il est lâché, plus personne n'en doute — à l'exception de Valéry Giscard d'Estaing. Témoignage de Jean Bothorel : « Dix jours avant le premier tour, le président avait invité Michel Pinton, son expert en matière d'élections et de sondages, à lui fournir des estimations sérieuses. Pinton lui démontra que Chirac allait gagner. [...] Giscard manifesta sa stupéfaction... »

Le 25 mars 1977, Jacques Chirac est élu maire de Paris par 67 voix contre 40. Michel d'Ornano n'est pas même membre du conseil municipal. Il a explosé dans le 18e arrondissement. La liste Chirac a obtenu 54 sièges, la liste présidentielle 15... Quelques-uns gardent en mémoire la prédiction du giscardien Jacques Dominati : « Chirac ne sera jamais maire de Paris. Il y aura une majorité de conseillers qui ne voteront sûrement pas pour quelqu'un qui a divisé la majorité. » Le journaliste Pierre Charpy se fait un plaisir de répliquer dans *la Lettre de la nation* : « Quand on ne veut faire de la peine à personne, on choisit Vichy. » Le décodage est aisé : les giscardiens sont les héritiers d'un pays pétainiste, les chiraquiens sont les continuateurs d'une autre France, libre et forte. Une analyse simpliste, mais qui fixe bien les limites de chacun des deux camps majoritaires.

Valéry Giscard d'Estaing a-t-il pris pour autant la mesure du succès de Jacques Chirac ? En dessine-t-il les contours et les perspectives ? En apparence, oui. Michel Poniatowski, mauvais conseiller en la circonstance, est débarqué du gouvernement, ainsi que les deux autres ministres d'Etat, Olivier Guichard et Jean Lecanuet. C'est là un signe de détente adressé à Chirac. En profondeur, le président de la République ne bouge pas d'un pouce. Il se comporte comme si la majorité existait encore. « Il témoigne de son obstination à gommer les rivalités et les réalités partisanes », écrit Jean Bothorel. Mieux, Giscard propose encore un « pacte majoritaire » — idée lancée par Chirac quand il était Premier ministre. Les chiraquiens se gaussent de l'initiative.

Ils comprennent vite que la mairie de Paris devient un formidable atout pour Jacques Chirac. L'Hôtel de Ville le « pose », le crédibilise, le notabilise. Des atouts capitaux dans la vie politique à la française. « Au début, je ne m'en suis pas vraiment rendu compte, admet Chirac. Et puis j'ai été aspiré par Paris. » Pas question pour autant d'abandonner la Corrèze. Chirac utilise avec habileté ce jeu des doubles racines. Et tout le monde au sein du mouvement gaulliste, y compris ses adversaires les plus déterminés, salue sa performance parisienne. Pierre Juillet et Marie-France Garaud font remarquer que « malgré la hauteur de la barre, leur poulain l'a encore franchie ». Ils ont tort de s'exprimer de la sorte.

CHAPITRE XV

QUAND LES STRATEGES DERAILLENT

> « Pierre Juillet et Marie-France Garaud étaient persuadés que la majorité perdrait les élections législatives de 1978. Je me suis battu pour obtenir un résultat contraire. »
>
> Jacques Chirac.

Le 7 juin 1977, Pierre Juillet accepte de siéger au conseil politique du RPR. Trois semaines plus tard, le 30 juin, Marie-France Garaud est nommée « chargée de mission auprès de Jacques Chirac, président du RPR ». Les deux conseillers apparaissent enfin sur la place publique ; ils prennent le risque de s'exposer. Une attitude inattendue si l'on se réfère à leur caractère, à leur façon d'agir dans la coulisse politique depuis une dizaine d'années. Pierre Juillet prend un infini plaisir au mystère. Il joue de la discrétion et personne n'est plus que lui amateur de la politique en chambre, de la politique-échiquier où les hommes sont déplacés tels des pions. « Juillet avait la phobie du public, raconte Jérôme Monod. Je l'ai aperçu une fois au cours d'un meeting à la porte de Pantin. Il était dissimulé dans un coin, il tétait sa pipe. » Marie-France Garaud est chargée de répercuter ses paroles et ses pensées. Elle le fait avec un entregent sans égal... et une discrétion sans pareille. Dans toutes les rédactions, Marie-France Garaud dispose d'un interlocuteur privilégié à qui elle « fait savoir ». « Elle était l'exécutante, assure Pierre Charpy. Juillet n'aimait pas voir n'importe qui, il refusait de se frotter aux journalistes. » Ce 7 juin 1977, le temps de la discrétion est passé.

C'est qu'en sept mois, du 25 août 1976 au 25 mars 1977, le trio Chirac-Juillet-Garaud a accompli trois performances étonnantes : pour la première fois, un Premier ministre claque la porte de Matignon et en tire bénéfice ; quelques semaines plus tard, le même homme s'empare du premier parti de la majorité et le transforme en un mouvement, le RPR, tout entier à son service ; et, dernière consécration, il est élu maire de Paris, au désespoir du président de la République. La période est faste et l'influence des deux conseillers reconnue par leur entrée officielle dans l'état-major du RPR.

Marie-France Garaud, elle, veut toujours plus. Jusque-là, elle était au service de Jacques Chirac et aux ordres de Pierre Juillet. « Marie-France était sa première femme de chambre, remarque, non sans cruauté, Pierre Charpy. Mais à force de travail acharné, elle a fini par occuper le fauteuil réservé à Juillet. » Voilà le virage décisif, celui qui transforme le cours de cette aventure à trois. Marie-France Garaud prend le pas sur Pierre Juillet et Chirac ne tarde pas à s'en apercevoir : « Pendant longtemps, nous avons travaillé ensemble de façon parfaitement coordonnée, chacun dans sa spécialité. » Tout à coup, le carcan s'alourdit, Marie-France Garaud devient autoritaire. Les témoignages, à cet égard, sont multiples.

La personnalité de Marie-France Garaud ne laisse personne indifférent. Elle séduit ou elle exaspère ; pas de demi-mesure à l'égard de la magistrate débarquée de Poitiers au début des années 60. « Elle s'était installée auprès de Pompidou pour s'occuper des centristes », se souvient Michel Jobert. La dame ne se contente pas de ce rôle. Elle grandit auprès de Georges Pompidou ; elle grandit auprès de Pierre Juillet; elle grandit auprès de Jacques Chirac. A tel point que tout responsable gaulliste, un tant soit peu attentif la redoute et la craint. L'hebdomadaire américain *Newsweek* s'occupe de son cas : « Mme Garaud est charmante. Tellement charmante qu'elle désarme la critique. Plus d'une figure du gaullisme tremble à la seule évocation de son nom. Elle sème la terreur parmi les ministres et les députés. C'est la femme la plus puissante de France. » Quelle consécration pour une simple conseillère !

Et c'est vrai, qu'elle fait preuve d'une formidable efficacité. Rien ne la rebute, rien ne lui paraît insurmontable. Juillet et Garaud ont l'impression d'avoir « choisi » Chirac, et ils sont l'un et l'autre persuadés que personne n'est en mesure d'interrompre la course en avant de leur protégé. Quand, un jour de février 1977, Pierre Juillet, dans un élan lyrique, raconte un rêve récent dans lequel il « a vu apparaître un cavalier sur un destrier, le heaume baissé, lance à la main », et que « ce cavalier, c'était lui, Chirac », Marie-France Garaud apprécie. L'exaltation, à son sens, est une vertu en politique. « Elle est intelligente, talentueuse et rapide bien qu'un peu simpliste, explique un proche de Chirac qui l'a côtoyée sous la présidence de Georges Pompidou. Elle ne recule devant rien. Mais elle commet une erreur : elle est convaincue qu'extrémiser les attitudes, c'est faire du gaullisme. Or, ce n'est qu'une déformation du gaullisme. Elle a le goût de l'enflure. » Qu'importent les réticences. Au début de cette année 1978 Marie-France Garaud est toute-puissante. Elle le fait savoir, et le prouve à quiconque en doute. Dépassée, l'époque où Marie-France Garaud interpellait Pierre Juillet d'un « Monsieur » précautionneux. Leurs rapports ont évolué, ils se sont « égalisés ». « Ils étaient indispensables l'un à l'autre », confirme Jérôme Monod, secrétaire général du RPR. Il sera le premier à faire les frais de cette alliance.

Erreur initiale, le tandem s'est trompé sur la nature et le

caractère de Monod. Il n'entend pas être un secrétaire général d'apparat, il ne songe pas un instant à plier devant la moindre exigence des duettistes. « A partir des élections à la mairie il y a eu des problèmes entre nous, admet-il. Ils se sont aperçus que je n'acceptais pas certaines pratiques. J'ai par exemple précisé que la caisse du RPR était placée sous mon autorité. Et pour mieux le prouver, j'ai aussitôt nommé une trésorière, Anne-Marie Dupuy. » Un choix avant tout symbolique : cette proche de Georges Pompidou déteste Marie-France Garaud — et elle ne le dissimule pas : « Elle est perverse, dangereuse, le mal au service de l'ambition. » Pas moins. La preuve, que Jérôme Monod n'est pas disposé à céder. Il s'en ouvre à Chirac : « Nous avons eu un tête-à-tête et j'ai précisé que je resterais secrétaire général à une condition : qu'on me foute la paix. » Marie-France Garaud ne l'entend pas ainsi.

A ces prémices de conflit, Chirac réagit avec prudence. Se priver de Monod ? Pas question ; il sait à quel point celui-ci constitue un précieux contrepoids. Se priver de Garaud et donc de Juillet ? Pas question non plus. Chirac a horreur des conflits personnels à l'intérieur de son équipe. « Je ne supporte pas », reconnaît-il. Les conseils politiques du duo lui ont été jusqu'alors précieux. Il en a tiré des bénéfices indéniables. « Mais je me rendais bien compte que le pack se desserrait », admet-il.

Puis, de façon insensible, la dégradation va aller s'accentuant. Les conseillers ne cessent de se tromper et les échecs de s'accumuler. Pendant deux ans, Chirac multiplie les erreurs politiques. La période est d'autant plus fascinante qu'il n'a pas l'habitude d'une telle répétition dans l'échec. Son entourage découvre à quoi ressemble un Chirac hésitant, embarqué dans une stratégie tortueuse, mal à l'aise. Rien à voir avec « l'homme toujours sûr de lui » qui inquiète une partie de l'électorat. Comment faire avec Giscard ? Comment aborder les prochaines élections législatives de 1978 ? Les égarements successifs découlent de cette double interrogation. Au lendemain des élections municipales, après le triomphe à Paris et à douze mois des élections législatives de mars 1978, Chirac, Juillet et Garaud tâtonnent quant à la tactique à adopter. Faut-il censurer le gouvernement et provoquer des élections législatives anticipées ? Charles Pasqua, par exemple, en est convaincu ; Pierre Juillet, lui, en doute. « Il était pourtant persuadé que les élections de 78 étaient perdues pour la majorité », certifie Jacques Friedmann. Pierre Juillet sait qu'il ne convaincra pas Chirac d' « achever » le président de la République : l'affaire Chaban-Delmas n'est vieille que de quatre ans, pas question de prendre le risque d'un nouvel affrontement. « Il faut me croire, dit Chirac, je me suis battu comme un forcené pour remporter les législatives. » Mais que de tergiversations !

Tout cela est compliqué. Il s'agit de soutenir le gouvernement sans l'approuver. Une incessante guéguerre où chacun des trois principaux protagonistes — Giscard, Barre et Chirac — épuise son sens tactique. Le président déclare-t-il que « la majorité doit mettre fin à ses divisions [...] et se concentrer pour mettre au point en commun [...] une organisation cohérente » ? Aussitôt, Chirac assure aux députés RPR qu'il est « important de s'exprimer librement et de manière indépendante ». Comment s'entendre sur la base d'un tel quiproquo ? Chirac est favorable à l'union de la majorité, mais à la condition que le RPR domine. Etrange comportement qui implique des attitudes successives et contradictoires. Le président ne s'y trompe pas. Quand, en avril 1977, il reçoit Chirac, *le Point* rapporte sa première apostrophe : « Bonjour, monsieur le maire de Paris et cher ami. Maintenant que vous êtes maire de Paris, quel mauvais coup allez-vous préparer contre l'Etat ? » Atmosphère bizarre. Et Raymond Barre l'électrise encore un peu plus. Dînant avec de jeunes députés, le Premier ministre dénonce les attitudes de son prédécesseur. Avec virulence : « Il ne tient pas la place qui doit être celle d'un ancien Premier ministre dans ses relations avec son successeur. » La guéguerre qui, toujours bat son plein.

Dans ce contexte, Marie-France Garaud est reine. Puisqu'il faut répondre aux coups répétés du président, du Premier ministre et des giscardiens, elle s'y emploie. « Elle devenait de plus en plus autoritaire, insiste Charles Pasqua. Donc de plus en plus insupportable. » Le publicitaire Bernard Brochand, aujourd'hui numéro 2 de l'agence Havas, soumet des projets d'affiche pour la prochaine campagne électorale. Elle écarte tout le monde, veut choisir seule. Témoignage de Bernard Brochand : « Nous avions retenu pour slogan : " Oui à la France qui gagne ". Chirac était un " bon client ". Il réfléchissait, il ne s'aventurait pas. Il avait un bon jugement publicitaire. Marie-France Garaud intervenait beaucoup. Elle était très autoritaire. » Autoritaire : toujours ce même adjectif. Brochand suggère un second mot d'ordre, « Non aux privilèges », pour démarquer le RPR des partis giscardiens, pour insister sur son caractère populaire et gaulliste. La conseillère s'y oppose avec une inaltérable vigueur.

Ce refus prouve à quel point Marie-France Garaud et Pierre Juillet sont, au plus profond d'eux-mêmes, ancrés à droite. Et cela provoque remous et soubresauts au RPR. Jérôme Monod, par exemple, s'élève avec vigueur contre l'influence naissante de deux personnages occultes installés dans le sillage de Chirac par Juillet et Garaud qui, à en croire des témoins, les « écoutent comme des oracles » : Georges Albertini, banquier, et René de Lacharrière, universitaire. Le premier, après de sérieux ennuis à la Libération pour faits de collaboration, est devenu l'un des plus fins analystes du monde communiste ; le second, professeur de droit public, a travaillé auprès de Pierre Mendès France. Leur mission : amener Chirac à se marquer plus à droite qu'il ne l'est en réalité. Eux aussi développent une conception guerrière et radicale de la vie politique. Yves Guéna, alors conseiller politique du RPR, s'oppose à la manœuvre. Il va le payer cher. Garaud et Juillet le poursuivront désormais de leur vindicte. « Dès l'instant où Guéna n'a plus été en cour, se rappelle Jérôme

Monod, ils l'ont exilé au fond d'un couloir de la tour Montparnasse, le siège du RPR. » Mais pourquoi Jacques Chirac est-il à ce point passif ?

Sans aucun doute, la perspective des législatives angoisse le maire de Paris. Comme à son habitude, il fait preuve d'une activité débordante. « Pendant cette campagne, nous avons accompli une fois et demi le tour du monde, raconte sa collaboratrice Lydie Gerbaud. Cinq cent cinquante-cinq réunions publiques de décembre 1977 à mars 1978. » Activisme forcené. Activisme qui, pour un temps, dissimule la faille. Chirac est convaincu que le président finira par céder à ses exigences électorales, que le RPR, de par sa puissance et son organisation, étouffera dans l'urne les partenaires giscardiens. « Nous n'avons jamais cru qu'ils seraient capables de s'organiser », admettra un proche collaborateur de Chirac. Les chiraquiens commettent là une grave erreur.

Cette fois, Jacques Chirac, Pierre Juillet et Marie-France Garaud ne voient pas le coup venir. Juillet est toujours brillant. A haute voix, sans notes, il se livre à de savantes analyses. Marie-France Garaud, impérieuse, tente pour sa part de régenter tant et plus le RPR, malgré la résistance et l'influence de Jérôme Monod. A plusieurs reprises le secrétaire général menace de démissionner ; à chaque fois Chirac le retient. « Il ne veut pas rester seul en face des deux autres », entend-on dans le cercle dirigeant du mouvement. Seulement les « deux autres » n'ont plus la même baraka : ils se trompent — et Jacques Chirac commence à s'en apercevoir. Quelques-uns l'avertissent, Monod en particulier.

Le 8 mai 1977, Jacques Chirac invite à déjeuner Jean-Pierre Soisson, le secrétaire général du parti républicain (nouvelle appellation des républicains indépendants). Le maire de Paris entend préciser qu'en aucun cas les investitures ne seront accordées par le président de la République et son Premier ministre. Le RPR choisit et désigne lui-même ses candidats ; des primaires RPR contre giscardiens sont la règle dans la majorité des cas. Chirac a conscience que jamais Jean-Pierre Soisson n'acceptera de telles propositions. Pour deux raisons : Giscard, de fait, est mis sur la touche et, sans liste unique, le bulldozer RPR balaiera à coup sûr les petits partis giscardiens. Récit de Jean-Pierre Soisson : « A onze heures, Chirac m'a appelé au téléphone. Il m'a demandé si je ne voyais pas d'inconvénient à ce que Marie-France Garaud déjeune avec nous. J'ai accepté et demandé à l'un de mes adjoints, Jacques Douffiagues, de m'accompagner. Au menu il y avait d'excellentes saucisses de Morteau et nous avons bu du champagne. Du dom-pérignon. Nous avons été à un tel point abasourdis par les propos de Chirac que Douffiagues, a retourné le menu et pris des notes. Chirac nous a dit : " Ce régime a été créé par des gaullistes. Il est aujourd'hui dirigé par des pétainistes. " » Giscard et les siens pour la première fois assimilés à un « parti lié à l'étranger » : l'idée émane de Pierre Juillet et Jacques Chirac perçoit des avantages stratégiques à pareille agression. « A la sortie du déjeuner, poursuit Soisson, j'ai téléphoné à Giscard. Les giscardiens devaient à tout prix s'unir. L'UDF est née ce jour-là. »

Voilà la première bévue capitale. Garaud et Juillet mésestiment par trop leurs « alliés » de la majorité ; ce sont, disent-ils, des centristes, des mous, des gens qui ne savent pas penser la politique, des gens incapables d'agir en politique. Raté. Chaque mercredi depuis quelques mois déjà, les principaux responsables du parti républicain, du CDS et du parti radical ont pris l'habitude de se retrouver dans un lieu discret — le pavillon de musique situé dans les jardins de Matignon —, où ils préparent le rassemblement des giscardiens. Garaud et Juillet l'apprennent. Ils ne tiennent aucun compte de ces rendez-vous. De plus, ils insistent auprès de Jacques Chirac afin qu'il ne démorde pas d'une position ultra-dure : non à toutes les propositions faites en matière électorale par le président de la République ; non à un éventuel « programme de législature » qui éclairerait les Français sur les intentions de la majorité; non à l'arbitrage de Raymond Barre à propos des candidatures. Refus global. Et Chirac ne se prive pas de le répéter quand il rencontre les autres leaders de la majorité. Garaud et Juillet jubilent. A tort.

Pierre Juillet en est convaincu : la gauche gagnera. Jacques Chirac en est persuadé : le RPR entraînera le reste de la majorité vers la victoire et en tirera les bénéfices. Ni l'un ni l'autre ne pressentent la réaction vigoureuse du président de la République. Pourtant, une foucade de l'insaisissable Jean-Jacques Servan-Schreiber, alors leader du parti radical, aurait dû les avertir. A la sortie d'un tête-à-tête avec Raymond Barre en septembre 1977, JJSS annonce tout de go que les différentes formations de la majorité ont décidé de présenter dans toutes les circonscriptions un candidat unique contre le postulant du RPR. Jacques Chirac, furieux, trouve une formule devenue célèbre : « Jean-Jacques Servan-Schreiber est un turlupin. » Peut-être. Mais le président du RPR, lui, est pris en sandwich et ses conseillers n'ont pas su lui éviter ce désagrément.

Valéry Giscard d'Estaing, donc, réagit — vite et fort. A l'évidence, en cette fin d'été 1977, il profite, pour conforter sa position électorale, de la rupture entre socialistes et communistes. Mais surtout, le président s'engage. Il soutient « sa » majorité et il le dit, à Carpentras, une première fois — même s'il n'évite pas une bourde étonnante : « A la fin de cette année, la France sortira de la crise. » Mais il a retrouvé le goût de la politique et des élections. Jean Serisé, son principal conseiller, ne le cache pas : « Le président a rencontré Alain Lancelot et Pierre Weill, les patrons d'un institut de sondage. Courbes à l'appui, ils lui expliquèrent que c'était mal engagé. Giscard a vivement réagi. Si c'était le cas, leur a-t-il dit, les préfets de région auraient déjà « ouvert le parapluie » et les candidats n'afficheraient pas une telle confiance. Le président s'appuyait aussi sur les plus récentes élections partielles.

Je vous crois a-t-il assuré aux sondeurs, mais vous, c'est seulement l'aspect scientifique. » Lui, Giscard, accepte de redevenir homme politique. Dans ce rôle-là, le président est capable de brio. Et Chirac, pour sa part, déstabilisé. Une rapide revue de presse suffit pour s'en convaincre.

« Le président du RPR prend la tête de la campagne de la majorité », explique *le Monde,* le 8 mai 1977. Un mois plus tard, le 3 juin 1977, le grand quotidien du soir est contraint de corriger son analyse initiale : « Monsieur Chirac accentue son autonomie au sein de la majorité. » Zigzag. S'il en est ainsi, plus question pour Chirac de jouer un rôle unificateur. *Le Point* confirme. Sans nuance et avec cruauté : « C'est la rechute ! La majorité est de nouveau en pleine crise. » Que faire ? Comment contrecarrer ces nouveaux soubresauts ? *Le Monde* trouve la réponse dès le 24 juin : « Monsieur Chirac fait patte de velours. » A n'y rien comprendre, et, pour sûr, l'électeur moyen n'y comprend pas grand-chose. L'été sera pourtant paisible. L'été des faux-semblants. Pendant ce temps, les giscardiens continuent de s'organiser.

Dès le 1er octobre, la lecture de la presse redevient passionnante. Chacun reprend le combat. *Le Monde* rappelle que « Jacques Chirac veut mener une campagne intense et autonome ». Raymond Barre, lui, assure que « le paysage politique change » une façon de confirmer la naissance prochaine d'un parti giscardien. Le président insiste en multipliant les confidences : « Le décor politique se modifie. » Chirac, pour sa part préfère en revenir à des recettes qui jusqu'ici lui ont réussi.

Pierre Juillet, le 15 octobre 1977, est nommé à la tête d'un état-major politique. Une cellule de crise où Marie-France Garaud côtoie le baron Olivier Guichard, où, Charles Pasqua siège aux côtés du très giscardophile Alain Peyrefitte. Etrange attelage. Sous l'impulsion de Juillet et avec l'assentiment de Chirac, le RPR modifie ses axes de campagne : un retour aux thèmes gaullistes les plus éprouvés, les plus porteurs, telles l'indépendance nationale, la justice sociale, des réformes progressives. André Passeron peut conclure dans *le Monde :* « Ainsi, Monsieur Chirac aborde une nouvelle phase de son action. »

Il s'agit de gagner. D'éviter à la majorité d'être engloutie par la gauche. De confirmer l'assise parlementaire du RPR. Chirac a convaincu Pierre Juillet qu'il ne pouvait être question d'une autre stratégie. Juillet a beau remarquer à quel point Raymond Barre irrite les députés gaullistes, Chirac ne cède pas. De temps à autre, il assène encore un coup de griffe au Premier ministre ; mais tout cela n'a guère d'importance. Le 12 décembre 1977, *le Point* titre : « Chirac-VGE, l'armistice. » Les deux hommes se sont rencontrés avec le même mot à la bouche : union. « J'ai le sentiment d'avoir été entendu et écouté », conclut Chirac.

Oui, union. La pression, elle, des élus et des militants reste intense. Ils ont trouvé une cible nouvelle : Raymond Barre. Chirac doit tout de même en tenir compte ; à quatre mois des élections, il est impossible de trop décompresser les militants. Alors, si le président de la République est ménagé, le chef du gouvernement ploie sous les attaques. Barre expose-t-il un programme à Blois, le 7 janvier 1978 ? Chirac n'y trouve que « quelques éléments intéressants ». « Une erreur tactique que ce programme, assure-t-il. En contradiction avec le pluralisme de la majorité voulu par le président. » Pour le moins, cette démarche électorale est complexe. Elle déroute militants et électeurs. Chirac s'en rend si bien compte qu'à Bordeaux, à l'occasion d'un meeting de réconciliation avec Jacques Chaban-Delmas, il invite ses amis « à ne pas tomber dans le piège des polémiques ». Le choix de Bordeaux n'est pas dû au hasard : Chaban est au mieux avec le président. Malgré tous ces efforts, il est trop tard pour une trêve entre les frères ennemis de la majorité. Giscard attaque.

Le 7 février 1978, le président dispose, enfin, de son parti, une fédération qui réunit le parti républicain, le CDS et les radicaux. Marie-France Garaud assure partout que « l'UDF tient du dérisoire » ; c'est faux. Chirac est plus modéré : « La création de l'UDF est une erreur sur le plan stratégique. » C'est faux, aussi. Le 19 mars, au soir du second tour des législatives, la toute jeune UDF, avec ses 137 élus talonne de près le RPR et ses 153 députés. A eux deux, ils forment une petite majorité : 50,4 p. 100 — une majorité autant giscardienne que chiraquienne ; une majorité au sein de laquelle, pour la première fois depuis 1962, les gaullistes n'ont plus qu'une courte avance. Le Président a bien joué. Combien de Français ont-ils préféré l'appel de Giscard — le fameux « bon choix » — aux incessants meetings de Chirac ? Beaucoup, estiment politologues et sondeurs. « Aucun doute, tranche Jean Serisé, c'est bien le président qui a remporté les élections. » Et ce constat, Jacques Chirac, qui ne l'avouera jamais, le partage en partie. Même si Jacques Friedmann dément : « Je ne pense pas que Jacques, en son for intérieur pense que la victoire revient à Giscard. Il est convaincu que son dynamisme et son action personnelle ont mobilisé un électorat hésitant ».

Que faire maintenant, sinon continuer à soutenir le président ? Que faire, sinon continuer à « cartonner » le nouveau gouvernement de Raymond Barre ? Chirac, s'il a pris une part importante à la victoire de la majorité, en tire trop peu de bénéfices. « Pendant la période des élections, reconnaît-il, j'ai dû tirer l'ensemble. Juillet et Garaud faisaient comme si c'était perdu. » Cette mésaventure le contraint à la réflexion. Les stratégies successives du duo Juillet-Garaud ont échoué. Pire, Jérôme Monod s'en va : il ne veut plus gouverner le RPR sous la surveillance des deux conseillers. Chirac le sait et il en souffre.

Il en souffre parce qu'il ne supporte pas les déchirements. Et Monod ne lui cache rien de ses états d'âme. Il explique en quoi les conseillers sont devenus nuisibles. Et après ? La même question revient : que faire ? Chirac décide de marquer le coup après la démission de Monod : il annonce à Pierre Juillet et Marie-France Garaud qu'ils ne font plus partie des instances officielles du RPR. Un premier coup d'arrêt à l'influence des deux conseillers. Un événement de taille — même si les observateurs remarquent avant tout que les gens de Monod s'en vont. Anne-Marie Dupuy n'est plus trésorière, et le jeune Alain Juppé s'en retourne à l'Hôtel de Ville. Pierre Juillet et Marie-France Garaud ne prennent ni l'un ni l'autre la mesure de la disgrâce qui les attend.

« Après les législatives de 78, c'était la merde », admet Charles Pasqua. Le constat est brutal, il a au moins le mérite de la lucidité. Jacques Chirac est dans une impasse. Etrange piège que celui dans lequel il s'est enfermé car le RPR a tout de même réussi un bon score : 153 députés gaullistes. Et de cette préservation du mouvement gaulliste, Chirac — il en a conscience — est le sinon l'unique artisan. Alors ? Les Français ne comprennent plus. Ils n'arrivent pas à suivre les méandres de ce soutien, ce respect inattendu et ponctuel à l'égard du président en même temps que cette rage non dissimulée contre le Premier ministre et sa politique. « Nous aurions sans doute dû voter la censure », reconnaît Charles Pasqua.

En ce début de législature, Jacques Chirac est en mauvaise posture. Pour des raisons politiques à coup sûr, mais aussi pour des raisons de comportement personnel. « Juillet et Marie-France Garaud, par leur intransigeance et leur autoritarisme faisaient le vide autour de Chirac » assure Jacques Friedmann. Cela ne va pas sans conséquences. Chirac, pour fonctionner dans de bonnes conditions, a besoin d'un rapport direct avec son entourage ; Juillet et Garaud ayant installé des écrans, les frontières deviennent infranchissables. Chirac est isolé. Il le paie par un mauvais décryptage de la scène politique.

Il n'est pas pour autant disposé à rompre tout de suite avec Pierre Juillet et Marie-France Garaud. Les sentiments qui les unissent sont réels et si, de temps à autre, la dame l'exaspère par son attitude outrancière, il n'oublie pas les immenses services rendus. Avec Pierre Juillet, le rapport psychologique est plus complexe encore. « Il était toujours franc avec Chirac », remarque Jacques Friedmann. Juillet est l'un des rares qui puisse s'offrir ce luxe ; il n'est pas courtisan et Chirac apprécie une liberté d'esprit dont il tire bénéfice. Sans doute essaie-t-il de se convaincre que Juillet et Garaud sont dans une mauvaise passe, qu'ils sauront se ressaisir, que le tandem à « penser la politique » fonctionnera à nouveau à plein régime. Pierre Juillet a d'ailleurs perçu l'évolution qui se fait jour chez Chirac ; il se rend compte combien l'homme politique a « grandi », combien il devient plus ardu de le convaincre. Il agit avec davantage de prudence. C'est la première fois que le conseiller accepte le compromis. A l'accoutumée, quand ses avis ne prédominent pas, il se retire dans la Creuse.

Le président de la République est enfin heureux, convaincu que le pays lui est à nouveau favorable ; il ne fait même plus une cible privilégiée de Jacques Chirac. Raymond Barre, lui, ne tient pas compte des sondages, chaque semaine plus défavorables ; il n'éprouve que mépris pour Jacques Chirac. Ne supportant pas les attaques portées contre sa politique, il fait savoir au président du RPR que, s'il a refusé de prendre la tête de l'UDF, c'était une forme de « respect » à son égard. Autrement dit, pendant que Jacques Chirac se livre aux basses manœuvres politiques, le Premier ministre, lui, dirige les affaires du pays. Sur ce point, le président et Raymond Barre sont d'accord : Chirac est atteint. Ils ont certes porté quelques jolis coups — la création de l'UDF par exemple —, mais pour l'essentiel le maire de Paris est seul responsable. Il s'est désarçonné lui-même par une longue série de décisions et de comportements contradictoires.

Au lendemain des élections législatives, Jacques Chirac ne prend pas le temps d'une pause. Marie-France Garaud est convaincue que l'activisme politique remettra la machine d'aplomb. Chirac fait semblant de croire à cette thérapeutique de l'action. La sentence d'Anne-Marie Dupuy, toujours aussi acharnée contre les conseillers, sonne comme un oracle : « Il faudra des événements et des personnes extérieures au RPR pour libérer Jacques Chirac. » De qui ? De quoi ?

CHAPITRE XVI

RUPTURES

> « Fascinante personne, Mme Garaud. Probablement l'une des femmes les plus haïes de France parce qu'elle a beaucoup humilié et au-delà... De sorte qu'en face d'elle, quiconque nourrit le moindre idéal a l'impression d'être le docteur Schweitzer. »
>
> FRANÇOISE GIROUD.

Qui sera le président de la nouvelle Assemblée nationale ? L'interrogation, en ce mois de mars 1978, semble de peu d'importance. Jacques Chirac a été élu, avec facilité, député de Corrèze au premier tour et la fonction ne l'intéresse pas. Le groupe RPR reste le plus important de la majorité et le président sera donc choisi dans ses rangs ; les giscardiens en conviennent malgré la montée en puissance de l'UDF. Quand Jacques Chaban-Delmas fait connaître sa candidature, personne dans les rangs du parti gaulliste ne doute du bien fondé de sa démarche, ni de son élection. Le député-maire de Bordeaux, qui a occupé la fonction de 1958 à 1969, offre de nombreux avantages. Sa désignation marquerait, entre autres, la réconciliation de la famille gaulliste. « Chirac voulait passer l'éponge avec Chaban », confirme Charles Pasqua. Il n'est pas non plus négligeable, pour le RPR et son président, que Chaban soit en bons termes avec Valéry Giscard d'Estaing. « Chaban reflétait l'image de l'unité de la majorité, confirme Yves Guéna. Il était soutenu par les députés RPR et UDF, par Giscard. » En ce début de législature, les gaullistes, même s'ils supportent de moins en moins la politique du Premier ministre Raymond Barre — et ils ne vont cesser de le montrer dans les mois à venir —, doivent tout de même offrir quelques gages à la nouvelle majorité. Le soutien à Chaban, dans ce contexte, est un bon point. Le maire de Bordeaux n'en démord pas : aux premiers instants de sa candidature, Chirac le soutenait. Yves Guéna, alors conseiller politique du RPR, confirme cette version : « Chaban avait prévenu de ses intentions. Chirac ne l'a pas contredit. »

Entre alors en scène Marie-France Garaud. La conseillère, tous les témoignages le confirment, est déchaînée. Elle est convaincue que l'élection de Jacques Chaban-Delmas serait maléfique ; elle est persuadée qu'il s'agit là d'une opération conduite par le président de la République, avec la complicité du maire de Bordeaux, contre Jacques Chirac. Dans l'esprit de Marie-France Garaud, la psychose anti-Chaban est toujours vivace. Elle attaque, et la conseillère est passée maître dans cet art. Il lui faut d'abord persuader Pierre Juillet. C'est le plus facile. Le diagnostic de Jacques Chaban-Delmas est significatif : « A nouveau, ils m'ont perçu comme un danger sur la route de Chirac... Une affaire ridicule. »

Le drame du perchoir[1] est entièrement monté par Marie-France Garaud. Juillet se laisse convaincre. Chirac, lui, est mis devant le fait accompli. C'est dire l'influence et le pouvoir de la dame. Elle défend avec acharnement la candidature d'Egard Faure. Le député du Doubs est inscrit lui aussi au groupe parlementaire RPR, et surtout il a soutenu Chirac dans sa conquête de la mairie de Paris. Marie-France Garaud part donc à l'assaut de Chirac.

---

1. *Perchoir :* nom familier désignant le fauteuil du président de l'Assemblée nationale dans l'hémicycle du palais Bourbon.

Elle entend le persuader : il doit imposer Edgar Faure aux élus gaullistes. « Une ligne absurde, explique Yves Guéna avec raison. Comment demander à des gaullistes de soutenir Edgar Faure contre Chaban, compagnon de la Libération ? » Une ligne absurde, oui, mais à laquelle Jacques Chirac se plie.

« J'ai suivi Marie-France Garaud pour une raison très personnelle. J'avais promis à Lucie Faure, avec qui j'étais lié, d'aider son mari. Je l'ai fait. En sachant que c'était une erreur. » La confession de Chirac peut prêter à sourire : les sentiments influeraient donc sur une importante décision politique ? Cela ne convainc pas la plupart de ses amis et ils le répètent : L'affaire du perchoir a prouvé que Pierre Juillet et Marie-France Garaud avaient perdu le sens de la réalité. » La conseillère est en effet persuadée que les élus gaullistes, disciplinés comme ils sont, respecteront à la lettre la consigne donnée par Jacques Chirac. « Elle faisait un tel forcing, se souvient Charles Pasqua, que nous avons fini par nous incliner. Seulement, vingt députés RPR ont tout de même voté en faveur de Chaban. » Avec les voix giscardiennes, cet appoint suffit. Jacques Chaban-Delmas est élu président de l'Assemblée nationale avec deux cent soixante-seize voix. Contre l'avis du chef de son mouvement. Du jamais vu dans l'histoire gaulliste. « Chirac a été ulcéré », reconnaît Charles Pasqua. « C'est une première victoire, il y en aura d'autres », assure le giscardien Bernard Stasi.

Récit de Jacques Chaban-Delmas : « Je me trouvais à l'enterrement du député socialiste André Boulloche, un vieil ami. A la même heure, Jacques Chirac reçoit à déjeuner le groupe parlementaire. Et il leur explique : " Un seul candidat possible : Edgar Faure. " Mme Garaud était passée par là. Je me suis maintenu parce que j'ai été outré que l'on se conduise de la sorte. J'ai réagi sur le plan de la dignité humaine. Le lendemain, je l'ai répété à Chirac : " Ce que vous faites est indigne. Et je vais vous battre. " » La défaite est cuisante et le commentaire de

Jérôme Monod n'en est que plus fondé : « La manipulation, à ce point, est inadaptée. Vraiment hors de propos. »

Marie-France Garaud a commis une erreur. Mais comme le veut la logique du rôle de conseiller, cette erreur est aussitôt — et justement — imputée à Jacques Chirac. « Juillet et Garaud l'ont accablé, assure l'un des principaux responsables du RPR à cette époque. Ils lui répétaient sans cesse : « Jacques, vous ne savez plus y faire. Jacques, vous n'avez plus la main. Jacques, vous avez raté votre coup. " C'était insupportable. » C'est vrai, l'échec est patent. A preuve les titres de *l'Express* et du *Point,* similaires à s'y méprendre : « Après le premier échec grave de sa carrière », titre le premier ; « Le premier échec de Jacques Chirac », appuie le second. Que faire ? Comment réagir ? Punir les députés infidèles ? Une telle attitude risquerait de faire exploser le groupe parlementaire. Non, pour ne pas rester inerte, Chirac — et ses conseillers — profite d'un congrès extraordinaire, réuni le 9 avril 1978, pour faire voter un texte qui écarte des instances dirigeantes du RPR « les membres du gouvernement et les présidents des assemblées ». Chaban est donc visé. Il se contente d'une lettre pour marquer sa désapprobation : « L'amendement rajouté in extremis [...] apparaît à tous, et à l'évidence, comme une mesure destinée à m'écarter. » Seul Olivier Guichard prend la défense du président de l'Assemblée nationale : « Il s'agit d'une mesure *ad hominem* qui ne grandira pas notre mouvement. [...] Au nom de trente et un ans de militantisme, je vous demande, à vous Jacques Chirac qui avez tant fait pour notre mouvement, de ne pas prendre une mesure qui risque de ternir son image et de ne plus en faire une aventure fraternelle. C'est ma définition du gaullisme. » Excédé, parce que conscient de s'être laissé piéger, Chirac répond avec virulence. Les congressistes observent, étonnés ou atterrés, ces règlements de compte en série. « Nous n'avons pas la même conception du gaullisme, même si je n'ai pas trente et un ans de militantisme [...] A partir du moment [...] où

Jacques Chaban-Delmas a entendu se soustraire à la discipline du mouvement et à la décision du groupe, et a entendu se faire élire en prenant les voix les plus antigaullistes que nous connaissons, en acceptant que sa campagne dans les couloirs de l'Assemblée soit conduite par MM. d'Ornano, Servan-Schreiber et Lecanuet, il s'est mis lui-même dans une position qui est au-dessus des partis et notamment au-dessus du nôtre. C'est son droit le plus strict [...] mais il doit lui-même en tirer les conséquences. Pour ma part, qu'il soit clair qu'il ne s'agit pas d'une querelle de personnes, mais que je suis déterminé à conduire notre mouvement vers d'autres victoires sans compromis ni abandon. » Un tel réquisitoire a au moins une conséquence immédiate : officialiser la défaite que vient de subir Chirac après l'élection de Chaban. Et lui rappeler avec cruauté que sa débauche d'énergie, si elle a contribué à la victoire électorale du RPR et de l'UDF, a, avant tout servi un autre personnage : le président de la République.

Enfermé dans ce piège, Chirac ne sait toujours pas comment s'en dépêtrer. Il n'ose pas franchir le pas et censurer un gouvernement, qu'il ne cesse de critiquer, de condamner... et de souvenir du dernier instant, au moment capital, celui du vote. Alors, pour l'heure, le président du RPR nomme un nouveau secrétaire général de trente-six ans, Alain Devaquet. Le jeune professeur à Polytechnique ne sera jamais à l'aise dans cette fonction avant tout politique, où il faut concilier les différentes sensibilités gaullistes. Mais l'attention des commentateurs est avant tout attirée par l'apparente disgrâce de Marie-France Garaud et de Pierre Juillet.

Il est désormais nécessaire d'écrire dans l'ordre « Garaud et Juillet », et non plus « Juillet et Garaud ». L'erreur du « perchoir » prouve à quel point la conseillère a pris le pas sur le conseiller, à quel point celle qui fut longtemps l'exécutante est devenue la conceptrice, prenant de la sorte l'essentiel du rôle attribué à Pierre Juillet. Jacques Chirac le leur reproche. Juillet réagit comme à son ordinaire. Il part bouder dans sa maison de la Creuse. Marie-France Garaud, prudente, s'installe dans un appartement situé quai Anatole-France, à proximité du siège du RPR, rue de Lille. Elle ne doute pas de retrouver Jacques Chirac. Le moment venu.

L'heure est à la guérilla. Rien ne convient aux gaullistes dans les entreprises du nouveau gouvernement dirigé par Raymond Barre. Rien ne trouve grâce aux yeux de Jacques Chirac en cette année 1978. La France s'enfonce dans la crise économique et l'occasion est trop belle pour attaquer. Echaudé par les camouflets successifs qu'avaient su leur infliger le tandem Juillet-Garaud, les gens de Giscard ont fini par retenir les leçons — et par les appliquer. Les giscardiens réussissent par exemple à faire croire que la victoire législative leur revient en entier. Chirac est contraint, en position défensive, de les rappeler à l'ordre : « Beaucoup me disent : " Mais enfin, est-il convenable qu'après avoir joué un rôle décisif dans la victoire de la majorité, nous soyons aujourd'hui présentés comme des gêneurs plutôt que comme des alliés ? " [...] Je veux croire qu'il n'en est rien car, sans nous, il n'y aurait pas de majorité pour soutenir le gouvernement de la France, sauf à vouloir faire une autre politique. » Les giscardiens ont aussi l'habileté de repousser le RPR à leur droite. Une manière de laisser entendre que, dans cette majorité, il y aurait une aile conservatrice, le RPR, et une aile progressiste, l'UDF, assoiffée de réformes et en butte aux résistances d'un allié réactionnaire. Chirac, là aussi, tente de réagir : « Ce grief, je ne le cacherai pas, m'est insupportable [...]. Cette affirmation est absurde et odieuse. Par notre électorat et notre organisation, nous sommes le mouvement le plus authentiquement populaire de la majorité. » Les mises au point, pourtant, ne suffisent pas. Les coups de gueule ne peuvent faire fonction de stratégie. Et la stratégie est pour le moins hésitante. Chirac en souffre d'autant plus que les giscardiens n'ont pas le succès modeste. Les uns après les autres, ses amis sont écartés des postes stratégiques qu'ils occupaient. Ainsi le gaulliste Jean Méo, P-DG de l'agence Havas — le premier groupe publicitaire français — est-il « viré » ; le président de la République désigne l'un de ses plus proches collaborateurs, Yves Cannac, pour le remplacer. De même, le contrat du RPR Jean-Claude Servan-Schreiber à la tête de la Régie française de Publicité — organisme qui gère la publicité sur les chaînes de télévision — n'est pas renouvelé. Pour réponse, Chirac ne peut rien faire d'autre qu'écrire aux militants RPR : « Il ne s'agit pas de soutenir aveuglément le gouvernement. » Le conseil est appliqué à la lettre. Il n'est pas de sujet où la politique gouvernementale ne soit décriée. Les choix économiques ? Mauvais. « La politique actuelle est d'une inspiration d'ordre libéral, et sur cette inspiration, nous sommes à moitié d'accord. Nous sommes naturellement d'accord sur le rôle irremplaçable de la liberté et de la concurrence dans une économie. Mais il ne suffit pas de laisser faire la liberté et la concurrence pour que tout s'arrange. Il faut également une volonté générale, un plan, une impulsion, des interventions de l'Etat. » La démarche sociale ? Déplorable. « On essaie d'acheter la paix sociale au moindre prix », assure Chirac. La politique étrangère ? Sur aucun plan, elle ne convient au chef du RPR. C'est dire si les griefs ne cessent de s'accroître. Reste une solution : rompre. Il n'ose pas. Comment expliquer ce blocage, cette incapacité ? *Le Point* les résume d'un joli titre : « Chirac : la difficulté d'être ». Il est grand temps de partir en vacances. Pendant l'été 1978, Chirac se fait oublier.

Rien ne change pourtant. Il suffit qu'à la rentrée de septembre, Claude Labbé, président des députés RPR, estime que « nos relations sont excellentes avec le Premier ministre », pour que, la semaine d'après, les journées parlementaires de Biarritz tournent au règlement de compte antigouvernemental. Avec en point d'orgue, ce constat de Jacques Chirac : « Je le reconnais bien volontiers : actuellement, et ce n'est pas ce qui nous emplit le plus d'aise, il y a de notre part une certaine caution donnée à une politique qui n'a jamais été aussi à droite depuis le début de la Ve République. » A ce point de divergence sur l'essentiel, la rupture entre chiraquiens et giscardiens serait-elle inéluctable ? Pas du tout. Le jour même où le chef du RPR vilipende de la sorte le président de la République, il explique à ses députés qu'il « espère un redressement de la politique du gouvernement plutôt qu'une rupture ». Dans *Le Monde,* André Passeron, fin connaisseur du gaullisme, se moque — un peu — de Chirac : « M. Chirac a conclu qu'il était urgent d'attendre et de reculer l'heure de vérité. » Le député RPR des Yvelines Marc Lauriol lui, est autrement radical : « Mettons en accord nos actes et nos paroles », demande-t-il. Le spectre de la censure.

Cette stratégie fuyante, qui consiste avant tout à ne pas commettre l'irréparable, est dangereuse. Et Jacques Chirac en est conscient. Il s'est engagé dans une spirale et ne sait pas comment s'en extraire. La politique du froid puis du chaud, continue. *Le Monde,* à vingt-quatre heures d'intervalle, fournit deux exemples de la confusion. Titre du 4 octobre 1978 : « Le RPR adresse une mise en garde solennelle au gouvernement » ; titre du 5 octobre 1978 : « Le RPR souhaite trouver un modus vivendi temporaire avec le gouvernement ». Personne n'y comprend plus rien. Et *l'Express* de conclure : « Comment Giscard tient les gaullistes ».

Jacques Chirac, c'est vrai, est déboussolé. Il est maire de Paris et député de Corrèze. Il préside un mouvement puissant qui affiche six cent mille militants. Il pèse, et combien, sur la vie politique. Néanmoins un hiatus persiste. Un hiatus lié à la définition même du rôle de Chirac dans le paysage politique français. Et puisqu'il estime indispensable de se recibler, Chirac se tourne à nouveau vers Pierre Juillet et Marie-France Garaud.

Le dimanche 26 novembre 1978, Jacques Chirac et Pierre Juillet se retrouvent à Ussel, dans la circonscription du député de Corrèze. Puisqu'il s'agit de prouver à quel point

Chirac est différent de Giscard, Juillet plaide en faveur d'une prise de position ferme et brutale sur un sujet qui tient à cœur les gaullistes : l'indépendance nationale et la politique européenne. Pour la première fois, des élections européennes au suffrage universel doivent avoir lieu dans sept mois, le 10 juin 1979. Le RPR y est hostile, et Juillet estime que l'occasion est bonne pour cogner fort sur Giscard.

En Corrèze, Pierre Juillet propose un texte. Cela fait quinze jours qu'il écrit et réécrit, qu'il consulte, qu'il écoute. Le conseiller cherche les formules assassines; il possède le talent pour les trouver. Après de longues discussions, un appel est mis au point. Chirac y réfléchit longtemps, mesurant avantages et inconvénients. C'est que personne n'est dupe. L'appel fera scandale et, du coup, rehissera Chirac au firmament de l'actualité en le posant à nouveau, comme le principal « concurrent » du président de la République. Jacques Chirac et Pierre Juillet, enfin d'accord sur le contenu de l'appel, se quittent sur ce constat. Ils éprouvent la bienheureuse sensation de refaire surface après un passage à vide qui n'a que trop duré. Une plaque de verglas compliquera l'affaire...

Après une journée consacrée à la visite, en compagnie de Mme Claude Pompidou, d'un institut pour handicapés, Chirac reprend la route. La CX, pilotée par un chauffeur de la préfecture de police, dérape et s'encastre dans un arbre. Le choc est violent, l'inspecteur de police, assis à l'avant, assommé, et la jambe gauche de Jacques Chirac fracturée en plusieurs endroits. Récit de Jacques Chirac : « J'ai eu peur que la voiture ne s'enflamme et j'ai voulu sortir le chauffeur. A ce moment-là, je suis tombé sur ma jambe et je me suis rendu compte qu'il se passait quelque chose. Après quelques instants, mon inspecteur a réagi, il m'a sorti et allongé. A ce moment, une voiture s'est arrêtée et un monsieur s'est présenté comme médecin. Plus tard, j'ai appris qu'il ne l'était pas. Voyant mon pied totalement retourné, il m'a expliqué qu'il s'agissait d'une luxation ou d'une fracture et qu'il allait me le remettre à l'endroit. Il m'a retourné le pied et j'ai eu très mal. Panique, ensuite, chez les médecins qui m'ont examiné parce que l'artère fémorale était prise dans les différentes fractures du haut du fémur. Et ce mouvement aurait pu provoquer son sectionnement. » Chirac est atteint, mais de façon légère, à la colonne vertébrale. Deux millimètres plus haut, il restait paralysé. Envoyé à l'hôpital d'Ussel, il attend son transfert à Paris où les spécialistes de l'hôpital Cochin doivent l'opérer.

Le dimanche soir, après un épuisant trajet en ambulance jusqu'à Limoges, Jacques Chirac est transporté par avion à Paris. L'ambulance passe sous l'hôpital par un dédale de souterrains afin d'échapper aux photographes. Longues et difficiles opérations. Jamais Chirac n'a ressenti la souffrance physique. Il a mal et vit en position d'assisté : « La pensée de la mort ne m'a pas effleuré. En revanche, j'avais affaire pour la première fois aux médecins. Je connaissais les hôpitaux pour les avoir inaugurés et là, j'ai découvert l'autre côté. Ce fut très positif. D'une certaine façon, je ne regrette pas cet accident. Je crois même qu'il m'a fait du bien ; par exemple j'ai compris que, dans certaines circonstances, on dépendait entièrement des autres. »

Sur le plan politique aussi, les « autres » s'activent. Accident ou pas, Pierre Juillet et Marie-France Garaud persistent dans leur intention de publier l'appel. Chirac couché et remuant le pays depuis son lit d'hôpital : l'image leur plaît. Quelques heures après l'accident, le texte est remis aux chiraquiens du cercle le plus étroit. Le 28 novembre, les deux conseillers parviennent enfin à le rencontrer. Depuis deux jours, Bernadette Chirac, qui s'est installée à Cochin, a établi un véritable barrage autour de son mari ; elle ne veut pas qu'il soit dérangé, et personne ne passe. Juillet et Garaud, sans doute prévenus par un « espion » dans la place, profitent d'une de ses rares absences pour s'infiltrer dans la chambre du blessé et lui soumettre une dernière fois l'appel.

Le président du RPR donne son accord pour qu'il soit aussitôt rendu public. Envoyé depuis l'hôpital, il est baptisé « appel de Cochin ». Bernadette Chirac est furieuse, et elle exprime son désaccord sans détour. Les deux conseillers auraient dû l'avertir de cette initiative, et surtout elle estime que son mari, dans l'état de faiblesse physique où il est, n'a pas la faculté de tout à fait mesurer l'impact d'une telle décision, pas plus que d'en supporter les retombées immédiates. « Bernadette Chirac n'a pas pardonné la façon dont Juillet et Marie-France Garaud ont fait signer à Jacques l'Appel de Cochin, assure Jacques Friedmann. Ils ne lui en avaient pas dit un mot. » « Si Bernadette avait été présente, ils n'auraient même pas pu pénétrer dans la chambre », assure un autre intime. Et pour électriser un peu plus l'atmosphère, quelques bonnes âmes s'empressent de lui rapporter le commentaire de Marie-France Garaud à la sortie de l'hôpital : « Et dire qu'elle ne le surveille même pas convenablement. »

Le scandale politique est immédiat. Brutal. Une de ces secousses qui ébranlent de part en part une classe politique peu habituée à de telles attaques. Un scandale qui mobilise tous les regards, personne ne peut y échapper. A elle seule la conclusion de l'appel de Cochin suffit à attirer l'attention — par sa violence. Le reste — de longs développements sur l'Europe — n'a plus aucune importance : « Comme toujours, quand il s'agit de l'abaissement de la France, le parti de l'étranger est à l'œuvre, avec sa voix paisible et rassurante. Français, ne l'écoutez pas. Comme toujours quand il s'agit de l'honneur de la France, partout des hommes vont se lever pour combattre les partisans du renoncement et les auxiliaires de la décadence... » Très gaullien commentaire de Jacques Chirac : « J'assume totalement l'appel de Cochin puisque je l'avais approuvé la veille de mon accident. Mais l'exploitation en a été mauvaise. » Il n'empêche que, en pointillé et a posteriori, Chirac reproche à ses deux conseillers de l'avoir relancé sur son lit d'hôpital.

La lecture du texte est limpide. Elle confirme de quelle façon Pierre Juillet perçoit les giscardiens : comme des vichystes, comme les fils et petit-fils de Pétain qui n'hésitent pas, s'il le faut, à brader l'intérêt national. Les Français — aucun doute — sont passionnés par ce débat historique. Une preuve : le livre de Jacques Chirac, *la Lueur et l'Espérance,* devient tout à coup un best-seller ; les libraires en vendaient deux cent cinquante par jour, ils en écoulent désormais plus de mille.

La polémique, sauvage, ne fait que démarrer. Les giscardiens sont ulcérés, ne pouvant admettre que Chirac les assimile à « ce parti de l'étranger » tant honni, parce qu'il les cousine avec Pétain. « L'outrance des propos tenus est telle, réplique Jean Lecanuet, que je me refuse à entrer dans une polémique. Comment imaginer que le président de la République pourrait avoir quelque rapport que ce soit avec l'inféodation de la France ? Le propos est monstrueux [...]. Nous accuser d'être le parti de l'étranger est une injure et un propos irréfléchi. » Quant au député UDF Bernard Stasi, il choisit, pour réplique, de se moquer : « J'observe que le maire de Paris n'a rien perdu de sa fougue et de sa vigueur. Il est en bonne voie de rétablissement. » Plus grave, il rappelle que personne, au sein de la majorité, « ne veut construire l'Europe supranationale ». Pourquoi un tel déchaînement ? Pierre Juillet et Marie-France Garaud sont persuadés que leur frénésie antigiscardienne a trouvé là un angle d'attaque populaire parmi les gaullistes. François Mitterrand est d'ailleurs le premier à le reconnaître : « L'attitude de Jacques Chirac sur l'Europe constitue un choix précis et cohérent. » Les difficultés pourtant se multiplient ; Chirac s'y perd, Pierre Juillet et Marie-France Garaud s'y noient.

La simple et bonne logique aurait voulu que, au lendemain de l'appel de Cochin, les députés RPR censurent le gouvernement Barre. Confirmation de Charles Pasqua : « Juillet pensait qu'il fallait casser clair et net avec Giscard à propos de l'indépendance nationale. D'où l'appel de

Cochin. Au moment où nous l'avons fait, je crois toujours que c'était nécessaire. Nous avons réussi. Et un grand coup même... qui a été suivi d'un pas en arrière. Il aurait fallu sanctionner. » Il n'en est rien. Une fois encore, dans une lettre adressée a Claude Labbé, Chirac prêche le compromis, demandant aux députés de ne pas « rompre la trêve » qui lie les deux partis de la majorité. « C'était un système à la noix, reconnaît Charles Pasqua. Le soutien sans soutien : personne ne nous a plus compris. » Chirac est convaincu que, en cas de rupture, la totalité des députés RPR ne le suivrait pas. « Ils venaient d'être élus, analyse Charles Pasqua. La gauche était en progression et certains d'entre eux n'auraient pas eu le cran de retourner devant les électeurs. Nous avons choisi de privilégier l'unité du groupe. » Le prix est cher payé.

D'autant plus cher payé que les premiers sondages laissent entrevoir les échos de l'appel de Cochin. Ils ne sont pas favorables ; dans la perspective des élections européennes du 10 juin, le baromètre est au plus bas. Les exhortations de Michel Debré, qui joue le rôle de conscience antieuropéenne du parti gaulliste, sonnent creux : « Jacques Chirac a eu raison de dire que le drame était désormais devant nous. » La dramatisation est-elle efficace dans une perspective électorale ? Non, mais les chiraquiens, rapporte *le Point,* n'y attachent pas d'importance : « Nous prenons date pour l'avenir. Il est des moments où la logique des événements mène à Munich, puis à Vichy, puis à la collaboration. Il faut refuser l'engrenage et dire non avant Munich. » Pierre Juillet et le RPR baignent toujours dans le charme de la Résistance. Les Français, eux, éprouvent de sérieuses difficultés à suivre.

Le président de la République, discret jusque-là, avance un pion à son tour : qu'Alain Peyrefitte, ministre RPR de la Justice, numéro 2 du gouvernement Barre, attaque Chirac, qu'il le déstabilise, de l'intérieur, cette fois. « Après l'appel de Cochin, raconte l'académicien français, j'ai écrit une lettre aux parlementaires gaullistes. J'y dénonçais le rôle des conseillers occultes. » Peyrefitte s'en prend à Pierre Juillet et Marie-France Garaud sans aucun ménagement : « Je veux croire que ces démarches surprenantes s'expliquent par l'absence momentanée de Jacques Chirac. Je veux croire qu'elles ont été prises par certains personnages occultes qui semblent s'être emparés de l'appareil de notre mouvement. Je veux croire que son président, auquel nous souhaitons un prompt rétablissement, donnera rapidement et sans équivoque les apaisements qui s'imposent. » Les accusations sont précises et terribles : Chirac, souffrant, aurait été manipulé ; « les conseillers occultes », Juillet et Garaud auraient « volé » le parti gaulliste.

Confronté à la virulence des attaques lancées par Alain Peyrefitte, Chirac se doit de réagir. Il fait d'abord intervenir ses principaux lieutenants. Le nouveau secrétaire général du RPR, Alain Devaquet, avertit le premier Peyrefitte : « Certains, au RPR même, resteront au bord de la route, et peut-être nous quitteront. » Yves Guéna est plus brutal : « Alain Peyrefitte n'a aucune responsabilité au RPR et rien ne l'autorise à donner des leçons. » Le RPR est un parti discipliné et le ministre de la Justice ne doute pas qu'une sanction pourrait être prise à son encontre. « J'ai reçu une lettre comminatoire et ils ont essayé de lancer une procédure d'exclusion. » « Ils » : Alain Peyrefitte songe aux conseillers qui, désormais, le poursuivent d'une vindicte sans pareille. Jacques Chirac, en cette fin d'année 1978, est cloîtré dans un centre de rééducation à Cergy-Pontoise. Et eux, « Ils » agissent avec habileté contre Peyrefitte. C'est le comité fédéral RPR de Seine-et-Marne qui, le 19 décembre, propose à l'encontre du maire de Provins une exclusion de six mois. Après une dramatisation du plus pur style gaullien, après des accusations définitives telles que « tribunal disciplinaire à la soviétique », après une nouvelle bataille entre barons du gaullisme et chiraquiens, le drame Peyrefitte s'atténue. Personne ne souhaite un véritable affrontement. La mesure d'exclusion ne sera jamais prise et chacun, au RPR, continue d'exprimer des positions différentes à propos de cet appel de Cochin.

Tandis qu'il essaie de rééduquer sa jambe et sa colonne vertébrale, Chirac réfléchit aux derniers événements. Il a été vaincu par Jacques Chaban-Delmas, élu président de l'Assemblée nationale en dépit de son opposition, et l'appel de Cochin provoque, pour la première fois, une remise en cause de son autorité sur le RPR. Alain Peyrefitte a obtenu des soutiens ; l'ancien secrétaire général de l'UDR, Alexandre Sanguinetti, pourtant favorable aux thèses développées par l'appel de Cochin, compte parmi ceux-là, et il attaque Jacques Chirac avec une rare violence : « Dans le mouvement gaulliste, des hommes qui ont occupé les plus hautes fonctions de l'Etat [...] sont condamnés au silence. Parce que la règle est l'unanimisme et le salut au chef, parce qu'on préfère un comportement autoritaire, pour ne pas dire fasciste, au fonctionnement démocratique. Ce n'est pas du gaullisme [...] Sans doute parce que le mouvement appartient à ce que j'appellerai la bande des quatre : Marie-France Garaud, Pierre Juillet, Yves Guéna et Charles Pasqua. » Sanguinetti a la prudence de ne pas mettre directement en cause Jacques Chirac. Qu'importe : une partie du RPR entre en révolte contre son chef. Et Alexandre Sanguinetti, toujours lui, en rajoute à la veille de Noël : « Il faut que Chirac se retire à Meymac. » Triste fin d'année. A peine remarque-t-on que, dans une lettre ouverte, Jacques Chirac assure à Raymond Barre que « le RPR ne prendra pas l'initiative de mettre en cause l'existence du gouvernement », imposant par ce geste la paix civile au sein du RPR. Jamais pourtant, depuis qu'il est devenu un « grand » de la politique, l'équilibre de Jacques Chirac n'a été aussi instable.

Réagir, ce serait remettre en cause l'influence et les initiatives de ses deux conseillers qui depuis la prise de l'Hôtel de Ville, ont multiplié les erreurs. Chirac ne résout pas à les quitter définitivement. Comment expliquer cette incapacité ? Chirac sous influence ou Chirac fidèle à tout prix ? Assurément, le leader du RPR est attaché à son entourage. « En amitié, il a toujours été d'une fabuleuse prévenance », assure Jacques Friedmann. Pourtant, à quelques mois des élections européennes de juin 1979, Bernadette Chirac ne dissimule plus sa détermination à éliminer les deux conseillers. *Le Point* rapporte ses propos, virulents et déterminés : « Jacques va se casser la figure s'il continue ainsi. Ils le mènent à sa perte. » Yves Guéna confirme : « Bernadette en avait par-dessus la tête de l'influence de Garaud. Elle me l'a dit. Elle la trouvait trop possessive. Elle estimait que Marie-France Garaud s'occupait trop de Jacques. » Or Bernadette Chirac intervient à doses homéopathiques dans la vie politique ; c'est dire si elle estime la situation préoccupante. Elle s'en ouvre à son mari. Celui-ci enregistre. « Je crois qu'il a compris », assure-t-elle à un interlocuteur.

A la veille d'affronter une nouvelle épreuve électorale, Jacques Chirac est physiquement diminué. De quoi rendre l'élection européenne plus difficile encore — plus aléatoire et dangereuse. Cette fois, Pierre Juillet et Marie-France Garaud n'ont pas besoin de le convaincre. Il est d'ores et déjà persuadé que cette élection du Parlement européen au suffrage universel met en danger l'indépendance nationale.

Dès 1977, il s'en était pris avec virulence à un projet auquel le président de la République était attaché : « Cette élection ne serait pas une révolution dans l'Europe, mais une petite réforme, une réformette [...]. On ne voit pas comment le fait de réunir dans une assemblée européenne un certain nombre de bavards, forcément irresponsables, pourrait faire progresser les choses. » Chirac est donc disposé à adopter une ligne dure jusqu'au 10 juin, jour du scrutin. Ce n'est pas simple et le président du RPR en est conscient. Certes les Français sont ambigus sur la question européenne. Mais il est difficile de mener campagne sur le seul refus. Pierre Juillet et Marie-France Garaud appellent cela du courage ; d'autres, au sein du RPR, les accusent d'inconscience. Jacques Chirac n'intervient pas dans cette bataille. Il se contente de porter la bonne parole. « Nous avons dû commander une espèce de faux siège qui lui permettait d'être assis au moment des discours de meeting... tout en laissant croire qu'il était debout, raconte Lydie Gerbaud. Il souffrait le martyre. » Au martyre physique s'ajoute un curieux martyre politique.

Marie-France Garaud persuade Pierre Juillet que, aux côtés de Jacques Chirac, il serait bon que Michel Debré conduise la campagne gaulliste. Juillet d'abord résiste. Aussitôt ressurgit sa phobie des barons gaullistes, dont Debré est un représentant émérite. La conseillère lui fait remarquer que jamais l'ancien Premier ministre du général de Gaulle ne s'est opposé à Jacques Chirac et que son engagement forcené contre l'Europe correspond au message souhaité. Pierre Juillet accepte. Chirac aussi. Catastrophe : le style rétro et emphatique de Michel Debré déclenche au mieux l'indifférence des Français, au pire une franche hilarité. Commentaire officiel de l'UDF : « M. Debré a choisi de conduire son petit comité sur les sentiers d'une guerre absurde et inacceptable [...] Rappelons à Michel Debré, qui semble l'avoir oublié, qu'il appartient à la majorité présidentielle. » Cette fois les giscardiens sont persuadés d'être en mesure de faire mordre la poussière à la liste RPR ; ils affichent avec fierté leur tête de liste : Simone Veil. Juillet, Garaud et Debré ne comprennent pas qu'ils courent à l'échec. Et qu'ils y entraînent Chirac.

Un calvaire. Ce sera un calvaire. Passe encore l'opposition conduite au sein du RPR par Olivier Guichard, « en accord » avec la politique européenne de Valéry Giscard d'Estaing. Passe aussi les attaques répétées du Premier ministre Raymond Barre qui découvre les délices des petites phrases : « C'est la grossesse nerveuse du RPR qui continue. » Passe toujours la démission d'Yves Guéna qui abandonne sa fonction de conseiller politique du RPR : Il s'est heurté de plein fouet aux deux conseillers et quelques rappels à l'ordre du président de la République ont eu leur effet. Mais, plus grave, les sondages continuent d'être mauvais : tous sans exception. Au baromètre *Figaro Magazine*-SOFRES de février 1979, la cote de Chirac chute de six points : de 35 à 29 p. 100. Commentaire du *Point* : « Hors les électeurs RPR, dans l'ensemble fidèles, le pays ne le comprend pas. » Jacques Chirac ne communique plus avec les Français et les prévisions deviennent chaque fois plus accablantes. La « liste pour la défense des intérêts de la France dans l'Europe » est créditée au mieux de 18 p. 100, au pire de 14 p. 100 des suffrages.

Au calvaire s'ajoute l'incompréhension. C'est l'avis de François Mitterrand : « Ou bien une politique est bonne et on l'accepte, ou elle est mauvaise et on la censure. » C'est l'avis de neuf anciens secrétaires généraux du mouvement gaulliste qui, dans une lettre, s'adressent au président du RPR : « Il nous faut établir sur des bases solides nos relations avec le gouvernement. » L'unité du RPR est en danger, mais les deux conseillers ne modifient en rien à leur conduite. Ils sont convaincus d'être dans le vrai et, le 21 septembre 1980, à l'occasion de son premier passage au « Club de la presse » d'Europe 1, Marie-France Garaud le confirmera : « Nous avions parfaitement raison de mener cette campagne. Moi je trouve qu'elle a été un peu timide. » Les électeurs, eux, ne partagent pas cet avis : le 10 juin, la liste Chirac recueille 16, 25 p. 100 des suffrages, le plus faible score réalisé par le parti gaulliste lors d'élections importantes, près de 50 p. 100 de voix perdues ! Simone Veil culmine à 27,55 p. 100 et François Mitterrand recueille 23,57 p. 100. Ces écarts n'ont plus aucune importance aux yeux de Jacques Chirac.

Car depuis plusieurs semaines déjà, Chirac a pris une décision. Au lendemain de ces élections européennes, il se séparera de Pierre Juillet et de Marie-France Garaud. Le système a fini par se désagréger. Marie-France Garaud a pris trop d'importance. Pierre Juillet s'est rétréci. Officiellement, ce sont eux qui prennent l'initiative de la rupture. « Ces gens-là ne savent pas perdre, commente Yves

Guéna. Ils ont pris les devants, c'est tout. » Le dimanche 10 juin au matin, à l'heure où les électeurs européens commencent à voter, Juillet fait porter à Chirac une lettre où il lui signifie son retrait. « Moi qui ai assité à tout cela, raconte le journaliste Pierre Charpy, je n'ai jamais pu savoir ce qui s'était produit. Juillet s'est contenté de me dire : " Je n'ai plus confiance. " » Marie-France Garaud, elle, patiente encore quelques heures et, après les résultats des élections européennes, elle s'isole un instant avec Jacques Chirac. La légende veut qu'ils se soient embrassés. Ils ne se reverront plus. « Juillet et Garaud ont commis une erreur, assure un actuel conseiller du maire de Paris. Ils ont voulu se persuader que Chirac ne grandissait pas, qu'il était toujours ce jeune brillant et impulsif rencontré chez Georges Pompidou au début des années 60. »

Avant tout, les deux conseillers ont pris conscience qu'ils n'avaient plus leur place auprès de Jacques Chirac. Le président du RPR ne les supporte plus, et son épouse insiste pour qu'ils soient expulsés. « Sans drame, explique Pierre Charpy, il arrive que Chirac fasse une croix sur tel ou telle. » Sans drame ? Est-ce possible entre trois êtres qui ont vécu une relation à ce point passionnelle ? Quand Marie-France Garaud déclarera, en octobre 1980, plus d'un an après la rupture : « Je me suis liée avec Jacques Chirac d'une amitié qui, je pense, durera quels que soient les désaccords [...] sur le plan politique », impossible de ne pas se souvenir du portrait au vitriol esquissé par Françoise Giroud : « Fascinante personne, Mme Garaud. Probablement l'une des femmes les plus haïes de France parce qu'elle a beaucoup humilié et au-delà... Elle est cynique, totalement cynique... De sorte qu'en face d'elle, quiconque nourrit le moindre idéal a l'impression d'être le docteur Schweitzer. »

Juin 1979. Pour la première fois dans son existence politique, Jacques Chirac est seul. Ce n'est pas dans sa nature, la solitude lui pèse. A quarante-six ans il affronte un pays, un environnement politique, qui, pour partie, lui échappent. Retranché à l'Hôtel de Ville, il observe un président de la République sorti renforcé des élections européennes et « son » parti, le RPR, dont certains voudraient l'écarter. Chirac regarde tout cela avec recul : Pierre Juillet et Marie-France Garaud ont disparu et du coup il est devenu — tout à fait — indépendant. Comment ne pas méditer cette remarque de Jacques Chaban-Delmas : « Il est étonnant de constater combien deux êtres sans mandat, sans existence officielle, ont pu avoir une influence décisive sur le pays. » Marie-France Garaud, quarante-cinq ans, et Pierre Juillet, cinquante-huit ans, n'auraient pu rêver plus bel hommage de la part de leur adversaire le plus déterminé.

L'été 1979. Jacques Chirac est seul.

CHAPITRE XVII

L'IMAGE PRESIDENTIELLE

> « Pourquoi s'est-il présenté à l'élection présidentielle de mai 1981 ? Pour ne pas laisser le RPR aller à la dérive. Pour sauver son mouvement. »
>
> Edouard Balladur.

C'est chose entendue : jusqu'au terme du septennat de Valéry Giscard d'Estaing — mai 1981 — Jacques Chirac n'ordonnera pas aux députés RPR de censurer le gouvernement. La bataille des mots bat son plein mais, des mots aux actes, il y a un pas qui ne sera pas franchi. En cet été 1979, il est trop tard pour renverser qui que ce soit. Depuis le départ de l'hôtel Matignon, il y a trois ans déjà, les occasions n'ont pourtant pas manqué. Peur du régicide ou choix délibéré de ne pas « toucher » à l'essentiel de la Constitution en la personne du président de la République, Chirac les a toutes laissées passer. Ce qui ne l'empêche pas de décocher les flèches les plus empoisonnées à Valéry Giscard d'Estaing. A force de les essuyer et d'accumuler mauvais choix et erreurs politiques, le président de la République est usé, affaibli. A tel point que, pour la première fois, acteurs et observateurs du champ politique s'interrogent : Giscard sera-t-il réélu dans vingt-deux mois ?

Chirac, comme tous les autres, cherche « la » réponse.

Parce qu'elle détermine la suite. Parce qu'un avis négatif — la défaite du président — implique une stratégie de caractère présidentiel, un comportement qui fasse apparaître la volonté de se présenter. A la fin de l'été 1979, Charles Pasqua, marqué par sa complicité avec le tandem Juillet-Garaud, fait savoir à Jacques Chirac qu'il veut se retirer : « J'ai été lui expliquer que j'étais devenu un handicap plus qu'un atout en sa faveur. Il m'a alors proposé de m'installer dans les bureaux de la place du Palais-Bourbon. J'acceptai, à condition d'être utile, de préparer par exemple l'élection présidentielle. Il m'a aussitôt répondu : " Je ne sais pas si je serai candidat. ". »

Table rase. Chirac fait table rase. « Enfin », se réjouissent ses amis exaspérés par les méthodes de Pierre Juillet et de Marie-France Garaud. « Enfin », répètent ses adversaires au sein du RPR. Les conseillers, n'est-ce pas, suscitaient une telle crainte. « Enfin », enchaînent les giscardiens, convaincus, eux, que le président du RPR ne se remettra pas de cette séparation. Tout le monde s'égare. Qui, en effet, a su mesurer l'évolution de Chirac ? Il a pris des coups à répétition, et les erreurs qu'il a commises avec Juillet et Garaud, loin de l'affaiblir, ont accéléré cette évolution. A pas comptés, mais à coup sûr. Les barons du gaullisme, tout occupés à tenter de récupérer le RPR, n'ont pas senti le vent tourner.

Quarante-huit heures après les élections européennes, le petit monde gaulliste se retrouve dans une salle de l'Assemblée nationale. Le temps et aux règlements de compte. Chirac, victorieux, s'est souvent moqué des barons ; les barons n'en doutent pas : ils vont pouvoir lui faire payer cette attitude passée. Jacques Chaban-Delmas, le premier, accuse. Il dénonce, d'une manière feutrée, les rapports du RPR avec Valéry Giscard d'Estaing ; il reproche sans nuance à Chirac sa façon de gouverner le mouvement : « Il est facile de dialoguer avec le pouvoir quand on a cent cinquante-cinq députés. Il faut donc être clairement dans la majorité. D'autre part, il faut réformer les structures et les méthodes du mouvement, de façon qu'il ne soit plus dirigé par une camarilla. » Les antichiraquiens sont ravis. Yves Guéna enchaîne, sur le même ton et sur un mode identique : « Il faut abandonner la politique des deux discours, il faut clarifier nos rapports avec nos partenaires et le gouvernement. » Chirac supporte mal le volte-face de son ancien conseiller politique. Pour la première fois, il réagit : « Si quelqu'un est mal placé pour faire ce discours, c'est bien toi. » Mais aussitôt le député-maire de Dijon, Robert Poujade, prend le micro. Cet ancien secrétaire général de l'UNR a la — bonne — réputation d'être un « sage » ; il cogne à son tour. Avec une violence inattendue, il assène sa question : « Chirac, pouvez-vous changer ? » Le combat est engagé. D'autant plus intense que cette même interrogation sans cesse revient — terrible et inquisitoriale : « Chirac, pouvez-vous exister par vous-même, en dehors de Garaud et de Juillet ? » Interrogation confirmée par l'image d'un influent responsable du RPR. « Chirac est un prodigieux ordinateur. Il est capable de tout absorber, de tout comprendre, de tout traiter. Mais quand un ordinateur n'est plus programmé, il s'arrête. » Chirac part donc à la reconquête du RPR. Etrange situation puisqu'il est l'initiateur, le père fondateur. Qu'importe, la politique n'admet ni l'échec ni le doute. Jacques Chirac, président du RPR et maire de Paris, doit à nouveau faire ses preuves. Le combat ne le rebute pas. C'est dans cet état d'esprit qu'il part prendre de longues vacances. « Les premières depuis bien longtemps », fait-il remarquer. Et il se tait. Enfermé dans son château de Bity, il prépare son retour. Les barons, ne peuvent s'empêcher d'être inquiets : que concocte-t-il ?

25 septembre 1979. Depuis trois mois, Chirac n'a pas parlé. Comment va-t-il réapparaître devant les membres du comité central du RPR ? Lucide sur le passé récent : « Des erreurs ont pu être commises dans l'illustration de nos idées. Je suis le premier à le reconnaître et je veux être le seul à en assumer la responsabilité. » Gaullien quand il

parle de la France et des Français : « Est-il besoin de tendre l'oreille pour entendre l'exaspération qui monte, qui grandit ? Trop de rivalités partisanes, trop de démagogie [...], trop de technocratie et pas assez de politique au sens noble du mot, c'est-à-dire pas assez d'attention portée à la vie quotidienne des familles et pas assez le souci des grandes questions qui commandent le destin national. » Sans concession pour cette nouvelle droite qui trace le sillon idéologique dans lequel Jean-Marie Le Pen ne va pas tarder à s'engouffrer : « Sous couvert de nouvelle penséé, on voudrait nous faire croire qu'il y aurait une inégalité fondamentale entre les hommes [...]. Pour moi [...], les hommes sont tous égaux de naissance [...]. La nouvelle droite exprime des idées fausses qui se parent, malgré leur vieillerie et leur décadence, des oripeaux de la vérité et de la modernité scientifique. » Enfin, de retour sur le terrain politique, il réaffirme sa volonté de ne pas censurer le gouvernement. Sans pour autant se priver du droit — et du plaisir — de critiquer : « Le changement politique que nous souhaitons ne saurait provenir d'une manœuvre à laquelle l'opposition socialiste et communiste participerait avec d'autres objectifs. Notre mouvement ne se prêtera à aucune manœuvre de cette nature. En revanche, son action s'exercera dans le pays pour créer les conditions de la volonté populaire nécessaire au redressement de la France. » D'un coup, d'un seul — un discours suffit —, le RPR est à nouveau placé sous le charme Chirac. Les gaullistes sont décidément gens sensibles et les barons une fois de plus sur la touche.

Il aurait donc changé. De ce long repos d'été, il serait revenu transformé. Il écouterait. Il serait conciliant. Et même d'accord « pour reformer le mouvement dans ses structures, ses habitudes, ses méthodes et son langage ». Un Chirac tout neuf et tout propre. « Quoi de moins étonnant, commente l'un de ses amis dans *le Point*. En une année, il a encaissé, comme on le dit d'un boxeur, un grave accident d'auto, dont on sait aujourd'hui qu'il a failli être mortel, un revers électoral aux européennes auquel il ne s'attendait pas, une baisse de popularité qui le meurtrit même s'il feint de mépriser les sondages. On ferait à moins un retour sur soi-même, puis une autocritique, et même un effort d'humilité. » Analyse pertinente. Pendant ce temps, les barons jouent à se faire peur en croyant au retour imminent de Pierre Juillet et de Marie-France Garaud. Un communiqué grandiloquent de Juillet n'est d'ailleurs pas fait pour les rassurer : « En tant que militant, je me réserve, si cela m'apparaît nécessaire, de faire connaître mon sentiment sur la ligne politique lorsque celle-ci sera clairement définie. » Le délire est à son comble. Juillet s'estime « propriétaire » du RPR, et les barons agitent son épouvantail. Chirac ne réagit pas. Pierre Juillet a disparu de son univers. Seuls le conseiller et les barons ne l'ont pas encore compris. L'un et les autres ont fini de perturber Chirac : le RPR est à lui. Aucune contestation, sinon feutrée, ne s'élèvera plus et Pierre Juillet s'enfermera dans l'aigreur et le dépit.

En quelques semaines, Jacques Chirac a repris le contrôle du RPR. C'est à ses yeux une priorité ; son avenir politique en dépend. Il installe Bernard Pons, cinquante-trois ans, au poste clef de secrétaire général. Le député de l'Essonne, un ancien médecin, convient à Chirac. Il est fidèle, avant tout « chiraquien », et si son style le fait passer pour un conciliateur — indispensable dans un mouvement qui sort d'une longue période de chaos —, il est capable d'autorité sur un parti qui adore se sentir commandé. Dans ce contexte, Chirac peut mettre en œuvre la deuxième partie de sa stratégie : raffermir son autorité et son poids sur l'opinion publique en se faisant plus rare. Ne plus se disperser. Tel est désormais son crédo. Pendant cinq mois, de septembre 1979 à février 1980, Jacques Chirac disparaît de l'avant-scène politique. L'homme des « coups » opte pour la discrétion. L'époque Juillet-Garaud est révolue, impossible d'en douter davantage.

Jacques Chirac, maire de Paris, travaille. Jacques Chirac, président du RPR, se tait et réfléchit. Pendant ce temps, son mouvement continue à affronter le Premier ministre Raymond Barre et, par ricochet, à saper l'autorité de Valéry Giscard d'Estaing. Quand Raymond Barre, dédaigneux et le verbe cruel, dénonce « le microcosme politique, ses manœuvres, ses intrigues, ses jeux vénéneux, sa médiocrité », il vise les responsables du RPR. Dans *la Lettre de la nation,* Pierre Charpy réplique sans nuances : « La carrière du Premier ministre est terminée [...]. Raymond Barre s'est ainsi mis de lui-même hors jeu. » A quelle occasion ? En engageant une bataille « au couteau » contre le groupe parlementaire gaulliste autour du budget 1980.

La loi de finances ne convient pas au groupe RPR. Les députés gaullistes, par exemple, demandent au gouvernement de réaliser deux milliards d'économie sur les dépenses de l'Etat. Rien à faire : Raymond Barre ne cède pas. Il refuse tout aménagement proposé par le groupe parlementaire le plus important de sa majorité. Incompréhensible comportement, mais plus rien n'étonne dans cette alliance giscardo-chiraquienne. Un affrontement similaire se produit à propos du financement de la Sécurité sociale. Et Raymond Barre d'accentuer sa pression sur les députés gaullistes. Pour ce faire, il n'hésite pas à utiliser le fameux vote bloqué : l'article 49, alinéa 3 de la Constitution. Cet article stipule qu'un projet de loi est adopté derechef, sauf si des députés déposent une motion de censure. Les gaullistes, il le sait, ne s'y risqueront pas. Le budget est donc adopté. Sans débat. Entre Raymond Barre et les députés gaullistes, la haine s'installe. Une haine si criante que Jean Lecanuet, depuis peu président de l'UDF, sent la nécessité de défendre le Premier ministre. « Il faut dire que Raymond Barre a de larges excuses car les comportements de certains membres de la majorité à son égard étaient véritablement inadmissibles. » Le Premier ministre ne se résout pas à abandonner pour autant sa vindicte anti-RPR. Il clame son « mépris de ceux qui auraient même dénoncé des scandales et lancé des affaires dans le seul souci de déconsidérer les gouvernants ». Traduction pour le grand public : le RPR serait à l'origine de ce scandale des diamants de Bokassa qui altère tant l'image du président de la République.

Raymond Barre n'est pas dupe. Il a compris que, désormais, la vie de la majorité se résume à un face-à-face Giscard-Chirac. Une nouvelle fois, les destins des deux hommes se croisent. En 1974, le président du RPR prenait une part décisive à la victoire de Giscard ; six ans plus tard, il retrouve une position de force. Va-t-il afficher des ambitions présidentielles ou, au contraire, contribuer à une hypothétique réélection du président de la République ? Le mardi 12 février, à l'occasion de la première conférence de presse depuis les élections européennes, Jacques Chirac fournit la réponse : sa démarche sera avant tout présidentielle. Une manière discrète d'ouvrir les hostilités contre Valéry Giscard d'Estaing.

Chirac consacre l'essentiel de son propos à la politique étrangère, le « domaine réservé » du président de la République : la preuve que le président du RPR entend se situer au même rang que Giscard — le premier. La critique est d'ailleurs vive. Le dialogue Nord-Sud — la grande idée du président — est qualifié de « bavardage » ; la condamnation de l'intervention soviétique en Afghanistan est jugée « tardive » ; sans détour, Giscard est accusé de ne rien comprendre à la détente : « Elle n'a jamais été, ni pour le général de Gaulle ni pour Georges Pompidou, une politique de faiblesse ou de concession à l'égard de Moscou [...]. Si, pour la France, la détente reste l'objectif fondamental, celle-ci ne saurait justifier une attitude de faiblesse, à fortiori d'abdication, face aux entreprises hégémoniques menées dans le monde avec le cynisme ordinaire de la force brutale. » Que Chirac s'en prenne aussi, et avec vigueur, à la gestion économique du pouvoir ne surprend personne. Il n'a cessé de se livrer à cette critique depuis son départ de l'hôtel Matignon en 1976. Qu'il conclue en rappelant que, tout de même, sa « place est au sein de la majorité », n'étonne pas davantage. Le gouvernement ne tombera pas sous ses coups. Non, la grande leçon de cette conférence de presse est plus importante. Jacques Chirac a consacré ses efforts à dessiner les contours d'un parfait candidat à la prochaine élection présidentielle.

Les commentaires, au lendemain de ce one-man-show politique, se ressemblent tous : un « nouveau » Chirac, plus posé, plus réfléchi, débarrassé des outrances du passé. Ce raccourci est pratique, comme l'était la caricature qui voulait un Chirac manipulé par ses conseillers. Trop facile. Au fil des événements, il est pourtant aisé de s'apercevoir à quel point Chirac défend toujours la même conception : celle d'une France gaullo-pompidolienne où le bon sens et la prudence prévalent sur le tape-à-l'œil si cher aux libéraux giscardiens.

Jacques Chirac est convaincu qu'il lui faut revenir à une démarche pompidolienne, et il traduit cette volonté délibérée en se retournant vers Edouard Balladur, l'ancien secrétaire général de l'Elysée auprès de Georges Pompidou, qui après la disparition du président de la République a choisi de se tenir à l'écart et d'entamer une carrière dans l'industrie informatique. « Au début de l'année 80, confirme-t-il, Jacques Chirac a demandé à me voir. Nous avons longuement discuté. » « L'homme de Pompidou », s'il est disposé à travailler à ses côtés veut avant tout comprendre les comportements de celui-ci au cours de ce septennat de Giscard. Récit d'Edouard Balladur : « Je n'étais pas favorable à ce qu'il se présente à l'élection présidentielle. Je ne le lui ai pas dissimulé. J'étais convaincu que Chirac ou pas, Valéry Giscard d'Estaing serait battu et que, dans ce contexte de défaite, Chirac apparaîtrait comme un des responsables. » Réplique de Jacques Chirac : « Je dois me présenter. Je n'ai pas le choix. Pour ne pas laisser le RPR aller à la dérive. Pour sauver mon mouvement. »

Que se passe-t-il de si dangereux pour le R.P.R. ? Michel

Debré se présente à la présidence de la République, pas moins. Les chiraquiens en sont convaincus : la manœuvre est menée par Valéry Giscard d'Estaing en personne. Son but immédiat ? Propulser Debré sur le devant de la scène gaulliste pour empêcher Chirac de réagir. Son objectif lointain ? Si Michel Debré obtient un score honorable — de 6 à 8 p. 100 —, il pourra revendiquer la direction du RPR. « Debré à 8 p. 100, ça devenait un vrai problème pour Chirac », admet un proche.

L'opération Debré démarre en mars 1980. Profitant des journées parlementaires du RPR, organisées à Saint-Raphaël, l'ancien Premier ministre du général de Gaulle déclenche un scandale et quitte aussitôt la ville azuréenne. Claude Labbé, le président des députés RPR, interrogé sur ses préférences entre Jacques Chirac et Michel Debré, avait répondu qu'à son avis « Chirac était le meilleur candidat pour la France ». La colère de Debré ne serait qu'anecdotique si elle ne prouvait pas sa détermination. Trois jours plus tard, il déclare sa candidature. Dans son discours de clôture, le président du RPR ne fait pas allusion à cette affaire, se contentant de tracer le portrait-robot du candidat gaulliste idéal. Les deux mille militants présents pour l'occasion n'ont pas grande difficulté à y reconnaître Chirac lui-même. « Si la France, plusieurs fois dans son histoire, a été bien près de se perdre, chaque fois en effet le danger extrême a trempé le caractère de quelques hommes qui, balayant les doutes, les défaillances et les faiblesses, ont fait lever les forces du renouveau. »

Aucun gaulliste ne peut renier ce discours ; aucun responsable RPR ne veut courir le risque de suivre Debré dans sa cavale. Et Charles Pasqua, partout, répète ce qui devient la thèse officielle du RPR : l'Elysée finance la campagne de Michel Debré. Valéry Giscard d'Estaing n'apprécie pas et, dans ce genre de situation, il manie volontiers l'ironie. Puisque Jacques Chirac et François Mitterrand se sont récemment rencontrés à l'Hôtel de Ville, puisque Bernard Pons, le secrétaire général du RPR.

a cru observer des « convergences » entre les deux leaders politiques, peut-être la campagne de Jacques Chirac sera-t-elle financée par le parti socialiste... Le trait n'est pas dénué d'humour. Il a surtout l'intérêt de prouver à quel point l'Elysée estime « inéluctable » une candidature Chirac.

Le 30 mars 1980, le journal *le Monde* rapporte une conversation entre les principaux responsables giscardiens : « Certains ont manifesté la crainte que Jacques Chirac ne mène une campagne très dure [...] et rende difficile une partie des reports des voix au sein de la majorité au second tour. » A treize mois du scrutin, les cartes sont distribuées.

Jacques Chirac continue de se taire. Le silence est devenu chez lui une seconde nature. A quarante-sept ans, le président du RPR a beaucoup appris : à un coup, il ne réplique pas par un autre coup ; il ne se livre plus à l'échange de petites phrases assassines. Quand, en avril 1980, *le Canard enchaîné* publie une note confidentielle du ministre de la Justice, le RPR Alain Peyrefitte, adressée au président de la République, le tout-gaullisme s'attend à un gigantesque scandale. L'académicien y explique en effet à Valéry Giscard d'Estaing comment s'y prendre pour neutraliser Chirac et s'attirer les bonnes grâces des élus gaullistes. Pour réponse, Chirac dénonce les « intrigues subalternes » et obtient d'Alain Peyrefitte un démenti public : « Je décline toute responsabilité à l'égard d'un texte que je n'ai ni écrit ni signé. » Personne n'est dupe mais Chirac n'en demande pas davantage.

Reste à peaufiner, douze mois durant, ce profil de présidentiable. Le moment est venu, pour le grand public, de découvrir l'autre face de Jacques Chirac. Celui qui, « en conscience », s'oppose à l'adoption de la loi « Sécurité et liberté », pourtant soutenue par la quasi-totalité des députés RPR. Il l'estime « liberticide », et il le dit dans une interview accordée au *Monde* : « Chaque fois qu'il y a conflit entre sécurité et liberté, c'est la liberté qui reste en rade [..]. C'est en quoi la démocratie n'est pas forcément garante des libertés. » Et puisqu'il lui faut s'ouvrir, se montrer, Chirac profite de cette tribune pour préciser pourquoi il a évolué, dans un sens plus restrictif, au sujet de l'avortement : « J'ai acquis la conviction qu'il y avait une atteinte portée au développement démographique par l'avortement. » Idée contestable mais qui prouve, au moins, que Chirac n'hésite plus à se prononcer tous azimuts sur les problèmes de société. Il réaffirme sa « volonté implacable de lutter contre le racisme » et n'hésite pas à répéter que « lier le chômage à la présence des immigrés est une réaction primaire ».

Autre corde sensible dans cette « pré-campagne » présidentielle : Jacques Chirac s'estime un excellent Maire de Paris et le fait savoir. Un sondage publié par *le Quotidien de Paris* le conforte dans cette certitude : 62 p. 100 des Parisiens pensent qu'il est un « très bon ou assez bon » maire, et 43 p. 100 sont convaincus qu'il sait défendre les intérêts de leur ville — un an plus tôt, ils n'étaient que 22 p. 100. Si Chirac défend avec acharnement cette image de bon gestionnaire, c'est qu'elle corrige pour partie l'accusation sans cesse martelée d'un Chirac avant tout passionné par la politique et les événements qui en découlent. Quand, en mars 1980, *le Point* lui demande s'il est possible d'être maire de Paris à mi-temps, Chirac n'apprécie pas : « Je ne suis pas, comme vous l'insinuez, un maire à mi-temps [...]. Venez donc consulter mon emploi du temps, vous verrez que je suis presque constamment à l'Hôtel de Ville. » Cela fait maintenant trois ans qu'il a été élu et, au milieu de ce mandat, chacun établit un premier bilan. Georges Sarre, le leader socialiste du Conseil de Paris, dresse un constat de quasi-faillite : « La politique municipale ne s'inspire d'aucune idée directrice [...]. Le système Chirac, c'est aussi le règne du secret, une extrême centralisation du pouvoir, l'électoralisme permanent et la recherche d'une publicité ininterrompue. » Le porte-parole communiste, Henri Meillat, partage ce point de vue : « Aucun des grands problèmes qui préoccupent la vie des Parisiens n'a trouvé de solution. La crise du logement n'a fait que s'aggraver, le cadre de vie continue de se dégrader et l'insécurité s'installe dans la cité. » La réalité est, somme toute, différente.

Quand Jacques Chirac établit une « photographie » de son activité municipale, les couleurs sont avenantes. En trois ans, la municipalité a financé quinze mille logements sociaux et le maire, avec un soin jaloux, a mis un terme à toutes les irrégularités et combines financières dont souffrait tant Paris. En trois ans, les ressources garanties des personnes âgées ont augmenté de 40 p. 100. En trois ans, d'importantes subventions ont été accordées au Théâtre de la Ville, à l'Orchestre de Paris et aux théâtres privés. En trois ans, les travaux des Halles ont progressé, enfin. Tout ceci a été rendu possible par la mise en place d'une équipe efficace qui applique à la lettre la méthode Chirac : du travail, encore du travail, un temps de présence presque sans limite. Mais... Il existe un mais, et de taille, après ces trois premières années d'activité. Raymond Lang, un conseiller de Paris RPR, ne dissimule pas la grande difficulté : « Jacques Chirac a pris en main une maison qui avait une allure de ministère dans son organisation interne et il l'a laissée telle quelle. Le nouveau maire n'a pas su extirper le mal parisien : la toute-puissance de l'administration. » Difficile à réussir quand, en face de trente-six mille fonctionnaires, s'affichent des élus pas toujours compétents et peu disponibles. D'où un renforcement du staff Chirac ; d'où cette accusation de pouvoir personnel ; d'où cet aveu de Camille Cabana, le secrétaire général de la mairie et l'un des hommes forts de l'Hôtel de Ville : « Notre équipe est efficace. Elle tourne rond. Elle sait régler les affaires. »

« Chirac bon maire de Paris » : plus que jamais, à quelques mois de l'échéance présidentielle, il entend cultiver cette image de marque. Cette image le crédibilise et lui permet de s'opposer, sur le terrain, dans la pratique quotidienne, à Valéry Giscard d'Estaing. Le maire de Paris face au président de la République : le duel a de l'allure. Et c'est bien mollement que, au détour d'un entretien avec la journaliste Anne Gaillard, Chirac atténue l'impact de ce face-à-face : « Je ne me servirai certainement pas de la mairie de Paris pour mettre en cause le pouvoir. » Attaquer Giscard : ce rôle relève du président du RPR et non pas du maire de Paris. Une simple affaire de « casquette ».

Bien sûr, Chirac président du RPR ne dément pas le ton posé et serein de Chirac maire. Il ne prend pas Giscard ou Barre à partie. Il se contente de proposer une politique différente. Le lyrisme échevelé n'a plus cours, les leçons du gaullisme ne sont plus de mise. Chirac est un gestionnaire avisé et quand, en avril 1980, il suggère un plan de redressement, il propose trois mesures d'accompagnement aussitôt applicables : un accroissement des investissements, un impôt exceptionnel sur la fortune et la hausse des tarifs publics. Et il conclut : « Notre ambition n'est pas de critiquer mais de proposer. »

Saine ambition. Encore qu'il ne faille pas exagérer l'objectif de Jacques Chirac. A aucun moment il n'a l'espoir de gagner l'élection présidentielle. Alain Peyrefitte se trompe quand il affirme : « Chirac s'est laissé intoxiquer par Pasqua. Il lui affirmait qu'après le second tour il serait deuxième derrière Valéry Giscard d'Estaing. » Chirac a pour ambition première de prendre date, d'affirmer son image devant les Français, de s'installer dès 1981 comme le principal chef des partis de droite. C'est qu'il appuie sa démarche sur une certitude : qu'il soit ou non candidat, Valéry Giscard d'Estaing sera battu. Le président du RPR aperçoit un pays en décomposition, un pays qui a perdu confiance en ses gouvernants. Trop tard pour réagir. « Giscard ne comprend rien aux Français », estiment les chiraquiens. Ont-ils tort ?

La suite des événements prouvera que non. Chirac a d'ailleurs l'intelligence de ne pas se précipiter ; il attend par exemple jusqu'au 3 février 1981 avant de faire acte de candidature officielle. Personne pour autant n'est dupe, surtout pas les giscardiens. Comme toujours, l'organisation Chirac se met en place avec précision et efficacité, avec Charles Pasqua aux commandes et Edouard Balladur dans le rôle du conseiller discret. « Sa campagne devait être exempte de tout excès », rappelle-t-il. Par exemple, il aurait été imprudent de céder aux provocations de l'ancien conseiller Pierre Juillet, qui, dans un article publié par *le Monde,* souhaite que les « pauvres gaullistes » — l'expression est cruelle — se décident à punir le président de la République, même si le nom de Valéry Giscard d'Estaing n'est jamais cité : « Le RPR escarmouche au jour le jour un gouvernement qui s'en moque en prenant soin de sortir le moins possible des terrains techniques [...]. Il ne suffit plus de mettre ensemble, au nom d'options généreuses et vagues, le plus grand nombre de gens possible sur le plus petit commun dénominateur. Il ne suffit pas de porter dans ses flancs un ou plusieurs candidats à l'élection présidentielle. Il faut dire clairement ce que l'on veut pour la France et ce qu'on refuse pour la France. »

Pierre Juillet incite Jacques Chirac à la guerre ouverte contre Valéry Giscard d'Estaing. Curieux retournement de l'histoire, quand on se souvient à quel point il a contribué à la victoire du président de la République. Pierre Juillet exhorte le parti gaulliste à se replier autour de ses thèmes privilégiés, à redevenir pur et dur. Démarche étrange, quand on se rappelle sa volonté, au moment de la fondation du RPR, de regrouper tous les anciens présidents du Conseil... de la IVe République. L'article de Pierre Juillet est pathétique aussi. Il lance à Chirac une sorte de supplique aux retrouvailles. Non, il n'en est pas question. Un candidat à la présidence de la République ne s'entoure pas de conseillers jaloux et omnipotents ; il utilise les compétences, le savoir des uns et des autres, sans plus jamais accepter la moindre tutelle. Ces évidences, Jacques Chirac en a pris conscience. Mieux, il a décidé de les vivre. Pour punition, Pierre

ou les passions du pouvoir

Juillet lancera dans la course présidentielle Marie-France Garaud, telle une grappilleuse de pourcentages.

Il y aura donc Debré et Garaud. Rien à faire pour convaincre l'ancien Premier ministre de retirer sa candidature. Dès lors, les chiraquiens le combattent avec acharnement. D'ailleurs, l'image publique de « Michou la colère » est si mauvaise que, bientôt, les sondages révèlent qu'il ne pèse rien, quelques points, pas davantage.

Pendant huit mois, Chirac va donc « jouer » ; lui est mesuré, ses lieutenants, déchaînés. La partie le veut ainsi. Il suffit que le ministre de la Coopération Robert Galley annonce que « les membres du gouvernement issus du RPR soutiendront la candidature de Valéry Giscard d'Estaing » — quoi de plus normal ? — pour qu'aussitôt Bernard Pons, le secrétaire général du RPR, se déchaîne... contre Raymond Barre : « Le comportement du Premier ministre peut être admis dans un régime totalitaire, mais pas dans un régime démocratique. » Chirac observe et présente « ses » programmes — candidature à la présidence oblige. Il ne désapprouve pas pour autant Pierre Charpy qui, au lendemain d'une déclaration de Valéry Giscard d'Estaing, écrit : « On ne peut pas laisser le président de la République — en vertu même de l'excellence de sa fonction — dire n'importe quoi [...]. Il ne faut pas prendre les Français pour des imbéciles ou des demeurés. »

Les giscardiens commencent à être accablés. Ils comprennent combien les coups portés par Jacques Chirac et le RPR accélèrent la décomposition de VGE. Selon un sondage IFOP, 38 p. 100 des Français considèrent que « si l'élection est une farce, c'est à cause de la déception due à la politique menée par la majorité ». Le gouvernement dirigé par Raymond Barre n'a pas la cote, mais les divisions du camp présidentiel n'arrangent rien. A la fin de l'année 1980, 16 p. 100 des Français déclarent leur intention de voter pour un clown génial, Coluche. Et tous, réunis pour une fois, attendent que le président s'explique : à propos de diamants « offerts » par l'empereur Jean Bedel Bokassa.

Et puisqu'ils sont abattus, puisqu'ils entrevoient le spectre de la défaite — sans jamais oser s'en ouvrir au président —, les giscardiens cognent sur Chirac, comme un dérivatif dans une situation cauchemardesque. Ils l'accusent, entre autres, de négocier avec François Mitterrand. L'enjeu ? Un hypothétique gouvernement gaullo-socialiste. « Chirac a rencontré Pierre Bérégovoy et l'un de ses proches collaborateurs, Harris Puisais », assure un important ministre de l'époque. Des preuves ? Aucune. Chirac dément ; Pierre Bérégovoy aussi. Simone Veil, en revanche, est convaincue de la réalité de ces faits. Ils n'ont aucune importance. Car, selon une formule déjà célèbre, Jacques Chirac n'est que le « spectateur engagé » d'un duel qui met aux prises Valéry Giscard d'Estaing et François Mitterrand. Personne d'autre. « C'est pour cela qu'il devait déclarer, et nettement, qu'il appellerait à voter après le 1er tour en faveur du président sortant, indique Edouard Balladur. J'ai insisté pour qu'il le fasse dès le lendemain du 1er tour. Ce qu'il a fait. Et je l'ai convaincu de refaire un appel en faveur de Giscard trois ou quatre jours avant le second tour. Sur le plan du symbole, il était important qu'il se maintienne dans son camp. » Edouard Balladur songe à l'avenir. D'autant plus que la défaite de Valéry Giscard d'Estaing ne fait aucun doute. Au premier tour, Jacques Chirac obtient 5 225 848 voix, soit 17,99 p. 100.

« François Mitterrand élu président de la République, je n'ai pas un instant pensé que nous puissions gagner les élections législatives qui ont immédiatement suivi, explique Chirac. J'ai indiqué à mes amis que le moment était venu de prendre nos dispositions. » Sur les tribunes, il tient un langage contraire. Mais il est trop tard et Jacques Chirac se retrouve à la tête d'un parti qui, pour la première fois depuis vingt-trois ans, ne dispose plus d'une seule parcelle de pouvoir. Les gaullistes sont dans l'opposition, Chirac est leur chef : voilà les deux seules certitudes. Le député de la Corrèze est entouré au Parlement par quatre-vingt-deux « compagnons », pas un de plus. Une perte de cent dix sièges. Un instant, certains milieux politiques de la majorité rappellent le rôle de Chirac dans la déroute giscardienne. Olivier Guichard, par exemple : « Quand Chirac a fait battre Giscard, il a retrouvé son approche de 1974. A trois reprises, en 74 donc, en 76 et en 81, il se sera conduit comme un homme politique qui pense avant tout à ses propres perspectives présidentielles. Ça l'amène à jouer contre son camp. Cela lui restera, c'est embêtant. » Olivier Stirn, aujourd'hui socialiste, confirme : « Jamais les giscardiens ne lui pardonneront sa trahison. Jamais. »

Là n'est déjà plus la question. A peine François Mitterrand élu, à peine les socialistes installés au pouvoir, Chirac fait figure de successeur potentiel. Il dispose désormais de quelques années pour conforter cette position. L'homme qui, en 1979, après des élections européennes catastrophiques, était à la dérive, a su redresser sa situation personnelle. Quelques-uns ont dû en payer le prix.

« J'ai passé l'âge où l'on a envie de régler des comptes. » Les épreuves ont fini par modeler Jacques Chirac, elles l'ont assoupli et détendu. Encore faut-il que les Français aient le loisir de s'en apercevoir. Chirac le dur, Chirac l'excité : ces images, depuis longtemps dépassées finiront-elles par se morceler tout à fait ? Un successeur doit être au contraire convivial et rassurant. Ces images vont-elles se mettre en place ? Elles devront en tout cas naître de comparaisons successives avec François Mitterrand. Redoutable défi pour Jacques Chirac. « Le président de la République et moi-même n'avons pas la même conception de la morale politique », conclut-il.

Le successeur ne peut pas avoir d'états d'âme. Il triomphera. Ou il restera un second — à tout jamais.

CHAPITRE XVIII

LE FACE A FACE

> « Pour mieux comprendre Chirac, il ne faut pas oublier qu'il n'a cessé de progresser. Il ne s'est jamais arrêté en chemin. »
>
> EDOUARD BALLADUR.

Mai 81-mai 88. Jacques Chirac dispose désormais de sept ans pour s'imposer. Devenir le président des années 90. Succéder à celui que Serge July a si justement baptisé le « président des années 80 ».

Jacques Chirac face à François Mitterrand : les Français pouvaient-ils rêver deux chefs politiques plus dissemblables ? Mitterrand aime à décider dans l'isolement. Chirac a dû apprendre la solitude. Longtemps, elle lui a été insupportable. Mitterrand joue avec le temps et la patience, persuadé que l'avenir ne peut lui être que favorable après ses traversées du désert. Chirac, lui, a fini par ressembler à l' « homme pressé » de Paul Morand. Député et secrétaire d'Etat à trente-cinq ans, ministre à trente-neuf, chef du gouvernement à quarante et un et premier maire de Paris à quarante-quatre ans, il a réussi, au-delà d'inévitables échecs, un parcours flamboyant. Lui ne se préoccupe pas du temps. « Il a pris toutes ses fonctions avec cinq ou six ans d'avance, assure Michel Poniatowski. Il manquait de maturité. » Cette précocité, somme toute, ne l'a pas empêché de combattre un « dinosaure » de la politique française, tel Jacques Chaban-Delmas, ou de se mesurer, sans faiblir, à Valéry Giscard d'Estaing qui s'imaginait « scientifique ». « Pour mieux comprendre Chirac, explique Edouard Balladur, il ne faut pas oublier qu'il n'a cessé de progresser. Il ne s'est jamais arrêté en chemin. » Au bout de la route, une élection présidentielle de nouveau. Décisive. Après Mitterrand, Chirac ?

Une fois François Mitterrand installé à l'Elysée, jamais plus Jacques Chirac ne déviera de cette perspective : être son successeur. Au soir du 10 mai 1981, pareil objectif ne va pas sans déplaire. A Jean Lecanuet, par exemple : « Je ne suis pas certain que Chirac se soit mis dans les meilleures conditions pour remplir les fonctions de leader de la nouvelle opposition. » Chirac passe outre. Désormais il en a les moyens.

Valéry Giscard d'Estaing est blessé, « en deuil », fait-il savoir. Raymond Barre, pour un temps fait retraite. « L'éclopé de l'économie », selon le mot cruel d'un leader du RPR, attend. Il précise « qu'on le consulte », rien de plus. La voie est libre. Chirac, tapi à l'Hôtel de Ville, dirige un parti encore puissant, avec 20,8 p. 100 des voix aux élections législatives. Et surtout, il dispose d'un atout majeur. L'Elysée le reconnaît comme premier opposant, François Mitterrand admet qu'en ces temps d' « Etat de grâce », un seul adversaire l'intéresse et le préoccupe : le chef du RPR.

Le nouveau président de la République tient à entretenir de bonnes relations avec le maire de Paris, une manière de ménager une fraction du RPR, celle qui est avant tout anti-giscardienne. Il charge André Rousselet et François de Grossouvre, deux proches collaborateurs, de jouer les agents de liaison par l'intermédiaire de Jean-Luc Javal, ami du maire de Paris et ancien conseiller de Georges Pompidou. Témoignage de Chirac : « Je crois que le président de la République avait à mon égard une espèce de sympathie. A ses yeux, je ne me ralliais pas à une famille politique strictement bourgeoise et il avait la certitude que je ne tenterais pas un mauvais coup. » André Rousselet, alors directeur de cabinet du président, est le principal acteur de cette opération charme. Il poursuit un rêve : réconcilier gaullistes et socialistes. Chirac ne se prête pas à la manœuvre. Il évite tout contact avec les socialistes. « Une seule fois, à l'occasion d'un dîner chez le RPR Jean de Lipkowski, raconte Chirac, j'ai rencontré Edith Cresson. Elle était ministre de l'Agriculture depuis quelques semaines et je ne lui ai pas caché qu'à mon sens elle s'y prenait fort mal. »

Chirac se méfie de ces approches. Il sait l'habileté de François Mitterrand pour compliquer, comme à plaisir, le jeu politique. Il n'oublie pas que le président joue la durée et que lui, chef de l'opposition, doit accepter cette longue épreuve. Il faut, avant tout, se méfier de la précipitation. Alors, il se retire. Pendant cinq mois, Chirac disparaît. D'aucuns assurent qu'il profite de cette retraite pour se convertir, lui le pompido-gaulliste plutôt interventionniste, au libéralisme. Ce n'est pas l'avis d'Edouard Balladur : « Moins d'Etat, en économie par exemple ? Mais Chirac n'a cessé de défendre cette thèse pendant la campagne présidentielle. » Libéral, Chirac l'est devenu. Il estime le projet de budget 82 du nouveau Premier ministre, Pierre Mauroy, absurde et dangereux. « Ce budget n'était pas novateur, se souvient-il, sa philosophie était celle qui inspirait le parti socialiste depuis au moins cinquante ans : relance massive de la consommation par l'augmentation brutale des dépenses publiques et l'acceptation d'un énorme trou budgétaire. » Il guette l'occasion propice pour le clamer, tant il est difficile, en cet état de grâce, de s'en prendre à Mitterrand ou aux socialistes.

Il se replie donc à l'Hôtel de Ville et n'en sort que pour participer à la réunion du secrétariat général du RPR, chaque mardi matin. Plus que jamais, Chirac s'investit dans son métier de maire. Il engloutit les dossiers, veille à l'efficacité de l'administration et supporte mal que « sa » ville soit la plus dense du monde et la plus pauvre en espaces verts. Ses proches collaborateurs commencent à découvrir « l'autre » Chirac, celui qui décolle de son image publique au profil autoritaire et droitier. « Il a des réflexes, des réactions et une sensibilité populaires, estime Alain Juppé. Et, sur le plan affectif, on rencontre un homme sensible et secret. » Dans cette mairie, dans ce bureau où il passe l'essentiel de son temps, Chirac se remémore le pronostic d'Alexandre Sanguinetti, vieux porte-voix gaulliste : « Jamais un maire de Paris ne sera président de la République. »

Cette fois, Chirac surprend. Jusqu'à ses partisans. Certains l'accusent d'opposition molle, de ne pas cogner assez fort sur le pouvoir. D'autres s'inquiètent d'un jugement prêté à François Mitterrand selon lequel Chirac jouerait correctement son rôle d'opposant et qu'il apprécierait sa franchise. Le maire de Paris a beau répéter que la politique économique est « aberrante », chacun s'interroge sur sa modération. « Un adversaire souhaité par le pouvoir », murmurent quelques-uns. « Un adversaire sur mesure », enchaînent d'autres. Chirac n'écoute pas. Il a enfin assimilé une notion cardinale : le temps. Il n'abattra pas François Mitterrand, et il le sait. Reste l'attente. Demeure la patience. S'impose la nécessité de parfaire l'image d'un homme politique qui arrive à maturité, d'un personnage qui n'inquiète plus outre mesure les Français de l'autre bord. « C'était une tâche difficile, analyse Edouard Balladur. Parce que le public d'opposition estimait que ce n'était pas cela la mission essentielle de Jacques Chirac. » Pourtant, en cette fin d'année 1981, les sondages sont positifs. A la question : « Quel serait le meilleur candidat pour la prochaine élection présidentielle ? », Chirac caracole en tête. 32 p. 100 contre 13 p. 100 à Valéry Giscard d'Estaing et 8 p. 100 à Raymond Barre. Les rivaux sont distancés.

Chirac est donc conforté dans sa démarche. Echaudé, il refuse toute structure oppressante composée de conseillers. Il écoute Edouard Balladur, n'oublie jamais de consulter Jacques Friedmann, s'intéresse aux analyses économiques d'Alain Juppé et tient compte des sensibilités politiques de Jacques Toubon ou de Charles Pasqua. Mais il n'existe plus de cabinet privé présent partout et à tout moment. Chirac apprend le travail solitaire. « Il dispose d'une capacité de maîtrise et de réflexion beaucoup plus grande que la classe politique n'a longtemps voulu le croire », témoigne Edouard Balladur, peu suspect d'être un inconditionnel. « Très vite, à cette époque, Chirac nous a montré qu'il est à la fois impulsif et maître de lui. C'est un radical — parce qu'il a le souci de ne pas blesser les gens, qu'il tient compte des équilibres psychologiques. » Ce portrait, dessiné par un proche collaborateur, est novateur. Il s'approche de la réalité du personnage. La pondération qui caractérise Jacques Chirac, en ce début du septennat Mitterrand, déplaît à certains milieux gaullistes. Pas question de changer, réaffirme Chirac. Et, pour confirmer la tendance, il décide de travailler avec un publicitaire au talent et à la compétence reconnus par ses pairs : Elie Crespi.

L'idée lui est suggérée au cours d'un dîner avec des industriels. Chirac est séduit parce que Crespi n'a pas l'intention de fabriquer une image. Plus ambitieux, il veut travailler différemment, réfléchir au « produit Chirac », appliquer à la politique les méthodes qui lui ont si bien réussi avec la légendaire campagne pour les bas Dim. Elie Crespi, dans des séances de groupe, étudie les réactions du public à la démarche Chirac. Puis, avec le maire de Paris, il analyse les thèmes, les comportements, les séductions ou les agacements. A Chirac d'en tirer les conclusions, de dégager et d'appliquer les inflexions nécessaires. Certains, tel le publicitaire Bernard Brochand consulté en 1978, observent avec inquiétude cette démarche : « En se contrôlant trop, Chirac n'est plus lui-même. Il craint ses excès. Bizarre, parce qu'il n'en commet plus. » Les gens du RPR sont circonspects : Crespi est-il sur le point de « banaliser » « leur » Chirac ?

La question est mal posée. Chirac est confronté à une obligation : au-delà des qualités que tous lui reconnaissent,

ou les passions du pouvoir 293

les Français doivent enfin percevoir d'autres facettes. Chirac, malgré son physique de militaire, n'est pas brutal dans ses comportements. Ses collaborateurs le confirment. « Avant de décider, il écoute », confirme Edouard Balladur. De là à imaginer un Chirac convaincu par le dernier qui parle, il n'y a plus qu'un pas. Or, son parcours politique prouve que, lors des événements cruciaux, il n'en fait qu'à sa tête. Le travail avec Elie Crespi n'a d'autre objectif que de transmettre cette réalité-là. Jacques Chirac, en fait, est un personnage à double face. Les Français connaissent la première : celle d'un redoutable animal politique. La chape qui s'est abattue sur l'autre, le Chirac privé, doit être soulevée à tout prix. Les promenades littéraires de François Mitterrand dans les librairies du Quartier latin ont eu autant d'effet sur certains électeurs que son appropriation du parti socialiste. Chirac, pour atteindre pareil résultat, doit se faire violence. Il doit se montrer tel qu'en lui-même. Pudeur ou timidité, il ne se plie pas volontiers à un tel exercice.

Il continue donc de marquer, pas à pas, François Mitterrand, d'observer le comportement du président de la République, de disséquer ses forces et ses faiblesses. Passé l' « état de grâce », dès le début de l'année 1982, Chirac estime qu'il est temps de partir à l'assaut du gouvernement. Un indice déterminant le décide : le 17 janvier 1982, l'opposition remporte quatre élections législatives partielles au premier tour. Trois sièges pour le RPR et un autre pour l'UDF. Huit jours plus tard, à Toulouse, Chirac retrouve la présidence du RPR, abandonnée avant l'élection de mai 1981, et se présente comme « l'homme d'une calme volonté pour un projet exaltant ». Pas moins. Un habit présidentialiste qu'il n'entend plus quitter. D'autant moins que d'après son entourage « Giscard est un *has been* et Raymond Barre un *outsider* ». Chirac contre Mitterrand : il n'est pas d'autre enjeu qui vaille la peine.

Le duel, à distance, est permanent, intense, et les anecdotes ne manquent pas pour l'illustrer. S'inquiète-ton, dans l'entourage chiraquien, de ce retour à la présidence du RPR, peu compatible avec la distance requise pour un postulant à l'Elysée ? D'autres répliquent aussitôt par l'exemple de François Mitterrand : les fonctions de premier secrétaire du parti socialiste n'ont en rien troublé sa course à la présidence. Etranges sinuosités de la vie politique. Chirac, enfant prodige de la Ve République, confronté à Mitterrand, fils aîné de la IVe. Mitterrand qui, d'un coup, a endossé l'habit gaullien. Le défi est de taille, Chirac n'est pas impressionné. Il ne se défait pas de cette image d'un Mitterrand habile en politique, mais allant au gré des événements. Le reproche peut sembler abusif. Mais si Chirac a beaucoup évolué, il n'a jamais varié sur l'idée que la France doit être gérée sans à-coups excessifs.

Langage théorique ? Un présidentiel se doit aussi d'exprimer sa vision de l'évolution d'une société. Chirac ne s'était jamais prêté à cet exercice. Et quand, le 7 mai 1982, il « planche » devant le Club 89 — un club d'opposition — sur le thème de *l'Actuel Désarroi moral et intellectuel,* l'épreuve est attendue avec circonspection. « Tout ce qui réduit la sphère d'autonomie individuelle, tout ce qui accroît le domaine de l'Etat — Léviathan m'inquiète, explique-t-il. Notre société doit devenir plus juste, mais sans rien sacrifier de la liberté des hommes... Le nouvel humanisme n'est pas une philosophie molle, ce n'est pas un archéo-libéralisme qui laisse à chacun la bride sur le cou. Il faut un code de conduite, il faut une loi qui trace le partage du bien et du mal social, il faut un Etat de droit qui dispose de tous ces moyens pour faire respecter cette ligne de partage. »

Chirac est-il devenu un « humaniste-libéral », l'œil rivé sur la réussite de Ronald Reagan ? La question l'agace, il y dénote un double procès d'intention. D'abord celui de modifier ses positions éthiques, au gré des engouements idéologiques. « Une pensée évolue nécessairement, déclare-t-il dans *l'Express.* Ne serait-ce que pour s'adapter aux exigences de la situation... Cela étant, je suis persuadé que le XXᵉ siècle sera celui des nationalités et qu'il sera aussi le siècle d'un certain retour à la spiritualité... Tout me conduit à considérer aujourd'hui que le courant matérialiste qui inspire la philosophie socialiste est totalement dépassé et inadapté. Devant l'échec de cette pensée, il convient de revenir à une réflexion tendant à donner à l'homme la place qui doit être la sienne, c'est-à-dire la finalité de toute politique. »

Enfin, la comparaison Chirac-Reagan l'exaspère parce qu'il y décèle un carcan dans lequel ses adversaires aimeraient l'enserrer : Reagan le cowboy, Chirac le militaire. Dans une longue interview accordée à Paul Guilbert, du *Quotidien de Paris,* Chirac s'en explique : « La comparaison ne me gêne pas. Reagan est un homme qui a réussi : il a réalisé le redressement matériel et, mieux, moral, de son pays. Mais je me demande quelle arrière-pensée anime ceux qui veulent à tout prix me comparer au président Reagan. Trop, c'est trop. Tout simplement parce que les méthodes employées par lui [...] ne sont pas trop transposables en France. » Ce Chirac-là commence à sortir d'un long enfermement. Autour de sa table, à l'Hôtel de Ville, il reçoit, beaucoup. Des artistes, des écrivains, des acteurs. Certes, il n'est toujours pas de bon ton dans l'intelligentsia de revendiquer haut et fort pareille invitation. Mais, là aussi, le climat se détend. Quand Chirac cite Emmanuel Le Roy Ladurie, André Glucksmann ou Philippe Sollers, personne ne s'en étonne. Pas même les intéressés.

Est-on loin de la politique ? Surtout pas. Le modelage d'une silhouette présidentiable passe par des digressions philosophico-idéologiques. Les Français en sont friands et, après avoir longuement résisté, Chirac se livre à cet apprentissage. Avec autant de talent et de bon sens que bien d'autres. En s'appliquant à ne pas heurter les Français qui ne partagent pas sa conception du monde. Chirac, parmi sa famille politique, n'est pas un sectaire. A petites touches, il réussit à convaincre de cette ouverture d'esprit. Il sait qu'une élection se gagne sur les marges, en prenant les voix des hésitants, et que ceux-là sont avant tout à la recherche de l'homme « ouvert ». Les circonstances vont-elles lui permettre de parachever l'opération ?

Les événements, souvent, se moquent de la stratégie. Ils la balayent. Depuis quatorze mois, Chirac est devenu « l'opposant ». Le président veille à entretenir avec lui des rapports polis. Et Chirac ne cesse d'expliquer à ses partisans qu'il faut ne pas agir trop vite et mal à propos, contre François Mitterrand. « Une opposition courtoise », écrit *le Point*. Quand François Mitterrand, en avril 1982, prend position en faveur de l'installation des fusées américaines Pershing en Europe de l'Ouest, il peut même s'offrir le luxe de le soutenir : « J'approuve totalement la prise de position du chef de l'Etat. » Pourtant, quelques-uns parmi ses amis s'en inquiètent, même si la défense, dans ce pays, est devenue un sujet de consensus. Et quand Claude Labbé, le président des députés RPR, s'en prend avec virulence au gouvernement : « Ce sont des incapables, qu'ils s'en aillent », Chirac comprend aussitôt que sa « base » lui lance un avertissement : pas de rapprochement avec les socialistes.

Une opposition courtoise qui, le mercredi 30 juin 1982, devient féroce. Que se passe-t-il ? Ce jour-là, en conseil des ministres, sur le coup de 11 heures, Gaston Defferre, ministre de l'Intérieur et de la Décentralisation, propose un nouveau statut pour Paris : la capitale sera découpée en vingt communes. Récit indigné de Jacques Chirac : « Ils n'ont pas daigné me consulter ou même m'avertir. Ce mercredi, je déjeunais en tête-à-tête. A 13 h 30, on m'a prié de passer à l'office pour prendre une communication téléphonique. Lydie Gerbaud, mon attachée de presse, m'a dicté le communiqué du Conseil des ministres. Et puis je suis retourné à table et j'ai lu la note. Ce n'était pas admissible. Vraiment pas. Ils découpaient Paris en petites tranches. »

La provocation le choque d'autant plus que Jacques Chirac prouve, tous les jours, à quel point il tient à sa

ou les passions du pouvoir 297

fonction de maire. Sa réélection, en mars 1983, ne fait de doute pour personne. Alors ? Il s'agit de rogner ses pouvoirs, de fissurer la forteresse chiraquienne. Il n'admet pas la manœuvre. « Surtout que Chirac avait cru à la neutralité bonhomme du chef de l'Etat », note *le Point*. Il n'a pas oublié ce que lui avait dit François Mitterrand lors de la cérémonie des vœux en décembre 1981 : « Avouez que ce n'est pas un des moindres paradoxes de l'histoire que vous représentiez aujourd'hui la commune de Paris et moi l'Etat central. Mais je n'y veux rien changer. » Ce n'est plus le cas.

Dès jeudi, le maire de Paris convoque une conférence de presse. Dans un décor majestueux, sous deux drapeaux bleu, blanc, rouge qui accentuent la solennité, ceinture tricolore autour de la taille, Chirac déclare la guerre. Sans fioriture : « Ce qu'aucun gouvernement n'avait osé faire, voici que le pouvoir socialo-communiste veut aujourd'hui l'entreprendre pour assouvir sa vindicte politique. C'est une discrimination inacceptable, un mensonge, une insulte à l'histoire, un mauvais coup. » Il est déchaîné parce qu'il n'a pas supporté l'attaque par surprise. Le contenu du projet Defferre ne le trouble pas outre mesure, la méthode le révolte. « Des manières de voyou », dit-il, et il le croit. Chirac dramatise tant l'affaire qu'il surprend le gouvernement. Le maire affirme qu'il mobilisera les Parisiens et Pierre Mauroy explique que « Paris restera une commune, il y aura un maire et vingt maires, mais ils ne seront pas du tout sur le même plan ». Chirac accentue la pression et Gaston Defferre, dans un article publié par *le Monde,* revient en arrière : « M. Chirac a pris feu et flamme, comme si la communication faite au gouvernement était un projet de loi définitif. » Les proches du maire assurent que désormais les « ponts sont coupés avec l'Elysée ». Le secrétariat du gouvernement annonce, sur ordre présidentiel, que « l'examen du statut de la capitale est renvoyé à l'automne ». Conclusion du *Point :* « Pour la première fois de sa carrière, le chef du RPR a su incarner la victime et non l'agresseur. Il n'en demandait pas tant. »

L'épisode est capital. Parce qu'il conforte Chirac dans sa position de premier opposant. La droite tout entière fait bloc derrière lui, jusqu'à Valéry Giscard d'Estaing qui fait un geste : il téléphone au maire de Paris. Réaction d'un responsable de l'UDF rapportée par *le Point* : « Nous vivons là le premier grand événement de la prochaine élection présidentielle. Mitterrand a intronisé Chirac et, en plus, il le persécute. Nous n'avons plus qu'à serrer les rangs derrière lui. »

Ce conflit présente un autre intérêt : personne, au sein de l'opposition, ne peut plus soupçonner Chirac de vouloir composer avec le président de la République. L'affaire du statut de Paris met un terme à toute ébauche en la matière. Conclusion de Chirac : « Quelques jours plus tard, André Rousselet répétait partout dans Paris que le président de la République n'avait pas supporté un récent discours que j'avais prononcé à l'Assemblée nationale et qu'il n'avait pas non plus goûté l'un de mes passages à la télévision, qu'en fait il s'agissait de la réponse du berger à la bergère. » François Mitterrand n'en sort pas victorieux.

Pour Chirac, l'année 1982 se termine sur un point d'orgue. Le 25 novembre 1982, à l'initiative du député RPR Pierre de Bénouville, il déjeune avec Valéry Giscard d'Estaing. Evénement politique qui marque, au moins pour la galerie, une réconciliation des chefs. Mais la rencontre entre les deux hommes est, avant tout, affaire personnelle.

Depuis 1969, depuis que Chirac, secrétaire d'Etat aux Finances, a travaillé aux côtés de Giscard, ils ne se sont plus quittés. Passion, puis répulsion. L'affrontement de deux hommes qui, à tour de rôle, prirent le pas l'un sur l'autre. Chirac ne l'a jamais dissimulé : la mécanique intellectuelle de Giscard l'impressionne. Giscard n'a jamais caché son admiration pour la pugnacité de Chirac, sa volonté inébranlable devant l'obstacle. Ils se sont donné des coups. Ils ont vécu, l'un par rapport à l'autre, le drame en politique. Sur le perron du restaurant Drouant, sous la mitraille des photographes, Giscard ressemble par trop à un homme usé. Qu'éprouve donc Jacques Chirac à son égard ? « Sans doute un peu de peine, assure un proche. C'est ce jour-là qu'il a décidé de ménager Giscard pour la suite des événements. » Terrible constat qui souligne mieux la cruauté de la partie engagée. L'ancien président serait-il devenu un ringard et Chirac en aurait-il conscience ? Sans doute. Même si quelques-uns, dans l'entourage de Chirac, ne croient pas à ces rapports-là et trouvent, au contraire que leur chef éprouve trop de considération à l'égard de Giscard. Raymond Barre se contente, exaspéré, d'observer ces retrouvailles. Il attend son heure. Persuadé qu'il troublera, le moment venu, la partie, engagée depuis dix-huit mois, entre François Mitterrand et Jacques Chirac.

Pour l'instant, l' « ivresse » socialiste — selon la définition utilisée par Serge July dans son livre *les Années Mitterrand* — sert Chirac. « Devant cette politique d'union de la gauche, où l'économie va de plus en plus mal, il apparaît comme le seul recours, explique Jacques Friedmann. L' " état de grâce " lui est éminemment favorable. Parce que, et ce n'est pas contradictoire, un nombre sans cesse croissant de Français s'en inquiètent. » Il est vrai qu'en ce début d'année 1983, la grâce s'essouffle. De nombreuses personnalités socialistes — Jacques Delors, Michel Rocard, Pierre Bérégovoy, entre autres — conjurent le président de la République de modifier sa stratégie économique. Le Premier ministre, Pierre Mauroy, n'y est pas défavorable. Mais l'heure n'est pas encore tout à fait venue. Chirac se préoccupe déjà des élections municipales, les 6 et 13 mars 1983. Son objectif est double : conforter sa position à Paris, si possible en trustant les vingt arrondissements et « donner un avertissement solennel au gouvernement ». « Préparer le changement de majorité politique », c'est ce dont il persuade les militants RPR, réunis le 23 janvier 1983, en congrès extraordinaire.

Chirac ne se contente pas de ces pétitions de principe. Il présente un « plan de redressement économique et social » en quinze points, charpentés par une démarche libérale.

Les dénationalisations sont à l'ordre du jour, la stabilisation puis la diminution du nombre des fonctionnaires aussi.

« Des propositions rétrogrades », ripostent aussitôt les milieux gouvernementaux. Chirac dément, soucieux de ne pas être outrancièrement marqué à droite : « Il est des acquis sociaux sur lesquels on ne revient pas. La cinquième semaine de congés payés, par exemple. J'y ai toujours été favorable. Les trente-neuf heures de travail hebdomadaire ? Je ne sais pas si, légalement, il faudra revenir sur cette mesure. Mais, contrairement à ce que croit le gouvernement, ce n'est pas en travaillant moins qu'on sortira de la crise. Il faudra faire en sorte que l'on travaille davantage. » Ce discours, jusqu'à présent étranger à la mentalité et au comportement des Français, commence à « passer ». La gauche, à son tour, en prend conscience. Cette mutation des socialistes complique la tâche de Chirac.

Des élections triomphales. Paris est tout entier chiraquien. Vingt arrondissements sur vingt, défi gagné. Le RPR, en dépit d'un redressement de la gauche au second tour, s'empare de vingt villes comptant plus de trente mille habitants. « La majorité est minoritaire en France », déclare Chirac. Et les chiffres fournis par le ministère de l'Intérieur le confirment : 67,29 p. 100 des conseillers municipaux sont d'opposition. En apparence, tout va pour le mieux. Certes, l'émergence, pour la première fois depuis la guerre d'Algérie, d'un électorat qui soutient l'extrême droite et Jean-Marie Le Pen inquiète Chirac. Au sein du RPR, quelques-uns, Charles Pasqua et Claude Labbé sont du nombre — ne manquent pas de lui faire savoir que des franges de l'électorat gaulliste sont sensibles aux thèses du Front national, qu'il serait bon de les ménager. Rien à faire : pressé par différents interlocuteurs, Chirac refuse de rencontrer Le Pen, qui, à plusieurs reprises, en fait la demande. « Il ne faut pas que la France se libère du sectarisme et de l'intolérance des socialistes pour retomber dans une autre sorte d'intolérance et de sectarisme. Je rejette toute éventualité de négociation avec M. Le Pen, tant son idéologie diffère de la nôtre. » Chirac est sincère. Il ne parviendra pas à s'en tirer à si bon compte. Une élection municipale est annulée, celle de Dreux. Dans cette petite ville de l'Eure-et-Loire, le Front national a réussi une retentissante percée et impose une négociation aux partis de la droite démocratique. Jusqu'au terme de l'année 1983, l'événement ne cesse de perturber, gravement, le débat politique. Chirac ne peut s'en désintéresser.

Hyperactif durant la période électorale, Chirac s'en retourne aussitôt après à la discrétion qui convient à un présidentiable. Il remarque, avec plaisir, qu'au printemps 1983 sa cote de popularité ne cesse d'augmenter, tandis que Valéry Giscard d'Estaing décroche et que Raymond Barre, même s'il progresse, est encore loin derrière lui.

Barre, justement. Jacques Friedmann et Jérôme Monod ne cessent de lui répéter que l'ancien Premier ministre est son « seul vrai rival ». Chirac n'en est pas convaincu. Il ne conçoit pas à quel point la rigueur économique, depuis peu instaurée par François Mitterrand et Pierre Mauroy, joue en faveur du député de Lyon en lui donnant raison après tout. Les Français se souviennent que Barre leur a toujours préconisé l'effort et prédit les difficultés. Après de nombreux tâtonnements, la gauche en arrive à des conclusions identiques. Chirac ? Son crédit économique est moins important. Il n'a jamais été baptisé « meilleur économiste français ». Le phénomène Barre est en train de naître. Il recompose le paysage politique français. Jacques Chirac dispose d'un été pour en prendre la mesure. Le commentaire formulé par *l'Express,* le 9 juin 1983, est prémonitoire : « A la vérité, les deux anciens Premiers ministres de Giscard ne se supportent pas. Barre voit en Chirac un " démagogue ". Et Chirac voit en Barre un " professeur d'économie qui ne comprend rien à la politique ". »

Tout cela est complexe et Chirac en convient dans un long entretien accordé au *Point :* « Dans l'opposition, il y a deux électorats. Ça ne simplifie pas les choses. Et là, je ne parle pas du RPR et de l'UDF, mais d'un autre clivage. Nous avons d'une part un électorat que je qualifierai de modéré et, d'autre part, un électorat plus dur, les intransigeants, dont l'exaspération s'accroît, et c'est préoccupant. Notre devoir est d'apaiser les passions sans démobiliser les énergies. » La porte est étroite. Chirac, et chacun le comprend, ne veut à aucun prix s'extrémiser. Un chef d'oppostion responsable n'a pas pour vocation de dénoncer systématiquement le gouvernement de son pays. Sur la place publique, il profite moins de cette attitude mesurée que Raymond Barre. Le second Premier ministre de Giscard tire parti d'un double malentendu : on le croit plus modéré que Chirac, il est plus extrémiste ; on le croit plus « centriste » que Chirac, il est au contraire bien plus réactionnaire, bien plus à droite, n'hésitant pas, par exemple, à recevoir Jean-Marie Le Pen et à partager le petit déjeuner avec le leader fasciste. Les Français s'obstinent à ne prendre en compte qu'une partie des positions de Jacques Chirac. Déclare-t-il que : « S'agissant de l'ensemble de la politique économique et sociale, du respect des libertés, alors là, je condamne totalement et sans réserve la politique actuelle », il est entendu. Mais l'autre versant de son discours est négligé : « Il y a tout de même une série de mesures, voire de réformes, que j'ai soutenues : la suppression de la peine de mort, l'augmentation du SMIC, la cinquième semaine de congés payés, le discours du chef de l'Etat en matière de défense devant le parlement allemand. » Pourquoi ce Chirac-là reste-t-il méconnu ?

« Si on refuse Giscard, si Chirac fait encore peur, alors on se retourne vers Barre », analyse Jérôme Monod. Il a raison.

Chirac n'en modifie pas pour autant sa stratégie. Au contraire, il la précise. Quand Edouard Balladur publie dans *le Monde* du 16 septembre 1983 un important article où il explique qu' « on ne peut pas exclure une cohabitation entre l'actuel chef de l'Etat et une éventuelle nouvelle majorité », le Tout-Paris politique comprend qu'un événement capital est sur le point de se produire. L'ancien secrétaire général de l'Elysée sous Georges Pompidou ne prend pas souvent la plume. Son expérience constitutionnelle, son influence auprès de Jacques Chirac ne font qu'accroître l'importance de la prise de position : en aucun cas, la future majorité, ne pourra chasser le président de la République et, si celui-ci ne démissionne pas, il faudra gouverner avec lui, à des conditions précises. Quand, une semaine plus tard, Jacques Chirac appuie la thèse développée par Edouard Balladur, le doute n'est plus de mise : désormais, le débat politique tourne autour de la cohabitation.

« M. Barre estime la cohabitation impossible. C'est un jugement strictement politique. Je ne le partage pas totalement. Je comprends parfaitement qu'un homme politique ait cette réaction politique. Mais j'estime que le respect des institutions est une chose essentielle et ne pas les respecter, c'est courir le risque d'un redoutable précédent. Rien ne peut obliger le Président à se démettre, donc attention! Ne jouons pas avec les institutions. En cas de victoire de l'opposition, il faudra que le président de la République aligne son comportement, dans le sens de l'intérêt général et du respect de la volonté du peuple. Si chacun se veut respectueux à la fois des règles de la démocratie et des règles des institutions, j'imagine qu'un tel accord est possible, jusqu'aux prochaines élections présidentielles. » Jacques Chirac tient ces propos au micro de RTL, le 15 septembre 1983. Ils l'engagent pour les trois années à venir. Ils déclenchent un conflit capital entre Raymond Barre et lui, en soulignant que Chirac ne repousse pas l'idée d'être désigné, en mars 1986, Premier ministre du gouvernement. Personne ne peut plus désormais accuser Jacques Chirac d'opportunisme. Il choisit une ligne de conduite — pas la plus simple — et il s'y tiendra.

La polémique, tout de suite, s'enclenche. Le duo conflictuel Chirac-Mitterrand doit accepter, contraint et forcé, l'intrusion d'un troisième personnage : Raymond Barre.

Celui qui dit non à tout et, du coup, s'en porte de mieux en mieux dans les sondages. Les Français l'imaginent souple. Or, sur le problème essentiel de la cohabitation, il est inflexible. « Il n'a jamais compris grand-chose à la Constitution », persifle un conseiller du maire de Paris. Chirac est contraint de prendre en compte ce nouveau front politique. Il en convient, avec retenue : « Il y a d'abord l'essentiel. Raymond Barre et moi, nous sommes dans le même camp, nous combattons ensemble... Et puis, il y a le détail, les modalités d'une politique. Alors, bien entendu, il peut y avoir entre Raymond Barre et moi, sur des aspects parfois importants, des points de vue différents. » Que ces choses-là sont dites *mezza voce!*

Chirac, il est vrai, redoute la « guerre des chefs ». Il est sur le point de proposer une liste unique de l'opposition en vue des prochaines élections européennes et tout conflit peut mettre en péril cette volonté d'union. Il a d'ailleurs dîné, en octobre 1983, avec Raymond Barre. Il a cru déceler une volonté de détente chez son ex-ministre du Commerce et de l'Industrie. Il n'en est rien et Barre le prouve devant le distingué public du Forum de *l'Expansion :* « Je ne suis pas capable de faire un programme tous les six mois en fonction de l'évolution des sondages ou des votes à conquérir... » Aucun doute : il vise Chirac. La guerre des chefs n'est plus un leurre. Chirac se dispense de répliquer.

Cette fin d'année 1983 est difficile. Chirac lance un appel solennel à l'union pour les européennes. « Les Français la souhaitent », assurent-ils, mais le partenaire UDF hésite. Simone Veil serait pourtant désignée tête de liste. Le président du RPR ne veut surtout pas renoncer. « Il a gardé un si mauvais souvenir des précédentes européennes, remarque l'un de ses amis, qu'il fera tout pour ne pas " y aller " lui-même. » Au sein du mouvement, il n'y a pas d'autre locomotive possible que lui.

Mois de décembre d'autant plus pénible qu'une liste municipale RPR-UDF-Front national a remporté les élections municipales partielles de Dreux. La gauche, à juste titre, est déchaînée. Simone Veil, horrifiée, exprime sa réprobation. Chirac se sort comme il peut de ce mauvais pas. Il rappelle qu'il s'agit là d'une décision locale, que personne ne lui a demandé son avis, que lui, maire de Paris, a pris le risque de perdre le vingtième arrondissement plutôt que de composer avec Jean-Marie Le Pen, qu'il n'est pas question, dans d'autres communes, de « faire un accord avec l'extrême droite » et que, somme toute, « la présence de communistes au gouvernement est beaucoup plus dangereuse pour la France que celle de quatre pèlerins du Front national au conseil municipal de Dreux. » Une mauvaise passe et Chirac ne doute pas que, très vite, il devra « cogner », et fort, sur le Front national. Du coup, cela lui permettra de marquer un peu plus sa différence avec Raymond Barre. L'ex-Premier ministre n'a-t-il pas en effet déclaré qu' « il ne voyait pas dans M. Le Pen un épouvantail », tandis que le leader d'extrême droite saluait « l'attitude démocratique du député du Rhône à son égard » ? Commentaire dans le *Monde* d'André Passeron, exégète éclairé du chiraquisme, qui explique mieux ces difficultés : « Le comportement du président du RPR à l'égard de l'extrême droite n'est pas approuvé par tous ses amis... Certains estiment inutile d'attaquer violemment le président du Front national puisqu'il faudra bien, un jour, que toutes les voix d'opposition — y compris celles de l'extrême droite — se rassemblent sur le candidat à l'alternance face à la gauche, candidat qui, selon ceux-là, ne saurait être que M. Chirac. Les défenseurs de cette thèse redoutent aussi qu'un " antichiraquisme " exacerbé de M. Le Pen ne le pousse à se rapprocher [...] de M. Raymond Barre... Ces raisonnements n'ont pas été retenus par M. Chirac, qui n'a pas voulu courir le risque de se compromettre et, encore moins, de se confondre avec le chef de l'extrême droite. » Mais puisqu'il ne faut pas trop mécontenter les électeurs « ultra », Chirac s'en prend, avec force, au Parti communiste. Il l'accuse de « fascisme rouge » et en profite pour rappeler l'évolution de nombreux « compagnons de route » : « Si vous voyez aujourd'hui la plupart des intellectuels de gauche dénoncer le fascisme communiste, ce n'est pas un hasard. C'est simplement l'observation des faits qui les conduit à cette conclusion évidente. » Parfois la politique oblige à de singulières contorsions.

Ce comportement lui vaut quelques retombées bénéfiques. Dans un sondage IPSOS-*VSD* publié en février 1984, les résultats sont remarquables : 43 p. 100 des Français le jugent « sympathique ». Ils n'étaient auparavant que 35 p. 100. 47 p. 100 l'estiment « efficace » — une progression de cinq points, loin devant Raymond Barre qui n'atteint que 30 p. 100. Et Elie Crespi, son conseiller ès images, d'expliquer dans *le Point* : « On ne trouve des évidences fortes qu'après avoir traversé un tunnel noir. »

Du coup, Chirac persévère. L'inflexion économique acceptée par François Mitterrand ? La séduction n'opère pas : « Devons-nous admirer son courage, sous prétexte qu'il s'est tellement trompé et qu'il est bien obligé de le reconnaître ? » La liste unique de l'opposition pour les européennes ? Il n'en démord pas, au risque de perdre quelques voix, tant Simone Veil exaspère les plus réactionnaires et les plus conventionnels des électeurs : « Il faut démontrer que sur l'Europe, et plus généralement sur les grands problèmes d'orientation politique, l'opposition est capable d'assurer unie les responsabilités de l'Etat. » C'est qu'il est convaincu qu'au-delà des européennes, l'échéance des élections législatives sera franchie, à condition d'être unis. « Pour que l'opposition perde en 1986, explique-t-il dans *l'Express*, il faudrait que les choses changent beaucoup... Il faudrait que la situation économique, sociale, internationale de la France se modifie de façon substantielle. La déception à l'égard de l'expérience socialiste est maintenant un fait acquis et je suis convaincu que les Français en tireront la conclusion. »

Chirac l'unificateur. Giscard, Barre et Chaban n'en

reviennent toujours pas. Jusque-là, le président du RPR réalise un parcours sans faute.

Il finit par obtenir « sa » liste unique conduite par Simone Veil. Le résultat — 43 p. 100 — réalisé le 17 juin 1984 est bon, sans plus. Chirac s'en contente et, bénéfice supplémentaire, il enfonce le clou Le Pen en dépit d'une nouvelle percée du Front national : « Je n'ai pas négocié et je ne négocierai jamais avec l'extrême droite. » La phrase porte et, dans *le Nouvel Observateur,* Jacques Julliard en prend bonne note : « Il a affirmé qu'il ne négocierait jamais avec Le Pen. Dont acte. » Ce nouveau refus d'alliance avec le Front national est à l'évidence facilité par la guerre scolaire qui, au même moment, bat son plein et s'est transformée en drame national. En la matière, Chirac peut faire preuve de la plus extrême dureté. Là encore, il opère avec habileté. Bien sûr, il manifeste dans la rue et à deux reprises. A Versailles et à Paris. Mais il ne se comporte pas en leader. Il n'entraîne pas, il suit. Il se contente de respecter les volontés de l'épiscopat et des parents d'élèves de l'école libre. Le gouvernement a si mal joué dans cette affaire, devenue drame national, que Chirac se satisfait d'actes symboliques. Mieux, il respecte l' « indépendance » des parties intéressées tout en se moquant des incohérences gouvernementales.

Il imagine pouvoir partir, serein, pour de longues vacances d'été. Erreur, François Mitterrand chambarde le programme : il retire la loi Savary revue et corrigée par Pierre Mauroy, propose un projet de référendum sur le référendum et, dans la foulée, nomme, le 18 juillet 1984, Laurent Fabius Premier ministre de la France. La donne politique, d'un coup, est transformée. Pour Chirac comme pour les autres.

La gauche ne ressemble plus tout à fait à la gauche. Le look fabiusien n'a rien de comparable avec la dégaine mauroyiste. Et personne ne peut négliger cette transformation, pas même les leaders de la droite. Le jeune Premier ministre que Mitterrand a « donné » au pays « parle différent ». Rassemblement, modernité, il n'a que ces deux mots à la bouche. Et dans un premier temps, il parvient à séduire, par sa personne et non par sa politique — oh! règne de l'image — la fraction la plus modérée de l'électorat d'opposition. Dans le même temps Raymond Barre grimpe au firmament des sondages. *Le Point,* toujours attentif à l'évolution politique, titre le 17 septembre 1984 : « La percée de Barre. » Les chiraquiens, cette fois, sont inquiets.

Raymond Barre, dans un sondage SOFRES, se détache dans trois domaines importants : la capacité à être président, le coefficient de sympathie et l'image d'avenir. Chirac, dans cette même étude, paie l'hostilité des gens de gauche et la méfiance des sympathisants UDF. Va-t-il pour autant modifier son comportement? Surtout pas. Ces nouvelles difficultés raffermissent son attitude : oui, au contraire de Raymond Barre, il se présentera comme le défenseur acharné d'une opposition avant tout unie ; oui, à l'opposé de Raymond Barre, il n'aura de cesse que de répéter : « Nous devons assurer les responsabilités du pouvoir en 1986. » Par le passé, les commentateurs ont trop reproché à Chirac ses changements et ses fluctuations pour ne pas noter que, cette fois, il ne démord pas de sa ligne. Quand Raymond Barre, indirectement, l'accuse, à propos de la cohabitation, d' « une trahison des principes de la Ve République », Chirac réplique sans outrances. Pas question, plus question de polémiquer : « Le mot utilisé est un peu excessif. Il dépasse, j'en suis sûr, la pensée de son auteur... Je considère que nous ne pouvons pas [...] mettre en cause une réalité : rien ne permet à une majorité nouvelle de renvoyer le président de la République. Si l'on veut se mettre dans un tel état d'esprit — le mauvais — [...], cela risque de devenir une crise de régime. » Aujourd'hui encore, ce débat fait rage entre Jacques Chirac et Raymond Barre. Sans accord possible. Parce que le conflit, à l'évidence, dépasse l'enjeu de la cohabitation, qu'il recouvre une unique interrogation : qui des deux sera le candidat de la droite au second tour de la prochaine élection présidentielle ? Pour l'emporter, Jacques Chirac et Raymond Barre ont choisi des stratégies opposées. Les inflexions des sondages n'y peuvent rien changer. Barre joue l'affrontement. Chirac parie sur sa réussite comme Premier ministre en tenant compte le moins possible de la présence, pourtant obsédante, de François Mitterrand.

Rythmés par cette dualité sur la cohabitation, les mois s'écoulent. En novembre 1984, Jacques Chirac désigne Jacques Toubon au secrétariat général du RPR, à la place de Bernard Pons. L'événement est de taille. Il marque une entreprise de rajeunissement. Témoignage de Jacques Friedmann : « J'avais demandé rendez-vous à Jacques pour lui parler de Toubon. Avant même que j'aie pu parler, il m'a dit : " Je sais ce que tu veux. C'est d'accord. " Quelques jours plus tard, Toubon m'a avoué qu'au cours d'un récent voyage en voiture, Chirac lui avait demandé de lui détailler son emploi du temps ; à cet instant il avait compris. » Ensuite, cette nomination de Toubon marque la confiance de Chirac envers ses « jeunes turcs », nés aux responsabilités politiques avec la création du RPR. Elle prouve en même temps une volonté de rompre avec la mythologie gaulliste. Toubon est la preuve vivante d'une désacralisation. Et Chirac, lui, ne s'en porte que mieux. Sans cesse il répète : « Je pense à 1986 avant 1988. » Une évidence ? Surtout pas. Raymond Barre pourrait reprendre cette phrase à son compte... En l'inversant.

Il suffit pourtant que, le 3 avril 1985, François Mitterrand modifie la loi électorale en instaurant le vote à la proportionnelle pour que Chirac et Barre se retrouvent côte à côte. Le maire de Paris stigmatise « l'esprit de tricherie » de cette loi. Le député de Lyon approuve. Chirac a compris le piège dans lequel François Mitterrand tente de l'enfermer : que, dans la prochaine Assemblée nationale, l'opposition ne puisse disposer de la majorité sans le soutien du Front national. Pour marquer encore un peu plus son refus d'une telle compromission, Chirac signe, le 10 avril 1985, une semaine seulement après l'instauration de la proportionnelle, un « accord pour gouverner » avec Jean Lecanuet, le président de l'UDF. Une seule phrase à retenir, la première de ce texte : « Nous gouvernerons ensemble et seulement ensemble. » Aucune place pour Jean-Marie Le Pen. « François Mitterrand a pris la responsabilité de faire entrer l'extrême droite à l'Assemblée nationale, remarque Jacques Chirac. Cela restera comme un épisode noir de notre histoire politique. »

Chirac profite des élections cantonales du 17 mars 1985 pour réitérer, partout et tout le temps, son hostilité à la proportionnelle... et à Jean-Marie Le Pen. Il prend des risques et il en convient. Le Front national réussit de bons scores, au détriment du parti communiste, mais aussi des partis de la droite démocratique, même si ces derniers obtiennent des résultats plus que convenables. Raymond Barre se tait. Chirac préfère insister : « La vraie force de notre mouvement, c'est l'humanisme. » Et de rappeler, avec force, qu'il serait dangereux, peut-être fatal, de minorer François Mitterrand : « On sous-estime sa capacité de réaction, on sous-estime sa capacité de mettre en œuvre des mesures démagogiques susceptibles de plaire, on sous-estime sa capacité de truquage par la modification de la loi électorale... Le seul moteur pour la victoire, c'est l'union. » Retour aux deux credos : union et refus obstiné de prendre en compte le Front national. Chirac, de la sorte, entend rappeler sa fidélité aux principes gaullistes. Et, mieux, se démarquer, toujours et plus, de Raymond Barre. Sans jamais l'attaquer ouvertement. Sinon en rappelant qu'il est opposé et à la « résignation » (socialiste) et à la « restauration » (barriste).

Ses retrouvailles, le 18 juin 1985, avec Valéry Giscard d'Estaing et Raymond Barre à la tribune de la Convention libérale n'ont d'autre valeur que symbolique. Les Français ne doutent pas que Chirac et Barre, le moment venu, s'affronteront. Et ils pressentent que la mode de l'ultralibéralisme est passée. Déjà. Les photos de groupe prêtent à sourire. Mais Chirac s'applique surtout à ne pas être pris en flagrant délit de manquement à l'union. Appuyé sur cette ligne de conduite, il ne s'inquiète pas outre mesure de la poussée de Raymond Barre dans les sondages. Ou il continue de se comporter comme si... Une remarque d'Alain Juppé résume à merveille l'état d'esprit chiraquien : « La seule chance, pour Chirac, de gagner en 1988, c'est de prendre des risques en 1986. »

Des risques. Son entourage est convaincu qu'il en court, et d'importants, au sortir de l'été 1985. Six mois plus tôt, Laurent Fabius avait lancé un « défi » aux deux anciens Premiers ministres de Valéry Giscard d'Estaing. Qu'ils osent à la télévision, sous les regards de dizaines de millions de Français, se mesurer à lui, Fabius, maître de la communication, si sûr de lui et de ses talents qu'il déjoue tous les pièges télévisuels ! Raymond Barre refuse de se prêter au jeu : « Dans les circonstances actuelles, la France n'a pas besoin de spectacles, télévisés ou non... Je ne vois donc pas le véritable intérêt du débat proposé par M. Fabius. » Jacques Chirac, lui, répond de façon plus prudente : « Je suis prêt. Mais seulement à l'heure des échéances électorales décisives. » Septembre : le moment est venu de relever le gant.

Les socialistes s'en amusent : Chirac, à coup sûr, sera pulvérisé. N'est-il pas tendu derrière une caméra ? Ne laisse-t-il pas, à chaque fois, resurgir les aspects les plus contestables de sa personnalité, cette tension qui semble l'habiter ? Fabius le laminera. Et nombreux sont les chiraquiens qui partagent ce sentiment. Il sera mis K-O, c'est couru, par Fabius, superman du tube cathodique. Seulement, Chirac a envie de se mesurer au « jeune » Premier ministre. Convaincu que sa maturation, politique et personnelle, transparaîtra cette fois à l'écran. Edouard Balladur le conforte en ce sens : « Il ne pouvait pas refuser. Dans l'esprit des Français, Chirac est un homme à panache. » Il accepte d'affronter Laurent Fabius alors que le chef du gouvernement est encore au sommet de sa popularité, alors qu'il n'a pas encore subi le choc et le reflux consécutif à l'affaire du *Rainbow Warrior*. Chirac est-il inconscient ? Chirac mesure-t-il le risque encouru ?

Il travaille, aidé par Alain Juppé et les techniciens qui fournissent notes et documents. Il envisage, en compagnie d'Edouard Balladur, différentes hypothèses, une série de scénarios. Le Premier ministre, pendant ce temps, pratique l'intox. Il affirme partout qu'il ne change rien à ses habitudes, que lui, au contraire de Chirac, ne bachote pas. Mieux, à quelques jours du duel, il s'envole pour Mururoa, afin de mieux marquer ses certitudes et son dédain à l'égard de « l'adversaire ». Chirac se prépare intensivement. Il accompagne les sénateurs RPR sur les traces du général de Gaulle, en Irlande, où le fondateur de la Ve République s'était replié en 1969. Mais, sur le coup de 18 heures, il se retire dans sa chambre d'hôtel. Il sait que Fabius le guette et lui, Chirac, ne néglige pas la qualité de l'adversaire. *L'Express* recueille les pronostics des « fidèles ». Ils sont inquiétants. « Une partie capitale », dit Alain Juppé. « Un match que je crains », ajoute Alain Fillon, député de la Sarthe. « Une épreuve à ne pas rater », complète le député de Lyon, Michel Noir. « Une très grosse partie pour Chirac », conclut Denis Baudoin, l'un de ses plus anciens et fidèles conseillers. Dimanche 27 octobre 1985 : l'heure du grand affrontement.

« Vingt minutes avant le début de l'émission, Hervé Bourges, le P-DG de TF1, est entré dans ma loge. Très vite, j'ai senti qu'il était gêné. Il m'a parlé de Laurent Fabius, de son attitude. Je lui ai coupé la parole : " Il se refuse à me serrer la main devant les photographes, n'est-ce pas ? " Il m'a avoué que oui. Plus tard, chacun installé à une extrémité de la table, j'ai cherché les yeux du Premier ministre pour le saluer. Il s'est dérobé à mon regard. J'ai encore essayé à deux ou trois reprises. Il a continué à refuser de me saluer. Je n'ai plus insisté. » Jacques Chirac est surpris. Il est en effet convaincu que Laurent Fabius s'apprête à utiliser un « profil bas », que l'intérêt du

Premier ministre est de l' « engluer » dans un débat consensuel. Pas du tout, Fabius est agressif, arrogant. « Au début, poursuit Chirac, il m'a déconcerté. » Au point que les vingt premières minutes sont favorables au chef du gouvernement. Attaque de Fabius : « On m'avait dit : tu vas rencontrer Chirac, il affirme, il cogne, il ne démontre pas. » Et voilà trente millions de Français ébahis. La situation est inversée : Fabius agresse, Chirac apparaît paisible. Au point de se permettre cette apostrophe à l'adresse du Premier ministre : « Cessez de m'interrompre comme un roquet. » La phrase est devenue, déjà, légendaire. Le champion du paraître est écrasé.

Ecrasé au point qu'observateurs et public en oublient l'essentiel, Chirac, d'entrée, a rappelé que « jamais il ne s'associerait à aucun gouvernement où il y aurait des hommes de l'extrême droite » ; Fabius en arrive à reconnaître qu' « à une ou deux exceptions près, il n'y aurait pas de désaccord fort » entre le président du RPR et lui-même sur un débat, l'immigration, qui agite toute la France, qui la divise en deux. L'aveu est stupéfiant ; Chirac encore, qui a réaffirmé : « Les immigrés qui travaillent, ceux-là ont les mêmes droits, les mêmes devoirs que nous, et n'en parlons plus. » Oubliée, la Nouvelle-Calédonie. Négligée, la polémique sur la politique étrangère. Au rancart les définitions sur ce que devrait être une saine et forte gestion de l'économie. Seule l'apparence a de l'importance, seule la maîtrise du média compte et, sur ce plan, Chirac a dominé Fabius. Au fil des heures, la domination se transformera en écrasement. Injuste, mais qu'importe : seul le résultat compte. Quinze jours plus tard, les courbes de sondages s'inversent : Chirac décolle, Fabius s'écrase. Conclusion des chiraquiens : « Ce débat n'a été que le révélateur d'une lente maturation. » A six mois d'élections législatives capitales pour Jacques Chirac, il était grand temps que les Français eux-mêmes perçoivent le phénomène, qu'ils le touchent du doigt.

Le comportement de Jacques Chirac, tout au long de la

campagne électorale, se plie à ce seul objectif : au-delà d'un véritable travail de galérien pour attirer des voix, il s'agit avant tout de conforter cette nouvelle perception. Jamais Chirac ne se laisse aller aux facilités du tribun, aux propos outranciers des meetings. Raymond Barre refuse-t-il l'invitation lancée par Valéry Giscard d'Estaing à renforcer l'union de l'opposition ? Chirac le regrette, sans plus, laissant à Charles Pasqua le soin de dénoncer haut et fort le comportement de l'ex-Premier ministre : « Si Mitterrand décide de rester, va-t-on faire un putsch avec le garde-champêtre de Lyon ? » François Mitterrand s'engage-t-il corps et âme dans la bataille ? Chirac le lui reproche, sans véhémence. Son pari, au fil des jours, se fait plus clair : assurer aux partis de la droite démocratique le plus de sièges possible dans la nouvelle Assemblée nationale. Et que le président de la République n'ait d'autre solution que de l'appeler à la tête du gouvernement.

Pour le chef du RPR, la route de l'Elysée passe, aussi, par l'hôtel Matignon. Le curieux jeu de la Ve République le veut ainsi. Dix ans après, Jacques Chirac est-il sur le point de redevenir Premier ministre ? Dix ans après, va-t-il à nouveau affronter au quotidien un président de la République, qui plus est, de l'autre bord ? « S'il le faut, j'irai », répète Jacques Chirac. Et s'il le fallait, dans le but avoué d'atteindre l'Elysée ?...

EPILOGUE

Tel est Jacques Chirac.

Le brillant jeune homme, un jour choisi et choyé par Georges Pompidou, ne cherche plus à se refléter dans l'œil des « autres », cette gente étrange qui grouille autour de l'homme politique. Jacques Chirac s'est débarrassé de tous les oripeaux qui l'engonçaient et l'empêchaient d'être lui-même. Gaulliste ? Pompidolien ? Ces adjectifs, à son égard, n'ont plus de sens. Chirac est chiraquien.

Il aura fallu près de vingt ans, depuis sa première élection en 1967 à l'Assemblée nationale, pour parvenir à ce résultat. Et voilà déjà que se profile la première ambiguïté : les Français ne vont-ils pas lui reprocher de leur apparaître aujourd'hui seulement comme un personnage « complet » ? Un homme façonné par le temps et les événements ? Les Français vont-ils lui pardonner une maturité qui a peut-être tardé ?

Or en vérité, vingt ans, c'est très court pour prendre place dans le club fermé des hommes d'Etat. Très court pour donner son nom à une étiquette politique, le « chiraquisme ». N'a-t-il pas fallu attendre 1965 et l'affrontement direct avec le général de Gaulle pour qu'apparaisse le « mitterrandisme ». A cette époque, François Mitterrand était déjà un « vieil » homme politique, maintes fois ministre et député, à plusieurs reprises éliminé — à tort — de la vie publique par ses adversaires. Chirac, lui, n'a pas connu carrière aussi tumultueuse et tourmentée. Pourtant

l'impression qu'il ne maîtrisait pas tout à fait son destin longtemps a prévalu. A tort.
Ce destin, Jacques Chirac l'a façonné. Si aux moments cruciaux il a toujours su trouver d'indispensables appuis, il ne s'en est jamais remis à quiconque pour une décision finale. Son attitude, aux heures douloureuses de la guerre d'Algérie, en est la première preuve. Rien, hormis la volonté et la certitude de défendre une juste cause, n'imposait à l'énarque Chirac d'aller combattre (plus tard, il saura reconnaître ses erreurs à propos du conflit algérien). Rien, sinon l'esprit républicain et démocratique, ne l'empêchait de frayer avec les terroristes de l'OAS. Il n'y a même pas songé. Ces deux décisions, capitales pour la suite d'une carrière publique, il les prit seul, sans tenir compte des entourages et de l'atmosphère ambiante.
Apparaît ensuite l'ombre tutélaire de Georges Pompidou. Bien plus que de Pierre Juillet ou de Marie-France Garaud — acteurs provisoires d'une histoire politique dépassant, et de loin, leurs simples personnes — Jacques Chirac a éprouvé des difficultés à se « séparer » de son patron, à vivre sans lui, et pleinement. « Pompidou, simple, vrai, avec ses qualités et ses défauts apparents », écrit Frédéric Dard, le créateur de *San Antonio*. « Chirac, pas si simple que ça, vrai, avec ses qualités et ses défauts trop souvent cachés », ai-je envie de le paraphraser.
Il est vrai que la relation entre les deux hommes fut d'une rare complicité, que rarement « petit rat de cabinet » fut si vite et si haut propulsé par un Premier ministre promis à la succession du général de Gaulle. Chirac eut la chance d'apprendre auprès d'un tel maître ès politique. Chirac eut le mérite — et le talent — de profiter des leçons.
Dans la vie politique française, toutes tendances politiques confondues, les ascensions aussi rapides se comptent sur les doigts d'une main. L'énarque devint député. Le député s'empara d'un secrétariat d'Etat. Le secrétaire d'Etat prit aussitôt rang de ministre. Le ministre s'installa sans tarder parmi les hiérarques du régime, bien qu'ayant

vingt ans de moins que la plupart de ses collègues. Dépositaire officieux de l'héritage Pompidou, il joua un rôle décisif dans l'élection de Valéry Giscard d'Estaing. Devenu Premier ministre, il s'empara du mouvement gaulliste. Démissionnaire, il s'offrit la mairie de Paris et la transforma en place forte. Bref résumé, allégorique, d'un pan de carrière. Jacques Chirac n'a « que » cinquante-trois ans et encore du temps, beaucoup de temps, devant lui.

Des succès, peu d'échecs, et de ces difficultés il est sorti renforcé le plus souvent. La typologie parfaite d'un chef politique qui, forcément, sera d'ici peu candidat à la présidence de la République. Reste une ultime étape, la plus ardue : que le candidat se mue en chef d'Etat. Est-il en mesure d'y parvenir ? Une réponse péremptoire serait outrecuidante. Mais certains signes méritent d'être relevés.

Sans aucun doute possible, Jacques Chirac est un homme de droite, toute sa culture — de l'Ecole de sciences politiques au RPR — le pousse en ce sens. Il assume cet état sans complexe. Il est devenu le chef de la droite populaire et gaulliste. C'est pourquoi, sans jamais l'avouer, il n'éprouve aucun respect pour l'autre droite, orléaniste et élitaire, symbolisée à ses yeux par Raymond Barre ou Valéry Giscard d'Estaing. Il ne la respecte guère et c'est un premier atout. Autour de son nom, Chirac, en raison de cette assise populaire, peut former un semblant de consensus social. En cela, il rejoint une fois de plus l'actuel président de la République. A l'heure d'un scrutin, cette qualité peut s'avérer décisive.

Encore fallait-il que Jacques Chirac sache se débarrasser des tabous qui pèsent sur la droite populaire. En matière de liberté, il est vrai, elle n'a pas bonne réputation. Pour le Président du RPR, gagner cette partie-là était capital. Au-delà du consensus social, un postulant à l'Elysée doit également accréditer autour de lui la certitude qu'il ne touchera à aucune des libertés essentielles, quitte à s'opposer à son électorat. Chirac y est parvenu. Grâce à des prises de position répétées et diverses : il a soutenu la loi Veil sur l'avortement. Il a voté l'abolition de la peine de mort. Il ne s'est jamais laissé aller à la moindre complaisance vis-à-vis de Jean-Marie Le Pen. Il n'a eu de cesse de condamner les penchants racistes de la société française. Du coup, il n'effraie plus guère la France de gauche. Il reste un adversaire. Il n'est plus un épouvantail.

Songe-t-il, parfois, à l'échec ? Jacques Chirac affirme que, somme toute, il vivra heureux hors de l'Elysée si l'objectif présidentiel n'est pas atteint.

Qui est Jacques Chirac ? Un tourmenté qui feint la simplicité.

Qui est Jacques Chirac ? Un perfectionniste, travailleur et acharné, qui, à l'heure médiatique, n'a pas suffisamment le goût de plaire.

Qu'il succède ou non à François Mitterrand après un interminable face à face, Jacques Chirac aura réussi un autre exploit : la France peut ne pas rougir de ses deux principaux chefs politiques.

Paris, le 25 février 1986.

BIBLIOGRAPHIE INDISPENSABLE

Philippe Alexandre : *Le Duel de Gaulle-Pompidou,* Fayard.
— *L'Elysée en péril,* Fayard.
— *Chroniques des jours moroses,* Presses de la Cité.
Edouard Balladur : *L'Arbre de mai,* Atelier M. Jullian.
Jean Bothorel : *Le Pharaon,* Grasset.
Jean-Denis Bredin : *La République de M. Pompidou,* Fayard.
Jacques Chaban-Delmas : *L'Ardeur,* Stock.
Jean Charbonnel : *L'Aventure incertaine,* le Seuil.
Jean Charlot : *Le Gaulliste d'opposition,* Fayard.
Jacques Chirac : *La Lueur de l'espérance,* la Table ronde.
— *Discours pour la France,* Stock.
Catherine Clessis, Bernard Prévost, Patrick Wajsmann : *Chirac ou la République des Cadets,* Presses de la Cité.
Gilbert Comte : *Chirac,* Régine Desforges.
Henri Deligny : *Chirac ou la fringale du pouvoir,* A. Moreau.
Thierry Desjardins : *Un inconnu nommé Chirac,* la Table ronde.
Françoise Giroud : *La Comédie du pouvoir,* Fayard.
Yves Guéna : *Le Temps des certitudes,* Flammarion.
Olivier Guichard : *Un chemin tranquille,* Flammarion.

MICHEL JOBERT : *Mémoires d'avenir*, Grasset.
— *L'autre regard*, Grasset.
SERGE JULY : *Les Années Mitterrand*, Grasset.
RAYMOND MARCELLIN : *L'Importune Vérité*, Plon.
FRANÇOIS MITTERRAND : *Politique*, Fayard.
CATHERINE NAY : *La Double Méprise*, Grasset.
FRANÇOIS NOURISSIER : *Lettre ouverte à Jacques Chirac*, Albin Michel.
GEORGES POMPIDOU : *Le Nœud gordien*, Plon.
— *Pour rétablir une vérité*, Flammarion.
STÉPHANE RIALS : *Les Idées politiques du Président Georges Pompidou*, Presses universitaires de France.
ANNE ET PIERRE ROUANET : *Les Trois Derniers Chagrins du général de Gaulle*, Grasset.
PIERRE ROUANET : *Pompidou*, Grasset.
ERIC ROUSSEL : *Pompidou*, Jean-Claude Lattès.
OLIVIER TODD : *La Marelle de Giscard*, Laffont.
RAYMOND TOURNOUX : *Le Mois de mai du Général*, Plon.
PIERRE VIANSSON-PONTÉ : *Histoire de la République gaullienne*, Fayard.
— *Lettre ouverte aux hommes politiques*, Albin Michel.

REMERCIEMENTS

La plupart des acteurs ou observateurs des événements racontés dans ce livre m'ont reçu. Je les en remercie. Certains ont préféré garder l'anonymat.

Philippe Alexandre
Jacotte Arlot
Edouard Balladur
Denis Beaudouin
Henri Belcour
Colonel Bertrand
Christian Bonnet
Anne Braun
Bernard Brochand
Camille Cabanna
Jacques Calvet
André Carle
Jacques Chaban-Delmas
Pierre Charpy
Alain Chevalier
Michèle Cotta
Elie Crespi
Philippe Dondoux
Anne-Marie Dupuy
Denise Esnous
Maurice Fitz
Jean-Pierre Fourcade
Marie-Thérèse François-Poncet
Michel François-Poncet
Roger Frey
Jacques Friedmann
Laurence Frise-Seydoux

Marie-France Garaud
Roland Gaucher
Lydie Gerbaud
Françoise Giroud
Yves Guéna
Olivier Guichard
François Heilbronner
Jean-Luc Javal
Michel Jobert
Alain Juppé
Claude Labbé
Jean Lacour
Annie Lhéritier
Raymond Marcellin
Jérôme Monod
Robert Pandraud
Marinette Pascal
Charles Pasqua
Jacques Pélissier
Alain Peyrefitte
Claude Pompidou
Michel Poniatowski
Bernard Pons
Janine Remignon
Roger Romani
Philippe Rossillon
Philippe Rouvillois

Ambroise Roux
Pierre Seghers
Philippe Seguin
Jean Serisé
Jean-Pierre Soisson

Olivier Stirn
Jacques Toubon
Jack Valette
Simone Veil
André Vidal

Dans cette période, Valéry Giscard d'Estaing est l'un des principaux acteurs de l'histoire politique du pays. J'ai demandé à le rencontrer. Il s'y est refusé. En ce qui concerne l'attitude de l'ancien président de la République, je me suis référé à des témoignages et à des ouvrages crédibles, en particulier ceux de Jean Bothorel (*le Pharaon,* Editions Grasset) et de Catherine Nay (*la Double Méprise,* Editions Grasset), ainsi qu'aux articles de mes confrères de la presse. Leur travail m'a facilité la tâche.

Merci pour leur patience et leur aide à Florence Assouline, Denis Bourgeois et Bernard-Henri Lévy. Merci à Joëlle Habert.

TABLE

Rencontre.   9

1. De l'influence d'un grand-père instit, franc-maçon et laïc   21
2. Le goût des beaux quartiers   34
3. La passion algérienne.   48
4. La fascination du seigneur   62
5. Les racines retrouvées   78
6. Un enfant de Mai 68.   93
7. Un beau duo   108
8. Le goût de l'échec   122
9. Ministre ou démagogue ?   134
10. La conjuration   146
11. La mésalliance   163
12. La rupture.   178
13. Le temps des conquêtes. Acte I.   203
14. Le temps des conquêtes. Acte II   219
15. Quand les stratèges déraillent.   236
16. Ruptures.   251
17. L'image présidentielle   271
18. Le face à face   288

Epilogue.   315
Bibliographie.   321
Remerciements   325

*Achevé d'imprimer le 12 mars 1986
sur presse CAMERON
dans les ateliers de la S.E.P.C.
à Saint-Amand-Montrond (Cher)
pour le compte des éditions Grasset
61, rue des Saints-Pères, 75006*

N° d'Édition : 6959. N° d'Impression : 529-335.
Dépôt légal : mars 1986
Imprimé en France
ISBN 2-246-31181-0